2023年の中国

習近平政権後、中国と世界はどうなっているか？

徐 静波 Jyo Seiha

作品社

2023年の中国

習近平政権後、
中国と世界はどうなっているか？

徐 静波

［はじめに］習近平政権後、中国と世界はどうなっているか？　8

第1章　中国は「法治国家」になっているか？

1……「法制治国」の除幕が開かれた　15
2……「五つ目の近代化」を提唱　22
3……「反腐敗」で中国を救えるか？　25
4……周永康は、どんな罪を犯したのか？　29
5……中央電視台激震の裏　33
6……習近平の粛軍手段　37
7……習近平政権、二年間の成果とリスク　43
8……「四つの全面」は「習近平思想」なのか？　47

第2章　中国は、米国を超える大国になっているか？

1……六大領域における改革　51
2……２０１４年「中国改革元年」　55
3……未来に向けた習近平の大改革　58

4……四中全会、経済「新常態」方針を決定 63
5……「シルクロード経済圏」構築の加速 66
6……「アジアインフラ投資銀行」で、世界資本市場をリードする 69
7……国内大改造を実現する——三つの問題 70
8……経済発展を進める三大主要政策 71
9……舟山新区は「第二の香港」へ 82
10……上海自由貿易区が新経済の試験場に 87
11……新首都圏構想 94
12……10年後、中国は五つの分野で世界大国へ 99
13……ロシアと極東地区の開発を加速 105
14……ニカラグア大運河を掘る 108
15……習近平が明言した将来ビジョン 111
16……徹底予測「20年後の中国」 114

第3章 日中の経済関係はどうなっているか？

1……中国企業が日本進出する真の目的とは？ 125
2……サンヨーの冷蔵庫・洗濯機を買収したハイアール集団 128
3……聯想集団によるNECパソコンの密やかな買収 130
4……パナソニックが中国に買収されるXデイ 133

5……日本新幹線は中国高速鉄道と競合時代に 136
6……日本自動車メーカーへのメッセージ 139
7……「チャイナ・プラス・ワン」は有効か？ 141
8……中国市場をいかに見るべきか？ 144
9……中国人観光客、年間一〇〇〇万人の来日 146
10……中国人観光客が必ず買う日本製品10種 149
11……中国ユーザーは日本理解を望んでいる 151
12……日本企業にとっての「中国商機」 154
13……「日中韓FTA」は、なぜそんなに難しいのか？ 157

第4章 世界は中米「G2」時代になっているか？

1……五時間におよんだ「瀛台夜話」 161
2……「新型大国関係」構築のための五つの原則 165
3……中米「新型の大国関係」と日本 169
4……中米による「G2」時代とは？ 172
5……アメリカは、最大の「経済大国」の座を中国に明け渡すか？ 175
6……TPPに対抗、アジア太平洋自由貿易区を提唱 179
7……リー・クアンユーの中米関係への見解 181
8……ホワイトハウスと中南海の「恩讐」 184

第5章 中国経済・社会の現状と課題

1……胡錦濤政権から引き渡された〝四つの課題〟 189
2……中国政治改革の阻害要因とは？ 196
3……解決すべき三つの経済課題 198
4……経済成長の決め手は、中間層の拡大 199
5……中国市場、主なヒントは自動車市場 200
6……これからの中国ビジネスの注目点 210
7……中国でビジネスするためのキーポイントとは？ 212
8……中国の社会的危機を知る 215
9……気になる大気汚染の行方 220
10……国有企業、第二次私有化へ 225

第6章 李克強の経済学（リコノミクス）は、中国経済を救えるか？

1……四兆元投資の負の遺産 228
2……貧富の差が急激に拡大、六つの大課題 230
3……李克強内閣は、なぜ低成長を容認するのか？ 232
4……李克強経済学（リコノミクス）の初期の効果 236

5……朱鎔基の経済学から、李克強の経済学へ 237
6……リコノミクスVSアベノミクス 238

第7章 中国社会はどう変わっているか？

1……象徴は「烏坎（ウーカイ）村事件」 242
2……民主化とネット社会 244
3……中国版ツイッターの「限定版民主化」 247
4……中国民主化のシナリオとは？ 250
5……10年内に言論の自由が解禁されるか？ 253
6……三大不平等の突破 259
7……民主主義の原則は法治から 263

第8章 習近平政権のブレーンと2023年の中国の主役たち

1……習近平政権の誕生に立ち会う 268
2……習近平の政治理念 273
3……習近平の用人哲学 278
4……習近平の9人のブレーンたち 282
5……習近平の第一連隊「之江新軍」 295

6……将来の中国軍を握る五人の将軍 298
7……誰が２０１７年の常務委員になるか？ 307
8……習近平の後継者たち――２０２３年の中国の主役 312

第9章 習近平の日本観

1……日中両国、仲たがいの経緯――江沢民の日本観 321
2……習近平夫妻の日本観 323
3……天皇陛下と習近平の「特例会見」 326
4……習近平が「わからない」、三つのこと 328

著者紹介 330

〔はじめに〕

習近平政権後、中国と世界はどうなっているか？

徐　静波

世界を震撼させた「アジアインフラ投資銀行」（AIIB）と「シルクロード経済圏」構想

中国が主導する「アジアインフラ投資銀行」（AIIB）の創立メンバーの募集が、二〇一五年三月三一日に締切りを迎えた。予想をはるかに超える世界五一の国や地域が参加を表明し、イギリスやオーストラリア、韓国などアメリカから参加を牽制されていた親米国までが参加表明し、まさに「アジア投資銀、参加ドミノ」（『朝日新聞』三月二九日付）といった状態となった。イギリスのこの豹変を、英国『エコノミスト』誌は、「〔イギリスは〕アメリカのプードル犬から、中国のペット犬に」などと評した。

この「参加ドミノ」は、アメリカ主導の国際金融体制が今後大きく転換せざる得なくなることを、世界の多くの国々が認識しているという象徴的出来事と言うことができるだろう。しかしながら、今までのところアメリカと日本は参加を見合わせており、「戦略欠き、孤立招く」（『朝日新聞』三月二九日付）といった状態に陥っている（詳細は本書69頁参照）。

さらに、習近平政権が推し進める「シルクロード経済圏」構想にも、大きな注目が集まっている。中国が四〇〇億ドル（約四兆五八〇〇億円）の基金を創設し、陸上と海上の二つのシルクロードの周辺地域に、鉄道やパイプライン、通信網などのインフラ整備を行っていこうというものだ。これは、中国にとって最大の貿易相手である欧州連合（ＥＵ）につながる地域への影響力を強めることになり、これによって中東や中央アジアからの資源輸入の輸送ルートも万全となる。これらは「中国版マーシャルプラン」と呼ばれているが、豊富な資金力によって、中国主導の広域経済圏が構築されることになる（詳細は本書66頁参照）。

中国経済が米国を超え、二世紀の時を経て〝世界一〟になる日

中国のＧＤＰは、二〇〇九年には日本を抜き世界第二位となったが、すでに昨年（二〇一四年）には日本の二倍を超えた。さらに二〇二〇年までには三倍となり、二〇二三年にはアメリカを追い越すと試算されている（アメリカ調査会社ＨＩＳ）。日本のエコノミストには「中国経済はバブルが崩壊し、ＧＤＰがアメリカを抜く日はない」といった予測も散見されるが、国際的には少数派であり、世界のほとんどの予測機関が「衰退しつつあるアメリカ経済に代わって、中国が世界一の経済体になる」と冷静に分析している。さらに、二〇五〇年になると、中国の世界全体でのＧＤＰシェアは三〇％に達し、米国は一八％に縮小、日本はわずか三％になるという衝撃的な予測もある（英国『エコノミスト』誌編集『二〇五〇年の世界』）。じつは中国のＧＤＰは、一九世紀前半まで世界の三〇％以上を占め世界一だったが、産業革命に乗り遅れ、アヘン戦争以降、ヨーロッパ諸国や日本に侵略され没落していった歴史がある。まさに二世紀の時を経て、中国経済のリベンジが達成されることになる。

製造業ばかりではない。人口の都市化政策によって、中間層が育成され消費が拡大し、二〇一五年には消費額が七兆ドルとなりアメリカに次ぐ世界第二位となるが、二〇二〇年には一四兆五〇〇〇億ドル、そして二〇二五年には米国の一・一五倍になり、世界最大の市場となる。さらに二〇二三年までには、世界

最大の「投資大国」「金融大国」となると予測されている。

見えてきた「中国の夢」の大いなる可能性と大いなる困難

「アジアインフラ投資銀行」や「シルクロード経済圏」のニュースが、日本のメディアを騒がす二週間ほど前、私は北京で、中国の国会にあたる「全国人民代表大会」（全人代）を取材していた。私にとって全人代は、これで一九回目の取材となる。北京人民大会堂の壇上席の習近平国家主席は、すでに威厳さえ感じさせる存在になっていた。二週間の会期中、彼は一言も発しなかった。しかし、ほとんどすべての委員たちは、習近平が提議した「シルクロード経済圏構築」の「一帯一路」の国家戦略とアジアインフラ投資銀行について討議を続けていた。彼らは、この戦略を「中国の夢」の核心とみなしている。

習近平の構想の中では、かつて世界の東西を結んだ壮大なるシルクロードの再建によって、二一世紀のヨーロッパ、アフリカとアジアをつなぐ陸海の物流の大輸送路を構築し、中国を二一世紀の世界経済の中心に押し上げることを意味する。また、アジアインフラ投資銀行やＢＲＩＣＳ銀行によって、中国を世界資本市場の新リーダーとし、元を国際通貨化し、世界の経済・政治地図を変えようという戦略である。

習近平が唱える「中国の夢」は、大いなる挑戦であるとともに、大いなる困難に満ちていると言えるだろう。過去三〇年余り、中国は共産党のもとで経済的な開放と発展の道を歩んできたが、これからの三〇年は、法治国家へと転換していくという。これが果たして実行可能なのか。そして、世界一の経済大国になるのか。それとも、共産党政権に取って代わる政治体制が出現し、中国が分裂してしまうか……。

習近平は、一三億の中国人から希望と夢を託され、中国の新たな救世主となることを期待されている。それは、五〇〇〇年の文明を持つ国家として、世界で最も富める国となり、さらに国民の暮らしを変革し、道徳と法治の上でも世界の模範となることである。

しかし、習近平はかつてない挑戦を突きつけられている。激しい貧富の差、日々拡大する地域の格差、堕落した社会道徳、腐敗した官僚体制、国民の間に日々高まる民主と権利の要求、バランスを欠いた経済システム、そしてアメリカをリーダーとする国際勢力の外交的牽制などである。

習近平政権のタイムテーブル

安倍政権と比較して言えば、習近平政権には一〇年という時間が保証されている。この一〇年で、習近平は「中国の夢」実現のための戦略のスケジュールに立てている。

まず第一期政権の五年間（二〇一三〜二〇一八年）は、中国の総合的な整理整頓期である。彼は、その最初の二年間を使って、中国共産党の隊列と公務員体制を整頓し、役人の自己規制力を強化してきた。「蠅は打つべし、虎も打つべし」という高官をも容赦しない反腐敗運動は、まさにそのためである。そして共産党の自己管理および自家浄化のシステムと制度を樹立し、「法治国家」の体系と土台を確立させ、「革命」の党から「執政」の党へ、共産党の性格を転換させてきた。

二〇一六年からの三年間には、習近平は、経済体制の改革と市場経済の全面的推進に力を入れ、「速度抑制した水平飛行」のモデル（経済の急上昇から安定した成長への移行）によって、今までの単純なＧＤＰ成長率の猪突猛進型発展モデルではなく、中国の経済・社会発展、環境保護をバランスの取れた合理性のあるものにさせる。

そして、国家としてのシステムの全面的手術とリハビリが完了した後、習近平は、第二期政権（二〇一九〜二〇二三年）で、中国が世界一の経済大国となる国家的な基盤を固めるつもりだ。そのためには、政治・経済に留まらず、社会・文化・道徳のバランスの取れた健全な発展が必要となる。経済規模がアメリカを超えるだけでなく、世界から経済的・政治的リーダーとして信頼される存在とならなければならない。

国内的には、共産党幹部が清廉に政治に勤しみ、司法は独立に向かい、社会は公平化が進み、国民道徳は温厚篤実になることが必要条件である。二〇二三年の政権退任時、習近平政権は中国をいかなる国家にしているつもりなのか。本書はそれを示したつもりである。

習近平がこの歴史的課題を実現したなら、中国一〇〇年の歴史において傑出した第四の政治家となる。つまり二〇〇〇年の封建皇帝制を引っくり返した孫文、独立自主の新中国を建設した毛沢東、経済改革を行い世界に門を開放した鄧小平、そして世界一の経済大国であり法治国家を建設する習近平である。

一〇年間、習近平を取材してきて

私が初めて習近平に会ったのは、二〇〇三年三月、北京人民大会堂の浙江庁という広間であった。全人代のチーム討論会の席上、習近平は、中国共産党浙江省委員会書記、省人民代表大会常務委員会主任、および浙江省軍区党委員第一書記として、浙江団の討論会に出席し、ひたすら代表の発言に耳を傾けていた。

私が習近平に注目し始めたのは、浙江省が私の出生地だったからである。習近平は、当時、遼寧省長だった薄熙来とは対照的であった。遼寧団の討論会は、まさに薄熙来の独壇場であり、まるで彼の記者会見のようだった。それに対し習近平は、二時間余りの討論会で黙々と意見を聞いて筆記し、最後の総括では発言内容をまとめた原稿を淡々と読み上げたのだ。私は「中国の政権の中で、このように慎重な人はいない」と感じた。当時の強烈な印象として残っている。

二〇〇九年一一月、習近平夫人の彭麗媛が、中国の人民解放軍総政歌舞団を率いて、日本で『木蘭詩編』の公演を行った。私は請われて、この公演の広報を担当した。翌一二月、今度は習近平が国家副主席として日本を訪問し、私は彼と親しく握手し会話をする機会を得た。その手は大きくがっしりしていた。

私は、「あなたが青年時代に下放されていた延安市の梁家河村に行った時、梁さん〔習近平が入党した時の紹介者」にお会いしました。梁さんは、本当に習副主席のことを懐かしがっていましたよ」と言った。習近平は驚いて「梁さんはお元気ですか？　もう長らく会っていませんけど」と微笑んだ。一五歳から二二歳で清華大学に入学するまで、習近平はこの寒村の山あいで過ごした。彼のがっしりした体格は、毎日ここで農作業をすることで作り上げられたものだ。当時、村は極度に貧しく、肉を口にできるのは一年に一度しかなかったという。習近平のような大柄な体格で、トウモロコシの粥や芋入りのご飯だけというのは、さぞつらかったと思われる。私は梁家河村を取材して、彼の青春時代がたいへんな苦労の連続だったことを知っている。七〇キロの石を背負い、田畑の開墾をしていた。このような貧しい食生活で、七〇キロの石を背負い、田畑の開墾をしていた。

二〇一二年一一月、中国共産党第一八回全国代表大会で、習近平が中国共産党総書記と中央軍事委員会主席に就任する全過程を目にする幸運に恵まれた。習近平は、就任記者会見で初めて、原稿を見ずに自分の言葉で、相変わらず朴訥な調子で「中国の夢」を語った。

人民は生活を愛し、より良い教育、より安定した生活、より満足のいく収入、より篤い社会保障、より行き届いた医療サービス、より快適な居住条件、より美しい環境を期待している。さらに子供のより良い成長やより充実した仕事、より良い生活を期待している。人民の生活の向上こそ、われわれの目標である。

習近平のこの「中国の夢」は、明確な数値目標はないが、「より」（更）という言葉を一〇回も重ねたものだった。人民の一〇の「更」を満足させることは、今後一〇年、中国を執政する最大の挑戦であり、世界に示す保証でもある。しかしながら、この「中国の夢」は本当に困難だ。一三億人の人口、五六の民族を擁する中国は、沿海地区は「ヨーロッパ」、内陸部は「アフリカ」と言われるほど巨大な社会格差とゆがんだ産業構造があり、また一党独裁の官僚の腐敗と人民の政府に対する数々の不満などが、「中国の夢」を実現する足枷となっている。

習近平は、前任の指導部と同じようなことはできない。「頭疼医頭、脚痛医脚」（その場しのぎをする）ではすまされない。それほど中国は、大いなる可能性とともに、大いなる困難に直面している。彼が、中国の政治・経済・文化の体制を根本的に改革しなければ、「中国の夢」が実現できなくなるばかりでなく、中国の国家的な危機につながる。習近平は、そのことを最もよく認識していると思われる。

習近平政権後の中国と世界

習近平政権が誕生して、すでに二年が経った。この間、「蠅は打つべし、虎も打つべし」という反腐敗運動によって多くの腐敗官僚が摘発され、習近平の改革への意志と実行力は、誰もが否定できないものとなっている。まさに二〇一四年は、中国の「改革元年」というべき年となった。では今後、習近平政権は、二〇二三年に次期政権に引き継ぐまで、何をなすのか？ そして、それによって中国と世界は、どのように変化しているのか？ 本書では、習近平政権の構想と戦略の全体像を示したつもりである。

アメリカのシンクタンクが発表した研究報告によると、七％くらいの経済成長が続くと、二〇二三年には世界最大の「製造業大国」「貿易大国」「消費大国」「投資大国」「金融大国」になっているという。

隣国の日本として、このような「二〇二三年の中国」に対して、いかなる対処をするのか？ 同時に現在さまざまな困難な状況の中、いかに奮闘する中国に対し互恵合作をするのか？ しっかり考えていくべきであろう。

私のこの一冊が、習近平後の中国と世界がどうなっているかを考察し、それに向けた対応を模索しようとされる方々の参考となれば幸いである。

（二〇一五年四月二日）

第1章　中国は「法治国家」になっているか？

1……「法制治国」の除幕が開かれた

二〇一五年三月、私は全人代の取材のため北京を訪れた。「全国人民代表大会」（全人代）は、一年に一度開かれる日本の「通常国会」にあたるもので、二〇一五年度予算の審議のほか、一年の経済発展の方針を決定する。一般の代表（議員）はもちろんのこと、国務院の部長（大臣）も出席する。

二〇一五年の全人代は、習近平政権の強力な「反腐敗運動」を背景に開催された。昨年はまだ北京人民大会堂の壇上に座っていた、「国政助言機関」の政治協商会議の二人の副主席（副議長に相当）の令計劃と蘇栄氏は、すでに腐敗などの罪で拘束され、政治の舞台から姿を消した。令計劃は以前、胡錦濤総書記の右腕として中共中央弁公庁主任を長年務めた人物である。

代表たちの全人代の審議での発言も、慎重なものだった。言葉足らずで誤解を生むなど、面倒なことを引き起こすことを懸念したのだろう。外での食事も控え、一部の疑心暗鬼にとらわれた代表は、「大会終了後、問題なく家に帰ることができるだろうか」と緊張し、大会全体の空気もかつてなく重く感じられた。

ある代表は、この二年間の習近平政権の反腐敗運動について、こう冗談めかして語った。「なるほど、胡錦濤は過去一〇年間、いつも敵の心臓部で働いていたようだ。まわりの同僚たちである周永康（司法権を握った政治局の常務委員）、薄熙来（政治局委員、重慶市党書記）、令計劃（政治局委員、中共中央弁公庁主任）、徐才厚（中央軍事委員会副主席）など、危険で悪い奴ばかりだったというわけだ」。そして、習近平は心の中で、反腐敗運動は必ず成功しなければならないと固く決意しているのだろう。そして、成功すれば、次のステージ、「法治国家」への道が開けると。

二〇一四年は、中国史上きわめて特異な年になった。この年をひとことで言い表わすならば「大変」である。そして、その最大の変化の中心は、一〇月に行われた中国共産党第一八期中央委員会第四次全体会議（略称「一八期四中全会」）に上程される「法制治国」の政治理念であり、この理念の登場こそは、習近平政権が、中国を「人治」から「法治」へ正式に邁進することを決断したことを意味する。

鄧小平による「改革開放」政策以来、国家の体制改革・機構改革はいく度となく提起されてきただけでなく、実際に何度も執行されてきた。すなわち、「社会主義的法律体系」も数年前にその完成が宣言されている。中国の理解ある指導者は、何度となく「依法治国」であるべきことを提起してきたが、役人の行政執行水準ならびに能力ゆえに、毎度先細りで、大した改変はできずに、「政令は中南海を出でずして」という状態が続いている（なお、「中南海」とは、中国の政府・共産党の本部や要人の官邸が集まっている地区で、日本で言えば「永田町」と同じような意味だ）。禁令もまた厳守されないというような現象が、官界では常態のようになっていた。このため、汚職腐敗の大事件は引きも切らず起こったが、役人は表面的な政治的業績のみに気を配り、国民の怨嗟の的である「ＧＤＰ唯一論」がまかり通るに任せて顧みず、出世・理財の近道としてきた。各部門それぞれお互いがもたれ合ってきた現象は枚挙に暇ない。一部の政府役人は率先して法律違反をして社会秩序を乱し、権利をはき違え、民間と利を争い、社会と利を争って、マーケットに対しては、過剰関与をして、社会に規範喪失を醸成し、公的信用力の喪失を加速させた。こうした基礎の上にあって、一般大衆の法律不遵守、道義の地すべり現象が誘発されているのであり、さらに大きく、中国社会に法治の欠落現象を招いているのである。多くの役人は表面的に体制が定めた規則を遵守するのみで、いささかも、大衆に奉仕しようとの理念や自分の行政的執行力を考えることもなく、いわゆる「人民のために奉仕する」というスローガンは、長い間、上の空の念仏にすぎなかった。こうした問題は、ほとんどがその役人の素質と、その役人の行政能力や行政理念と緊密に関係しているのである。

このような悪循環の下では、単に行政能力の近代化形成が困難であるだけでなく、行政体系の近代化建設を遅らせ、切り崩しかねないのである。これは、中国が〝世界の強国〟となるというスローガンの実現にとっては、疑いなく巨大な壁である。

習近平は、中国共産党史上初の法学博士の学位を持つ総書記である。彼は、四中全会で、ハッキリと自分の「法制治国」建設の理念を発露する演説を行った。

彼は以下のように述べている。経済の発展、政治の公明、文化の隆昌、社会の公正、生活の健全を実現し、中国の平和的発展の戦略目標を実現して、必ずやさらなる法治を導入し、規範に役割を発揮させねばならない。また、科学的な立法、厳格な法執行、司法の公正化、全民的な法の遵守を全面的に推し進め、法に基づく国家統治、法に基づく政治、法に基づく行政を堅持し、法治国家、法治政府、法治社会を一体的に建設し、法に基づく国家統治の新たな局面を引き続き切り開いていく。さらに、法に基づく国家統治は、まず、憲法に基づく国家統治である。すなわち、法に基づく政治とは、その鍵は憲法に基づく政治である。憲法の生命はその実施にこそあって、憲法の権威もまたその実施にこそある。違憲監督のメカニズムと手順を健全化し、違法・違憲行為を是正しなければならない。国民、それぞれの司法案件で、正義公正を感受させるよう努力し、いかなる組織、もしくは個人も、すべてが憲法と法律を超越する特権を持つことはできない。一切の憲法と法律に違反する行為は、すべて追及されねばならない。公権力を制限し、私的権利を保障することが、法治中国を建設する核心的問題である。

一八期四中全会は、中国共産党史上、初めて「法制治国」を核心的テーマとして検討された中央全体会議であり、この会議が発表したコミュニケでは、「法制治国」に「トップ・デザイン」が完成されているだけでなく、具体的な施行細則も公布されている。その主要な内容は八つの方面にわたっている。すなわち、民主的科学的な立法、執政党の法の執行と政策の執行、政府の法に基づく行政、社会の法に基づく治世、権力監督体系の完備、司法の独立と公正な審判、法律服務の完備および法治文化の建設である。

会議のコミュニケより、中国は、今後数年において、「法制治国」面で、重点を以下のいくつかの方面に置くと読み取れる。

《第一、司法を独立させる》

コミュニケは以下のように指摘した。行政区画と司法管轄制度を適度に分離し、国の法律の統一的に正確な実施が保証されるようなメカニズムの建設を検討する。

中国の現行司法制度では、まず、中国共産党とそれぞれの地方委員会の指導を受けて、地方委員会が設立する「政法委員会」が、直接に司法審判に関与していることが、中国の司法独立において最大の障害となっている。同時に、地方裁判所と地方検察院の院長と判事、検察官は、事実上すべて地方政府が任命し、同時に、財政予算も地方政府の支出に依拠しているため、裁判所および検察院は、事実上、政府の一部門となっており、検察官および判事もすべて地方政府の官僚である。したがって、司法審判中、検察院および裁判所は、地方政府と地方行政長官の意見を聞かざるを得ず、はなはだしい時には、検察院ならびに裁判所は、政府役人の民衆抑圧の道具となり、実際に多くの冤罪事件を生んでおり、国民に司法審判制度に対する大きな不信を招き、社会全体に「司法の公正」という最も基本的な憲法の原則を喪失させている。

二〇一四年、中国は上海・広州など六都市を拠点にして、「依法独立公正行使裁判権」を核心とする司法改革開始試行を実施した。

改革の重点は、主に、党の規律検査委員会と検察、裁判所など司法機構を、地方党委員会および政府から独立させ、中央－党中央管党規、最高検察院および最高裁判所が垂直的に管理するようにした。同時に、人事、財務を問わず、すべてにわたって地方政府から離脱させた。それぞれの地方検察院ならびに裁判所の経費は、中央から直接支出し、地方政府の補助を一切受けないようにした。地方検察院ならびに裁判所内部には、なお共産党の組織が残されているが、地方党委員会との関係はなく、中央から垂直的管理を行い、地方党組織の関与は受けないようにした。地方政府の中にある「政法委員会」という司法指導機構の撤廃は検討中である。

中国政府は、六大都市の改革試行拠点での累積された経験を通じ、最終的に、一つの中国式「司法の独立」制度を制定し、二〇一六年より全国的に施行すべく計画している。

《第二、権力を法律の籠に閉じ込める》

コミュニケは指摘している。わが党は執政興国の重大な職責を履行すべく、党規に依拠して全党を統治し、憲法に依拠して国家を統治し政治を行わねばならない。国家事務における「憲法至上」と、党内事務の中の「党規至上」の観念を確固として確立し、「党は法より強大なり」「権力は法律より強大なり」などの悪習を、断固として排除し、権力は、法律の枠組みの中で行使させるよう、法律の監督規制を受けさせる。

習近平は就任するや、ただちに「先治標、後治本」（先ずは末端を懲らしめ、最後に大本をやっつける）と強調し、初めに一連の貪官汚吏を大規模に捕らえ、その後、徐々に制度建設を進めて、権力を法律の籠に閉じ込めた。

「治標」のスローガンは、実際上は、一種の上部から下部に対する制裁であって、中央規律検査委員会という党内監察機構に国家的反腐敗工作を主導させ、党と政府の幹部（九〇％以上が共産党員）を監察管理させるものだった。そして、「治本」の最終目的は、中国の政治環境に見合った腐敗防止制度を立ち上げて、官僚たちに対し、何をなすべきか、何をしては駄目なのか、どういう金は受け取ってよくて、どういう金は駄目なのかを悟らせ、その遵守を自覚させることだった。もしも、ひと度この違法犯罪のレッドラインに触れれば、たとえどんなに偉い党官僚であろうとも、誰もが、すべて法律的責任を追及される。

習近平は、一八期四中全会で、明確に役人たちに警告を発した。

「各段階それぞれの指導幹部は、以下に述べることを銘記されたい。いかなるすべての者も、法律を超越する絶対権力を有し得ない。共産党員は永遠に一介の労働人民の一員であって、すべての共産党員は、法律と政策が規定する範囲内の個人的利益および工作上の職権以外、いかなる私利および特権をも求めることはできない」。

習近平のこの言葉の真意ははっきりしている。もしも、共産党幹部が率先して憲法と法律の権威を守っていかなければ、共産党の執政権威を守ることができず、また、共産党執政の合法性も保障されず、人民の怨嗟のために政府転覆の可能性も有り得るからである。

《第三、憲法監督機構の設立》

全国人民代表大会（衆議院に相当）は、憲法の精神を保証するため、現在の専門委員会の基礎の上に、執政党と政府機構の無視や侵害を受けない憲法監督委員会を設立し、憲法監督制度と手順を管轄し、「司法の独立」改革の順調な進展を保証する。

現在の官民対立は、すでに非常な重大段階に達しているが、その主たる要因は、政府機構が、司法機構の運営を代替しているため、司法機構が出す判決が公平かどうかにかかわらず、一般大衆は、その裁判に必ず闇の操作があると見ており、組織や政府に濡れ衣を着せられかねない。同時に、政府機構は、効果てきめんの事務効率を追求するため、また、常に司法機構を指揮して行政指令を行い、政法不分離を招いて、一般大衆から、法治ではなく、権力による統治であると見られるという重大な病弊を形成してしまっている。党の政治指導の意志は、司法運営に干渉し、必然的に司法の公平公正性の重大な偏向を生み出してしまっているのだ。

この改革の目的は、地方の党と政府機関の司法機関に対する関与を防除し、司法裁判の終局性ならびに権威性を尊重するところにある。

中国憲法第一二六条に「人民裁判所は、法律の定めるところに依拠し、審判権を独立行使し、行政機関、社会団体および個人の干渉を受けることはない」と規定しているが、事実上の司法審判においては、常に党・政府機関の関与を受けている。憲法監督委員会の設立は、党と政府が行った重大意思決定に対して、法律的判断を行い、それが憲法の精神に符合するものかどうか、憲法の条項に違反してないかどうかを監督し、国家の管理を真に憲法と法律の監督管理の枠組みの中に納めさせることを保証している。

司法の独立と国家の法治管理を保証するため、中国は、近年中に憲法に修正を実施するであろう。

《第四、国民の権利を保障》

コミュニケは指摘している。民主のキーポイントは、その制度にあるが、特に、人民が主人公であることを保障する制度にこそあるのであって、〝人民のためにある権力〟ならびに「人民のために付与されている権力」を確保し、「人民のためをおもんぱかった権力」ならびに「人民のために用いられる権力」を確保することにこそあるのである。社会主義的な民主政治を発展させるには、人民が主人公であることを保障することこそが本義であり、人民の主体的地位を体現しなければならない。高度に発達した民主政治がなければ、社会主義的現代化強国の建設という目標を実現することは不可能であり、中華復興の〝チャイナ・ドリーム〟の実現もうまくは進まないだろう。

中国は二〇一四年夏、半世紀以来続けてきた戸籍制度を撤廃し、都市戸籍と農村戸籍の統一を実行し、農村戸籍に対する蔑視と不公平待遇を撤廃、社会の公平公正実現を図り、総人口の七〇％以上を占める農民に、都市戸籍と同様の社会福利と医療、教育などの社会保障待遇を受けさせることを宣言した。

中国政府は、農村の土地に対して、農民の利益侵害を防止するため、強制収用ならびに強制移住を禁じた。また、政府は農村の土地交易市場を設立し、農村土地収用を希望する建設会社などに、交易市場における公正な取引を通じて土地使用権が得られるよう、従来の地方政府による、一括請負強制収用方式を改変し、土地の取引価格をオープンに透明化して、土地を失う農民に合理的補償が得られるようにした。

2……「五つ目の近代化」を提唱

一八期四中全会は、間違いなく歴史に中国政治改革の痕跡を記すだろう。この中国の運命を決める会議において、習近平が全面的に改革を深化させるために確定した総目標は、「国家統治体系と統治能力の近代化」である。過去の「四つの近代化」になぞらえて、「国家統治体系と統治能力の近代化」は、これを、習近平による「五つ目の近代化」と称することができる。

中国共産党が毛沢東時代に提起した、工業・農業・国防・科学技術の「四つの近代化」は、これまで近代化国家を建設する重要な基準・目標と目されてきた。「四つの近代化」は、改革開放の東風を受けて、歌声高らかに一途に躍進し、根本から中国の社会経済の状況を改変させ、きわめて大きく中国の発展水準を高めた。「四つの近代化」は、物質文明の範疇に属すものであり、その背景には、百余年の永きにわたって貧窮零落に喘いできた中国人の、甘美な物質的生活に対する憧れに依拠するところがあった。「五つ目の近代化」は、明らかにこれらとは異なり、国家機構・制度体系・役人の素質の近代化を指しているだけではなく、さらに、執政党の近代化をも指し示している。具体的な「四つの近代化」とは違って、「五つ目の近代化」は、組織体系ならびに制度体系に関わる物質文明の範疇を有するだけでなく、さらには精神文明の範疇をも有している。

中国共産党中央編訳局副局長の兪可平は、公的に以下表明している。「私の判断では、習近平総書記は、四つの近代化に引き続いて、実質的に、正式に五つ日の近代化を提起している。国家統治体系と統治能力の近代化というのは、実は、とりもなおさず、政治の近代化ということである」。

しかし、では、なぜ過去に「五つ目の近代化」が提起されず、今提起されているのか？ という疑問が呈されるだろう。それは現在、中国社会の発展を、国家統治体系と統治能力の欠陥がブレーキをかけつつあるからである。改革開放三十余年来、中国経済は未曾有の巨大な成功を収め、一挙に世界第二の経済大国に踊り出て、近い将来にはアメリカをも追い越し、世界ナンバーワンの経済大国となるという壮大なる夢が語られている。しかし、中国社会は相変わらず、種々の矛盾が多くある。主たる矛盾は、一般大衆のますます増え続ける物質文化の需要と落ち込む生産との矛盾である。この矛盾の性質は、将来長い時間の中で決定づけられるが、中国の主要な任務は、依然として経済建設を中心とし、大幅に生産力を発展させることにある。

現在の中国は、GDP総数はすでに世界第二位にあるが、「沿岸地区はヨーロッパであり、内陸地区はアフリカである」という地域格差があって、金持ちは別荘に住み、貧乏人はあばら家に住むという貧富の差はますます広がっている。こうした基本的国情では、中国政治には理想主義的な豪気だけでは駄目で、地に足を付けた着実な実践的精神が不可欠である。

字面から見れば、「五つ目の近代化」の主張は、少なくとも二つの次元を包含している。すなわち、第一は、国家統治体系の近代化であり、第二は、為政者の統治能力の近代化である。つまり言葉を換えると、統治体系の側面からは、組織機構と制度体系の調整設立においては、基本的な政治制度のより良い擁護を助け、腐敗と専制のより有効な防止を促すことにより、人民大衆に、民主公平を感受させることができる。また、より完璧な分配制度を援護し、万民富裕の実現に寄与することによって、社会の属性に、より社会主義的要素を具備させる。さらに、生産力を開放し発展することによって、最終的には「物質生活がきわめて豊かな共産主義」を指向することが可能になる。認識論の側面からは、中国共産党の革命党から執政党への思考転換にとっても一助となり、よりオープンで、多元的で、包容力ある近代的政務執行理念を構築する一助となる。第三として、方法論の側面からは、社会主義的な人文精神と法治の理念を横溢させ、一切の粗暴と硬直化を放棄して、時代にあわせて進む近代的統治手段を採用する。

兪可平は、真の近代化とは、文明の近代化であり、生活態度の近代化であり、精神追求の近代化であり、社会関係の近代化であると考えている。そして、これらはすべて科学技術あるいは物質的発展に依拠することで完成させることはできないのであって、理念的側面から、新たな観念を打ち立てねばならない。中国の指導者として、中国共産党の責任は自身に合った近代化モデルを探し当て、一方で西欧の欠点を克服すると同時に、別の一方では、近代化の成果に、さらに多くの人々の生活上の幸福追求を満足させることを含めて、もっと高い要求を持つことは、中国の執政党が近代化を追求する上での歴史的使命であるとする。

二〇一四年八月に行われた省・部クラスの主要な指導幹部の主要会議において、習近平は以下のように表明した。「改革開放以来、わが党はまったく新しい観点に立って、指導制度・組織制度の問題に、根本性・全局性・安定性および長期性を具備させることを強調する国家統治体系問題の検討を開始した」。

この言葉の言外には、「古い問題」と「新しい観点」への彼の基本的な理念がある。つまり「古い問題」とは、一九二二年のソ連建国より、共産党員を一〇〇年近く悩ませてきた、生産力と生産関係間の矛盾は一体どのように処理すべきか、〝何が社会主義で、どのように社会主義を建設するか〟についての再考なのである。そして、この問題に答える「新しい観点」とは、「国家の統治体系と統治能力」であり、これこそが、今日、彼が推進させようとしている「五つ目の近代化」における題詞の意であり、彼の領袖的な戦略眼と、毛沢東・鄧小平を継承する重要な要因を表している。

近代化の推進によって、中国を人治の暗闇から抜け出させ、国家統治を規範化・文明化させ、山谷や洞窟から誕生した中国共産党を近代化した執政党に変身させ、新たな国家統治体系を構築しようというものなのである。

3……「反腐敗」で中国を救えるか？

重慶市委書記・薄熙来の裁判、解放軍総後勤部（後方兵站）副部長・谷俊山の逮捕、前中央軍委副主席・徐才厚の逮捕（二〇一五年三月一五日、膵臓がんのため解放軍総病院で死去）、そして中国共産党中央政治局常務委員・周永康、全国政治協商会議の副主席・会計劃、蘇栄氏の逮捕拘禁など、政権掌握二年の短期間に、習近平は、中国権力上層部に連なる腐敗に真っ向から対決し、昔日の輝ける赤い貴顕、要人が次々に倒され、二〇一四年一〇月には、とうとう三万名近い役人が逮捕拘禁された。その中には、前政治

前重慶市委書記・薄熙来と前中央軍事委員会副主席・徐才厚

局常務委員一名、副国家クラス官僚二名および省部クラス（副大臣クラス以上）四五名を含め、毎月平均五〇名近く高官が逮捕拘禁されている。このため、中国の石炭資源の最も豊かな山西省では、党の常務委員七名のうち四名が逮捕され、山西から大幅に指導者層が欠落されてしまったなど、地方の反腐敗運動が、一省「全身麻痺」というような現象までをも出現させた。中国中央規律検査委員会は、土曜か日曜を選んで、汚職役人逮捕名簿を公表することが多いので、中国社会では、反腐敗の「週末現象」という珍現象が出現した。中国の作家・二月河は、習近平の「反腐」の力量を称して「中国二四史を通読しても見つからないものだ」と語った。

まさに「習・王の反腐二年の成功は、胡・温の一〇年に勝る」と世間が称揚している時、習近平の耳には、異論も含めたもろもろの声も次々と届いている。反腐敗は、ある種の人々の利益を動揺させる可能性があるもかかわらず、反腐敗行動の「ドミノ現象」を心配するために、これら一部の人々は、皆、習近平が「常務委員はお咎めなし」という過去の通例は破っても、同時に「今後は、これを前例とはしない」との特赦の約束がなされることを望んでいる。例えば、七月二一日の『香港商報』紙は、中国共産党は、もし「破」という文字を過激にやれば、執政党のイメージがはなはだしく壊されるので、安定を考えて、「適時適度に特赦措置」を取るべきだと書いた。しかし、こういう人たちの声は、決して習近平の意向を代弁してはいない。

徐才厚は、中央軍委副主席に就任中（当時の主席は胡錦濤総書記）、軍の大方の信任を得ていた。軍最高実力者として、彼は、十数億人民元を超える巨額な金銭を収賄しただけでなく、部下からの賄賂を受け、大量の「売官」を行い、一連の不徳無才の軍人を、各軍区および各兵種の高級指揮官にさせ、「将軍」の肩書を持たせた。前後して彼に随伴した三人の秘書官も、すべて「将軍」となり、中には、大軍区の政治委員あるいは副司令官になったものさえいる。

徐才厚が捕まった後、中国共産党の「虎退治」は、どっちの方角に向かうのかという疑問が再び巻き起こった。もう一人の前軍委主席・郭伯雄、その他の上層部もやられるだろうというニュースが飛び交っていた。すでに二〇一五年二月、郭伯雄の長男である浙江省軍区政治委員の郭正鋼少将は、中央軍事検察院に逮捕された。もし習近平が、これ以上、反腐敗運動を続ければ、家内の醜聞を外に晒すに等しく、中国共産党の合法性を動揺させると語る者もいた。このことは、原理主義的な共産主義者にとっては、習近平の反腐敗運動が、一つのリスクとなっていると見なされた。しかし、習近平など中国共産党上層部の考えはきわめてはっきりしていた。中国の大多数の一般大衆は、貪官を憎み、晴天を待ち望むという気分の中にあって、快刀乱麻の反腐運動は、一定の時間内においては、逆に、人々の憤懣を押さえ、民心の支持を得ることができると。「当面の反腐は、応急的措置であって、根本治療のためには、時間をなお必要とする」。中央規律委員会書記・王岐山のこの言葉は、なかなか意味深長で、隠された意味があった。

かつての中国共産党「司法王」の周永康は、突然その筋から「厳重な規律違反」により捜査を受けたことが発表された。世界中の世論が沸き立った余勢に、次に注目された焦点は、この未曾有の反腐敗の嵐を発動した習近平の身に集中した。一年前には、ほとんどの中国人は、今日の中国共産党が、政治局常委クラスの前任上層部指導者を査問にかけるなど、まったく信じていなかった。西側の人々も、就任早々の習近平に、徐才厚・周永康のごとき〝大虎〟を捕らえる能力や胆力があるなどとは、到底信じていなかっただろう。

執政にあたる中国共産党について言えば、年来、役人が公権力を利用して汚職をほしいままにしている実情を、決して知らないわけではなく、胡錦濤から習近平まで、常に党内では改善が叫ばれてきた。反腐敗運動を展開しなければ、〝亡党亡国〟の危険があると認識されてはいたからだ。しかし残念ながら、胡錦濤の任期中の反腐敗ならびに改革の理想は、そのほとんどが、利益集団の阻止妨害のもとに終わってしまった。中国共産党第一八回全国代表大会（略称「第一八回党大会」）で胡錦濤の後継者となった習近平は、初めての記者会見でこう述べた。「党は党を管理し、党を厳重に統治する」との姿勢を堅持する、と。

消息筋によると、習近平は、二〇一四年六月二六日の政治局会議で、反腐敗問題で以下三点について述べた。

一、第一八回党大会後、われわれは三〇余名の副大臣クラス以上の幹部を捕らえたので、そろそろ手仕舞いしても良いなどと言う者がいるが、これは間違った認識であり、反腐敗には、どれだけ捕まえるかなどというノルマはない。

二、われわれは、周囲に気を配りながら事にあたらなければならないなどと脅す者がいるが、誰を恐れているのか！　朱鎔基は、こう言った。「棺桶を一〇〇個用意して、九九個は腐敗分子にくれてやり、最後の一つは自分に残す」。今、われわれには、この勇気が必要なのだ。

三、党中央は、各地の反腐敗に対して、指導者がかつて働いた土地とは関係なく、例えば、私は福建、浙江および上海で仕事をしてきたが、党中央は、これら地方の反腐敗について、その他の地方と同等の扱いをしなければならない。

現在、こうした反腐敗の強烈さが注目されているが、中南海に近い消息筋の多くは、逆に、こう強調している。すなわち、反腐敗は、習近平が率いる新たな党中央が、政治的業績を最も良く体現できるシンボルにすぎない。その背後には、壮大な青写真を積んだ巨大な車輪が、今まさに前進すべく回り始めている。それは「改革」の二文字ではとても言い表わせない、言うなれば第二次改革の壮大な青写真と称すべきもので、その範囲と深さは、当初想像したところをはるかに超えるものだ。

習近平は、経済発展の時期に形成された政府官界が操作する既存モデルを徹底的に打破し、近代国家に適合する統治能力をわきまえた官僚、まったく新しい政府官界モデルのフルセットを創設し、さらには、革新的な中国共産党執政理論と法理の基礎的革命を密かに主導していこうとしている。その中には、マルクス・レーニン主義の旧型の共産党理念をも含む。つまり彼は、一方で中国の政治体制を維持しながら、経済の発展については過去三十数年の経済体制とはまったく異なる「新しい常態」を構築しようとしている。また軍の大改革の序幕も、すでに上がっており、建軍精神の再構築が、解放軍の現下の主要課題となっている。これらによって、文化・軍事を問わず、政治・経済面での新政も、習近平のすべての発想と行動は、すべて中国の「復興への道」に向けられており、それを全力で推し進めていこうとしていることが見て取れるのである。

習近平は、中国を覚醒させるという歴史的使命を担っているが、中国が新時代を迎えられるのか否かは、彼の双肩にかかっている。

4……周永康は、どんな罪を犯したのか？

二〇一四年七月二九日、中国共産党中央政治局は、前政治局常務委員であった周永康を立件審査すると発表した。一月に周永康の拘束が伝えられて以来、中国最高指導層が初めて周永康の拘束を正式に発表したもので、習近平が権威を見せつけた最も大きな行動であった。

周永康

周永康は新中国成立以降、経済犯罪で失脚した初めての政治局常務委員で、「量刑は常務委員に課さない」という慣例を破ったものである。周永康の罪は、もともと常務委員、中央政法委員書記時代の「知法犯法」（法を知りながらわざと法を犯す）に端を発し、習の主導する「法治」（法律に基づいて国を治める）の状況の中でも公然と法律を犯し、中国の法制建設と共産党第五世代執政に立ちはだかる「虎」となったのである。

『紐約時報』は、二〇一四年四月二一日、周永康家族の巨額の蓄財に関する長い調査報告を掲載した。この調査によると、周永康ファミリーの財産は一〇〇億人民元（約一七〇〇億円）に達するという。あるアナリストは、実際にはこの数字をはるかに超えており、しかも周永康に対する調査はさらに政治的な意味もあると指摘する。

『紐約時報』の報道では、周の妻・息子、息子の嫁、岳父、兄、弟の妻らが当局に拘束されたと報じている。また周の家族が所有する株は十億人民元に達するというが、これはあくまで額面であり、また不動産や未確認の海外資産は含まれていないという。

共産党の新指導部は二〇一二年末から周への調査を開始し、周の前助手やビジネスの関係者二十数名を逮捕したが、その中には中国石油集団公司の七名の幹部も含まれている。

二〇一四年一〇月に開催された一八期四中全会で、「政治と法律の王」と呼ばれる周永康は中国の腐敗権力の中心人物であったことが明らかになった。彼は、数百名に及ぶ政商エリートを擁する江湖帝国を作り、中国石油や四川省などの重要な地位を占めていた。彼らは徒党を組んで私利をはかり、中央政府と対等に振る舞うため、習政権の安定やそれ以降の改革には避けて通れない障害・脅威であった。

習近平の登場以前、共産党の多くの改革は利益集団の妨害によりうやむやに終わっていた。そのため歴史的功績に意欲を見せる習は、政権を執るとすぐに、建党以来、前例のない規模やレベルで政治権力を悪用した党員を成敗し、その取り巻きも散り散りになった。

習が就任した時、周は胡錦濤や温家宝に対してきわめて不敬で放漫だという噂が海外で流れた。中国共産党はこれまで集団指導体制を維持し、常務委員会は七人もしくは九人で構成されていた。常務委員の関係は平等だが、総書記の言動は比較的重視される。周は就任当時、地位は九番目で「公・検・法」などの国家機関を抑えているにすぎなかった。さらに胡錦濤・温家宝は平静を保つことを旨とする性格から、党内の対立を表沙汰にすることを嫌った。それを良いことに周は、権勢を笠に着て「独立王国」を築いた。このような機構や指導者の気質や性格の差が、今日の王岐山と中央政治局委員会に名声をもたらし、反対に周永康やその係累は破綻、身を滅ぼすことになった。

周永康は「公・検・法」と武装警察を手中に収め、現地の問題の解決を考えず、政治局常務委員の身分を利用して「公・検・法」関係の経費を大幅に増加してきた。報道によるとこの経費の予算は毎年七〇〇〇億人民元（約一一兆五五〇〇億円）にも達したという。この数字は官報で発表された軍事費を上回っている。しかも周永康や「公・検・法」のトップたちは私腹を肥やし、機会をとらえては力を蓄えて彼らの集団を養っていた。その力は全国に及び圧倒的な勢いを持っていた。

周永康の長男・周濱は、現在四三歳で、巨大な商業帝国の中心人物だ。周濱の妻の母・詹敏利もこの問題の重要人物である。周永康の甥・周峰、さらに彼の弟の妻・周玲英も関わっている。

周永康は直接ビジネスに関わらず、ビジネス活動にいろいろなレベルの保護を設けている。

香港『南華早報』によると、関連企業の文献を研究した結果、周家族が関わっている企業は少なくとも三七社で、北米に本拠地を置く企業もある。また石油生産、不動産開発、水力発電や旅行業など多種に及ぶ。ロイターの報道では、周家族の総資産は九〇〇億人民元（約一兆四八五〇億円）に達する可能性もあるというが、しかしこの数字に疑問を持つ向きもある。

周濱の人柄とビジネスの能力はそれほどではなく、父親ほどの勢いもない。しかし資料によると一〇年間で、周濱が登録したマンションにある無名の企業が、数億人民元の価値を持つ商業集団に発展している。

周濱はダラスのテキサス大学のMBAを取得し、二〇〇〇年代初めに帰国した。二〇〇三年に北京中旭陽光科技有限公司を創立、登録の住所は北京オリンピック公園に近い華亭嘉園のマンションとなっている。ここは周濱の義母である詹敏利の名義であるが、周濱が使用しており、また周濱が多数保有している住居の一つである。

次の年、詹敏利は四〇〇万人民元を出資してある企業を創立した。これが北京中旭陽光能源科技股份有限公司（以下「中旭能科」）で、八〇％の株を保有する。後にこの企業が周濱のビジネスの道具となった。中旭能科は設立後まもなく中国石油天然気集団公司（ＣＮＰＣ）と取引を始めた。周永康は長期間の担当の間に石油関係の実力者となった。中旭能科と中国の石油業務は多くの省に及び、八千余所のガソリンスタンド管理システムのグレードアッププロジェクトに関わるが、競争入札に関わるいかなる記録も存在しない。事情通によると、低価格で政府のプロジェクトを獲得し、後に高値で売り払うというのが周濱の手法である。この方法で思い起こされるのは父である周永康の影響力である。

雑誌『財新』によると、二〇〇七〜二〇〇八年の一年間で、周濱は大学時代のルームメイトであった米曉東の助けで、山西省長印油田と長海油田のプロジェクトを転売し、五億人民元超の利益を得た。これは当時最大の転売ビジネスであった。

周永康は二〇〇〇〜二〇〇二年、四川省党委員会書記を務め、そこから現地の水力発電事業、不動産開発、旅行業に関わり始めた。その時のビジネスパートナー、呉兵の傘下企業を通じて、周濱と詹敏利は大渡河の二か所の水力発電所に投資した。そのうちの一か所の売電収入だけで毎年九億人民元に達する。周濱は四川の鉱業界の前ボスである劉漢とのビジネス上の付き合いがあった。劉漢はすでに、殺人、賭場開帳、マフィアの組織、兵器・弾薬の違法販売などの罪で死刑判決を受けた。

周永康には、ほかにも嫌疑がかけられている。二八歳年下の中央テレビの美人女性記者・賈暁燁と結婚するため、二名の武装警察に交通事故に見せかけて前妻を殺すよう命令したとする嫌疑だ。この二名の実行犯は逮捕され一五年の判決が出たが、三年間の拘束の後、釈放された。しかも周永康直属の石油部門の幹部に登用されている。

周永康は、中国の民衆から「百鶏王」と称される。中国では「鶏」は「ジー」と発音し、同音の妓女（売春婦）を意味する。周永康は地方のみならず中央の政治局常務委員の時も愛人は数知れず、この数年間でも中央テレビの美人キャスター数人とも関係があった。しかも彼女たちに巨額の金を注ぎ込んだばかりか、中央機関の幹部にも抜擢している。

一八期四中全会で周永康の罪状が発表され、前政治局常務委員でも死刑になることが明らかになった。

5……中央電視台激震の裏

二〇一四年七月一一日、中国で最も人気のあるニュースキャスター、中央電視台（ＣＣＴＶ）経済チャンネル（第2チャンネル）の芮成鋼（三七歳）は、検察院捜査員によってテレビ局から直接任意同行され、ここに至って、その後一月半の間に、中央電視台のプロデューサー、キャスター、アナウンサー八人が逮捕勾留された。罪名は、すべてが収賄容疑である。

中央電視台は、中国唯一の国営テレビ局で、十いくつものチャンネルで放映しており、中でも影響力が最も大きいのは「ニュースチャンネル」（第1チャンネル）と「経済チャンネル」（第2チャンネル）である。一三億の視聴者を持つ中国のテレビ視聴マーケットにとって、経済チャンネルは全国的な経済テレビ局であり、企業知名度向上の可否や、商品の売れ行きがどうなるかとか、さらに言えば、企業経営者の全国的栄誉獲得の可否さえも、すべて経済チャンネルのプロデューサー、キャスターの胸先三寸で決まる。このため、多くの企業経営者は、ＣＣＴＶ経済チャンネルを「ギロチン」と称している。

まさしく中国経済界および業界における名誉統制権を独占しているため、経済チャンネルは、事実上の「新皇帝」と成り上がっていたのだ。

ニコンカメラは、なぜシャットアウトされたか？

経済チャンネルは、毎年三月一五日（中国の消費者の日）に、ニセ商品摘発と騙された消費者を公開する番組を放映しているが、この番組「悪辣企業暴露」の視聴率が三〇％にもなっており、四億人以上の消費者が、これを観ている勘定になる。したがって、この番組でいったん晒し者になってしまった企業は、大きなダメージを受け、その商品の売れ行きも止まってしまう。

二〇一三年の「３・１５」番組で、経済チャンネルは、日本のニコンカメラに品質問題がありながら、ニコン中国社の消費者に対する対応が怠慢であったことを暴露した。その結果、中国国家工商局は、翌日ただちにニコン社製の一部カメラに対して「販売禁止」処分を実施した。ニコンカメラはこの暴露番組によって、中国マーケットにおける販売量を急落させ、売上第一位から第三位（同年四－六月期）に下げてしまった。同時にまた、日本国内のビックカメラなどの家電量販店でも、中国人観光客がニコンカメラの販売カウンターから遠ざかり、キャノン、ソニーなどのカメラを選ぶ傾向が強くなった。経済チャンネルのこの暴露番組が、ニコンカメラの中国における販売に対して、致命的な打撃をもたらしたのだ。

しかし、ある消息筋がこんなことを洩らしている。「3・15」番組以前、一時、某イギリス企業、某ドイツ企業および某アメリカ企業がやり玉にあがると噂されていたが、最終的には、意外にも日本のニコン以外の外資企業は晒し者にはならなかった。三月一五日当日、この暴露番組では、八分四〇秒の時間で三〇社のコマーシャルを流すのだが、その中には自動車会社の広告が五分の一を占めていた。その中に当然ながらニコンはなかった。明らかに、これらの広告提供企業は、経済チャンネルに対し「みかじめ料」を渡しているに等しいわけで、そうしておけば、晒し者にされることはないというわけである。

消息筋はさらに述べている。企業がマイナス面の報道を避けるために、多くの企業経営者が、プロデューサー・キャスターに賄賂を渡していて、時には、それらのプロデューサー・キャスターは、形を変えた恐喝・強要によって迫ることもあるとかで、その得た収賄金額は、四〇億人民元（約六六〇億円）を超える可能性があるという。

賈暁燁

中央電視台は、周永康のハーレムと金蔵になっていた

経済チャンネルは、こんなに多くの金額を何に使ったのか？　事実上、経済チャンネルは中央電視台最大の「金のなる木」となっていただけでなく、中央電視台の指導者とOBたちの金庫にもなっていた。

この収賄事件の中心人物は、四九歳の経済チャンネル総監督・郭振璽である。郭振璽は、中央電視台に二二年間勤め、常に中国国営テレビ界の重量級人物と目されてきた。彼は、経済チャンネル総監督以外にも、中央電視台の広告情報センター主任（広告部部長）にも就いていた。そして、この二つの役職を八年間こなし、中央電視台の広告収入は、二〇〇二年の二三億元（約三六三億円）から、二〇一三年の一六〇億元（約二八四〇億円）にまで猛進撃させたことにより、中央電視台の功臣となり、これによって、絶対的な大金庫番となったのである。

郭振璽の恩人は、中央電視台の前副台長で、のちに国家公安部常務副部長（事務次官）に就任した李東生（すでに逮捕）である。そして、このメディア出身の李東生が、公安部で要職に就けたのは、当時、中国共産党中央常委、全国公安警察部隊の中央政法委員会書記を主管する周永康によって、その能力を高く買われた結果によるものである。周永康に対し、その知遇の恩に報いるため、李東生は、中央電視台経済チャンネルの美人記者・賈暁燁を、彼の寝室に送り込んだ。さらに周永康の妻が、奇しくも交通事故死したことにより（周永康が雇った殺し屋によって殺害されたとの噂がある）、彼は二八歳も年下の彼女と正式に結婚したのである。そのほか、経済チャンネルの少なくとも二名の女性キャスターが、周永康の部下に嫁いでいることから、中央電視台には「ハーレム」という渾名がついている。

二〇一三年の一二月、周永康と新妻の賈暁燁が逮捕され、李東生も公安部常務副部長の職を解かれ、逮捕された。二〇一四年六月一日、郭振璽と二人の女性キャスターが検察院に逮捕勾留された。そして、七月一二日、芮成鋼と経済チャンネルの副総監督など三名も、ともに検察院におもむき逮捕勾留された。郭振璽個人の収賄金額は二〇億元（約三三〇億円）に上ると伝えられている。

このように、中央電視台の激震は、その震源が周永康の事案によるものであった。周永康と李東生は、中央電視台から巨大な経済的利益を得ただけでなく、中国唯一の国営テレビ局をも支配してきた。これも周永康が、習近平政権転覆の政変発動を企図した罪証の一つとされたのである。

6……習近平の粛軍手段

習近平が政権に登壇すると、軍への反腐敗の動きは、わずか三か月の間に、前中央軍委副主席・徐才厚の査問をしたばかりでなく、上将（大将）定員を削減し、大々的に若い軍官を育成するなど、着実に軍を自分の手中に収め、なおかつ近代化実践に向け、立体的な軍改革を進めている。

軍統治における、習近平と鄧、江との三つの違い

アメリカの中国語ニュースネットワーク『多維ニュース』は、以下のように論評している。徐才厚の逮捕によって、同じ理念を共有している軍の太子党勢力の支持を取り付けて以降、習近平の対軍統括の筋立てが徐々にはっきりしてきた。特に、前任者である鄧小平および江沢民と対比すると、すでに、中央軍委国防深化ならびに軍改革指導小組組長に就任している習近平は、その特長から手段まで、二人の経験を吸収すると同時に、彼らとの違いも表わしつつある。

1、反腐敗・綱紀粛正の細目化

「軍が乱れれば、国も乱れる」のであって、軍隊は絶対に安定を保証するものでなければならないと中国共産党指導者は認識している。ここに言う「乱」とは、その組織・地位上のことを指すだけでなく、人心、作風をも含んでおり、簡単に言うと、軍の風紀を乱してはならない、腐敗があってはならない、ということである。例えば、鄧小平の場合、第二次および第三次の復活後、最優先で着手した対象はともに軍隊であり、彼は、全軍に教育と規律整頓運動を展開し、すぐに効果を上げた。ただ、毛や鄧の対軍運動方式の

反腐の効果は、来るのも確かに早かったが、去るのも早く、わずか、約一年持続したにすぎなかった。

一九七五年、鄧小平は、また新たに党政軍工作を主体的に仕切り、全国的に、軍を含めた綱紀粛正を開始した。七月一四日、鄧小平は、中国中央軍委拡大会議での講話の中で、軍の建設に当っては「腫」「散」「驕」「奢」「堕」の五文字を解決しなければならないと指摘した。

そして、江沢民も軍に対する大々的な粛正政策を継続し、彼の任期内に、軍に対して行った最大措置が、軍の企業経営の禁止だった。一九九七年前後には、中国解放軍の経済犯罪および腐敗現象が、年を追って増加しつつあり、存命中は中央軍委副主席に就任していた張万年および総理の朱鎔基などの努力で、一九九八年七月二二日、江沢民は、軍の企業経営一切禁止の指示を公式に発表すると同時に、軍に対し、五〇〇億人民元の補償提供を約束した。これによって軍の企業経営は抑制されたが、腐敗問題は、逆にますます深刻になっていき、買官売官現象が突出した。二〇一三年一月、国際的な反汚職団体「トランスペアレンシー・インターナショナル」は、八二か国の軍隊の清廉度または腐敗度の評価ランク付けを行った。兵員・規模ともに最大級の中国解放軍は、腐敗度で「ハイ・リスク」にランクされ、アフリカのアンゴラ、カメルーン、エジプトなどの軍隊と同列だった。同団体は、以下のような指摘を行った。中国軍の最大の問題点は武器売買であり、多くの高官、軍官および軍関係企業が、莫大な利益でつながっていると。

習近平が推進している反腐運動を観察していると、一方で、鄧や江による厳しい軍統治策を継承しつつ、片方では、異なった変化も見られる。第一は、大胆に事にあたり、巨悪を見逃さないという点で、徐才厚の逮捕がその典型例である。第二は、オープンである点。従来は、軍という特殊性から、たとえ腐敗事件があっても、内部で処理し外部には知らされなかった。しかし、徐才厚事件によって、中国共産党は、すでに軍の問題は、テーブルの上に置いて、全国民に監督させることにしたものと見て取れる。第三は、軍事委員会（軍委）からの〝公式文書〟によって指導すると決めたことだ。鄧に限らず江もまた、軍に厳しい要求を出したが、そのほとんどが〝指導者の意志〟の要素を含んだ〝講話〟あるいは〝内部文書〟にすぎなかった。しかし第一八回党大会後、中央軍事委員会（中央軍委）は公式文書を矢継ぎ早やに発し、「中央軍委自己作風強化建設一〇か条規定」（禁酒令）、「軍用車両のナンバープレート交換ならびに軍用車両ナンバープレート管理強化に関する通達」（軍車両ナンバープレートの統一、偽造防止、乱発防止、随意搭載防止、盗用防止、遺失防止）、「軍人の職責違反罪の立件基準の規定」（国家反逆防止）などの措置を公布した。これらの問題は、反腐敗だけではなく、さらに「整党」の側面にまで至っていて、一方では、全国の党政軍系統の整風の大勢に歩調を合わせつつ、また片方では、習近平の軍問題に対する『大を捕らえ、小も逃さず」の態度も見て取れるのである。

2、鄧や江よりも、さらに軍の戦闘力を危惧する

周知のように、鄧小平は「三度立ち上がり、三度失脚する」中で、「復活」時には、常にまず粛軍から始め、具体的な要求の中で最も強調した点が、軍隊の戦闘力強化だった。例えば、一九七五年、鄧小平が軍委副主席だった時、「軍は整頓を要す」とのスローガンを提起したが、その中の一つの重要な目的は、毛沢東当時に提起された「戦いを準備せよ」だった。そして江沢民は、軍の企業経営禁止は、国家郷土の防衛の戦闘力を保証するためだったとして、時の解放軍総参謀長・熊光楷に向かってこう述べた。「腐敗の脅威をこうむった軍隊には、最高に有効的な国家防衛はできない」。二〇〇〇年八月、江は、アメリカの著名な記者ウォレスの単独インタビューに、以下のように答えている。「私は、部隊による企業経営は、一つの防腐剤だと考えていた。しかし歴史の経験から、どこの国でも、もし軍が企業経営をしたならば、一つとして腐敗しないものはなく、最後は必ず軍の士気をも阻喪させてしまう」。

習近平も同様の考えである。あるいは、鄧や江よりもっと軍隊の戦闘力問題を懸念している。

『多維ニュース』は、徐才厚事件の際、以下のように分析した。徐事件が重要な理由は、習近平および彼の率いる最高決定機関が、このような強硬な意志を表わしているところにある。習近平はこのように考えた。軍隊に戦闘力を持たせ、解放軍を真に国家防衛と中国共産党政権護持の「武装集団」とするには「徐才厚を代表とする腐敗軍官どもを引きずり下ろして、反腐を励行し、全軍の士気を高めなければならない」。

『人民日報』は、徐事件について第一面に掲載した「中央点題」と題する論説で次のように記している。「軍隊とは鉄砲を担ぐところであって、決して、腐敗分子が身を隠す場所であってはならない。徐才厚の重大な規律違反違法問題に対する厳正な査問処罰は、わが党の厳格な党運営と厳格な軍統治にとって、誠に力強い措置であった」。これこそ、習近平が示したかったメッセージであろう。

こうした習近平の軍に対する考えは、最近出版された『習近平の全面的深化改革に関する論述ダイジェスト』で初公開された内部講話でも確認できる。二〇一三年一二月二七日の毛沢東生誕一二〇周年記念の日、習近平は「重要会議」を主宰し、講話を発表した。この会議の正式な名称は、まだ公開されていない。この講話は、国防と軍の改革、戦争に関わることだと想像できるものだ。「私は、常に中国の近代史料を読み、その後進性と敵に打ち負かされる惨めな情景を見るたび、臓腑をえぐられるような気持ちになった」と、かつての中国の惨めさを切々と訴え、またさらに、軍が「中流撃水」（抑圧に抵抗する中心的な力を発揮する）の勇気をもって、「国防と軍改革の深化」を実行しなければならない、これは中国軍の宿命である、と述べている。「改革なくしては、戦闘はできない。勝利することはできないのだ」と。

また、二〇一四年三月一五日、中央軍委国防深化ならびに軍改革指導小組の第一回会議が招集されている。習近平は言う。「これは、われわれが逃れられない大きなテストであって、軍は、党ならびに人民に対して、そしてさらに歴史に対して、必ずや合格答案を提出しなければならない」と。

軍隊の戦闘力重視についても、軍の最近の動きからも確認できる。習の意向を重く受けた海軍は、渤海・黄海・東海においてだけでなく、同時演習を挙行した。海軍以外も、陸軍は七月一五日から、甘粛省などで、一〇の陸軍兵種部隊が軍区横断で基地化実兵実弾演習を挙行した。南京・済南・成都など六大軍区の推計一〇の陸軍長距離ミサイル、砲兵、防空の各旅団が参加し、その演習期間は三か月前後にも及ぶ。また、演習時期は、八月一五日の抗日戦勝記念日、「九・一八」事変勃発の九月一八日など歴史事件の日付に合わせている。外交的・戦略的意義以外に、先の解放軍の「連合司令部」創建の噂と、三中全会における軍隊改革の内容とを結びつけ、この「大演習」を、中国解放軍の「連合作戦」時代を切り開くシグナルであると定義づけることができるだろう。

3、上将（大将）進級を少なくして、中基層幹部養成を重視

私は、一つの小さな異変に気づいた。習近平は二〇一〇年以降、二〇一四年八月一日まで、これまで最小のわずか四名しか上将昇進をさせていない。従来、中国共産党軍委は、二年ごとに、相当数の上将昇進を行っており、二〇〇七年以降は、毎年「八一建軍節」前の七月中旬ごろ、上将昇進があった。従来、中将の階級を持つ将軍は、中央軍委領導職に任じて、その後間もなく、上将に昇進していた。最近五年間では、二〇一〇年度の上将昇進者は最も多く一一人に達していて、現総参謀長・房峰輝、総政治部主任・張陽などは、すべて二〇一〇年の上将昇進者である。二〇一二年からは、毎年の上将昇進者数は、六人にほぼ固定化していたが、二〇一四年は、わずかに四人だけだった。鄧小平や江沢民と比べて見ると、一九八八年、鄧小平は一七人に上将の位階を授与したが、一九八九年、江沢民の軍委主席就任より、彼は、一九九三年に初めて六名の上将昇進を行い、新華社の報道では、江沢民在任中に、合計八回、延べ七九名の上将昇進が行われている。したがって、もしこの先、このような傾向で進んでいけば、習近平の在任期間

一〇年で、上将昇進者数は、鄧や江時代をはるかに下回るだろう。

しかし、このような高級将領に対する出し惜しみの背景には、軍の基層幹部と下士官兵士に対する「思いやり」であり、現在の軍隊内のさまざまな動きから、習近平は、中間基層幹部に対する養成強化を行っていることがわかるのである。数を減らした上将昇進に引き比べて、多くの軍官が中将に昇級している。『解放軍報』紙の報道によると、この習近平によって抜擢された将官は、皆、年齢が比較的若い。その中のある者は、七〇年代末に、中越国境紛争戦に参加し、作戦経験を持っている。例えば、チベット軍区司令員・許勇およびチベット軍区政委・刁国新は、ともに中越国境紛争戦に参加し、実戦経験を持っている。五五歳の許勇は、二〇〇八年の四川大地震が発生するや、真っ先に部隊を率い、地震の中心地である映秀鎮に挺進している。彼を代表とするこれらの軍官の共通する特徴は、すべてが基層からの叩き上げであり、また、皆、精鋭作戦部隊の出で、兵種を横断して多任務作戦遂行ができる点である。したがって、このことから、習近平は、部隊の人材活用においても、従前の鄧小平など指導者とは異なって、より綜合的な素質ならびに実際指揮能力を重んじ始め、また、公平で合理的な軍官昇進制度形成を重視し始めているのだ。『ニューヨーク・タイムズ』は『習近平、中国軍の全面改革を推進する』を刊行し、徐才厚事件は、実際上は、習近平の全面的な軍政改革の一環であることに注目している。そして、一貫して保守的な中国メディアは、軍隊の改革思想を「習近平の軍隊改革思想――三位一体絶対忠誠」に総括している。習近平は、その改革を決意して、最も短時間内に、最大限の軍掌握を成し遂げたと言ってよいだろう。鄧小平や江沢民との対比で言うと、彼の軍統治思想には継承しているものもあるが、異なるところもあって、彼の軍隊に対する高度の重視が、すべてにわたって体現されている。中国明代の成祖・朱棣は、「天子掌軍」「天子守辺」によって歴史に名を残した。今日の習近平は、中国最高指導者の地位にあって、〝清水の舞台から飛び降りる〟決意で、軍改革を推進している。もちろん、朱棣とはまったく違うが、その決心たるや似たものがある。改革は止めない。軍隊もまた然りである。習近平と解放軍の変革は、まだ始まったばかりである。

7……習近平政権、二年間の成果とリスク

二〇一二年一一月一五日、中国共産党第一八回全国代表大会（略称「第一八回党大会」）で、習近平が党の総書記に選出され、胡錦濤に代わって中国最高指導者となった。「習近平時代」の幕が切って落とされた。

習近平が政権を執って二年近くが経つ。この二年間で習近平は何をしたのか？

安倍首相が「アベノミクス」や安保戦略を強く推進するのに対し、習近平は経済建設ではなく、共産党の腐敗と官僚のあり方を正し、中国の未来を描くことに集中してきた。習近平は、安倍首相のようにいつ自分が退陣するかに悩むことはない。一〇年間の政権期間の最初の二年で党と政府を整埋し、いろいろな社会矛盾を解決し、将来の中国の発展のために計画を立て、次の八年で中国の全面的な改革と発展を推進する。習近平には、戦略とそれを推進する地位の安定がある。

二〇一四年八月一二日、中国共産党の機関紙である『人民日報』に「一年半を振り返って――習近平、三つの業績」と題した記事が掲載され、二〇一三年三月に国家主席に就任して一年半の政治的業績を、三つに分けて総括したので、以下にその主旨を紹介する。

《第一、反腐敗に辣腕》

国内外の記者を前にした総書記就任の会見の席で、習近平は次のように語った。

「わが党には、多くの厳しい挑戦が控えている。党内には多くの早急に解決すべき問題が存在している。特に、一部の党員幹部の汚職行為、国民との離反、形式主義や官僚主義などの問題は、特に力を入れて解決しなければならない」。

二〇一三年初め、習近平は第一八期中央規律検査委員会第一次全体会議の席上、「虎も蝿も同時に退治する」という新しい理念を打ち出し、反腐敗運動の始まりとなった。これまでにない「反腐敗の嵐」が全国に吹き荒れた。重慶市委員会書記の薄熙来、鉄道部長の劉志軍、中央軍委員会副主席の徐才厚、中国共産党政治局常務委員を長年にわたって務めた周永康など「大虎」が捕まった。半年余りで総勢四〇名余りの副大臣（副省長）以上の高官が汚職・腐敗などの罪で逮捕されている。

同時に中央から地方に至る「党の路線教育活動」を展開し、公費での消費禁止、官僚の飲食禁止、公用車制度の改革など官僚の特権を剥奪した。半年間で二万名余りの官僚が規律違反などで処分を受けている。現在、官僚たちは酒を進められても飲めず、金を渡されても受け取れない状況である。

《第二、予想以上の改革の範囲と深さ》

習近平が就任して一か月、初めて北京を離れて視察する地として中国改革開放の最前線、広東を選んだ。深圳の蓮花山公園を訪問し、改革開放の総設計師である鄧小平の銅像に献花した。習近平はこれ以上ない明確さで、人々に不退転の改革の決意を示した。習近平は言ったことは必ず実行する。過去一年半、中国の改革の範囲と推進力の強さは国内外を驚かせた。

二〇一三年四月、一八期三中全会（中国共産党第一八期中央委員会第三次全体会議）の特別研究会が全面的に改革問題に取り組むことを決定している。一五の領域の六〇項目について改革を行い、中国の将来のために改革計画を立てた。

二〇一四年一月、中央改革指導チームが第一回の会議を開催、習近平をチームリーダーとして初めてお目見えした。その後、習近平は中央ネットワーク安全と情報化指導チーム、中央軍委員会国防・軍隊改革指導チームと中央財経指導チームのリーダーおよび中央国家安全委員会主席など、改革と関連した重要な職務を担当している。あえて「突撃」という過激なセリフを使ったのは、いかなる者も改革上の問題を引き延ばし、責任のなすり合いを許さないことを意味する。

結果、改革は大幅に前進した。「双独二孩」（一人っ子の親どうしの家庭には二人の子を許可する政策）、「労働再教育」の廃止、新型都市化、収入分配、戸籍、規律検査などの分野での改革が、すでに実施もしくは公になっている。政府の「簡政放権」（政府機構を簡素化して、権限を地方行政部門などに委譲する）は効果が現われ、二〇一三年以来、発展改革委員会は四四項目の行政報告・許可を取り消し、中央管理層に許可を取ることが必要とされていた企業投資項目を六〇％減少した。また、周囲から神秘的とさえ思われた軍の改革の日程も掲げている。

《第三、硬軟両面の外交手腕》

日本・フィリピン・ベトナム・インドなどとの領土・領海紛争については、習近平はかつての静かな受動的対応の伝統方式を改めて、東海防空識別圏の策定を含む、空・海で常態化している尖閣列島（中国名・釣魚島）の巡視、南シナ海での石油探査、南シナ海サンゴ礁での建設を進めるなど、これまでにない強硬手段によって、国土の主権を維持している。

国際的な大局から見ると、アメリカの「アジアのリバランス」戦略に対し、習近平は少しも慌てず、「習式太極拳」の奥の手とも言える「世界のリバランス」で、これに対応した。つまりロシアやインドという二大国の隣人との協力を強化・改善し、中央アジア・韓国・ＡＳＥＡＮとの関係を発展させ、ＥＵおよびヨーロッパの重要な国家間の経済・貿易関係を確固としたものにすべく推進し、アフリカ大陸への影響力を継続的に発展・深化させたことである。そしてチャンスを捉えてアメリカの陰に隠れたラテンアメリカにも進出した。

二〇一三年三月以来、習近平の足跡は、アジア・ヨーロッパ・アフリカ・アメリカの四大陸の多くの国に及び、中国の独特の方式で世界の友人と深く広く関わっている。運命共同体建設の新理念やシルクロード経済ベルトの建設という壮大な構想を掲げ、中国の高速鉄道輸出を推進して、アメリカの「アジアのリバランス」戦略を破綻に追いやっている。米中の関係は世界にとって最も重要な関係であり、お互い協力しながらゲームのような感覚で前進し、対立しながらもその関係を保持している。

この二年間を振り返ってみて、習近平による中国の改革・発展の事業は三つの段階に分けられることがはっきりわかる。第一は改革の設計の段階、第二は改革の準備段階、第三は改革推進の段階だ。二〇一三年の一八期三中全会に、習近平は改革の最終設計を終えて六〇項目の改革目標を挙げた。三中全会からの一年、改革の旗頭を立てた準備段階が見える。二〇一四年一〇月に一八期四中全会が開催されたが、これは習近平が自ら主宰する「全面深化改革領導小組」（改革を一層推進指導するチーム、略称「深改組」）や国家安全委員会などが起動し、中国は改革開放の全面的推進の段階に入ったことを意味する。

改革と並行するもう一つの方針は、注目を集める反腐敗運動で中国共産党自身を正すことである。これは明らかな段階を示しておらず、大まかに、一方で反腐敗、もう一方で改革ということである。政治、経済などの方面の改革はのろのろ進み、司法体制改革は突進するような速さの感覚を与える。

以上のように『人民日報』が整理した三点について、アメリカ・ワシントンの「ブルッキングス研究所」のヨハン・サットン中国センター主任である李成氏は、「どれにも道理がある」と答えている（ＢＢ

C中国語インターネットのインタビュー）。習近平は、中国史上最大規模、最高レベルの反腐敗運動を主導し、さらに労働教育制度を止め、戸籍制度の改革、都市化などを含む深遠な改革を推進した。習近平の外交について、李成氏は「習近平は、非常に微妙な状況の中にいる。民衆に対して、中国の利益や中国の民衆の感情を代表し中国国家の利益を守ると思わせ、西側諸国には強硬な印象を与える。しかし実際には、彼はきわめて慎重である」という。

李成氏は次のように警告する。「中国にとって最も危険なことは、南シナ海や東シナ海で争いが勃発することである。もし、中国とフィリピン、ベトナム、日本と戦争が起これば、中国国内の政治状況は完全に変わる」。また「中国の歴史上、海外の戦争が政局の変化、政体の変化を含む国内の激変をもたらしたことがある。このことからきわめて難しい問題だと言える。戦争が発生すれば、当初予想していなかった結果が起こることがある。このことが政局を変化させ、習近平の評価をも変化させる可能性がある」と語っている。

8……「四つの全面」は「習近平思想」なのか？

二〇一五年の全国人民代表大会（全人代）の開幕式において、最も人気を博した文書は、李克強総理による政府活動報告書であった。なぜならこの報告書は、二〇一五年の業務計画を見通すだけでなく、中国政府と指導者の新しい動向、新しい問題の取り上げ方を、人々が目の当りにすることになるからだ。

今回の全人代において、私が注目した一つのポイント、それは「習近平思想」である。習近平政権が誕生して二年、どのような建設理論や指導思想が生まれただろうか？　すなわち習近平総書記は、中国をどこへ導こうとしているのか？　彼の理論の中から、その道筋を探す必要があるだろう。

今回の全人代の前には、『人民日報』を先頭に、新華社や中央テレビなどの中央メディアが、声を揃えたかのように高らかに、習近平の提唱する「四つの全面」を宣伝した。では、この「四つの全面」は「習近平思想」と考えてよいものだろうか。

「四つの全面」の背景資料に関して、詳細な調査を行ってみた。資料によると、二〇一四年一一月、習近平が福建省での視察研究を行った際に、「小康社会の全面的建設」「改革の全面的深化」「全面的な法による国家統治」からなる「三つの全面」を提唱している。その後、二〇一四年一二月の江蘇省での視察時には、「三つの全面」から「四つの全面」に発展し、「小康社会の全面的建設、改革の全面的深化、全面的な法による国家統治、全面的な厳しい党内統治によって、改革開放および社会主義現代化の推進に向け、新しい一歩を踏み出す」となり、「全面的な厳しい党内統治」が追加された。

『人民日報』は旧正月後に発表する評論文を何度も磨き上げ、中国中央電視台（ＣＣＴＶ）のニュース番組『新聞聯播』のトップニュースとして扱った。そして『新華社』が原稿を流し、各地の党報が協力して一斉に報じる様は、「最高規格、最高火力」と評された。『人民日報』は習近平の「四つの全面」について、「国政トップダウンの設計図で、中国復興の偉大な戦略路線である」と持ち上げた。二〇二〇年の実現を目標とする「全面建成小康社会」は、具体的には「中国的特色ある中産社会」であり、「理性」を特徴とする中産階層を主流とする「中産之国」を目指すものだとして、同紙は「小康社会」を「中産社会」として解説した。

『人民日報』の解説によると、「四つの全面」は、奥深い戦略思想を持った戦略配置に関わる考え方である。それぞれ「初めて」の要素を明確化し、その重要性を強調した。まず「小康社会の全面的建設」は初めてであり、「中華民族の偉大な復興という中国の夢を実現する重要なる一歩」と位置付けられた。「改革の全面的深化」という総目標は初めてであり、「中国的特色のある社会主義制度を整備・発展させ、国家の統治体系と統治能力の近代化を推進する」と確定された。「全面的な法による国家統治」は初めてであり、「全面的な改革深化」の「姉妹編」とされ、「鳥の両翼、車の両輪」として位置付けられた。「全面的な厳しい党内統治」の道が初めて示され、「厳しい党内統治の系統性・予見性・創造性・実効性の増強」が求められた。

『人民日報』は最後に「習近平率いる中国は、空前の改革時代を迎える。中国共産党の成功、中国改革プロセス成功の最大の鍵は、改革の常態を保持することである」と論評した。

このように『人民日報』が「四つの全面」を「戦略思想」とまで持ち上げ、大がかりな前宣伝を行ったことは、「習近平思想」誕生に向けた演出と見るべきだろうとの意見も聞かれた。しかし私は、これにやや疑問を感じた。それを確認すべく、李克強総理の政府活動報告書を入手し、文中に「四つの全面」を探してみた。しかしながら「四つの全面」の文字を見つけることはできなかった。李克強総理の報告書の最後の部分にはこう記されている。

「習近平同志を総書記とする中国共産党中央で、われわれは緊密な団結を図り、中国的特色のある社会主義という偉大な旗印を掲げ、鄧小平理論、『三つの代表』思想（江沢民思想）、科学発展観（胡錦濤理論）を指標とし、習近平総書記の一連の演説が体現する精神を深く学び、徹底し、現実を見つめ実務に励み、新しいものを創造・開拓していく」。

つまり、李克強総理は改革開放以後の三代にわたる最高指導者の思想理論に触れながら、習近平総書記の思想理論に対しては、まだ「演説の精神」という表現しか使っていない。通例に倣えば、李克強総理によるこの報告は、政治局の会議を経て最終的に常務委員会で審査・承認されたものである。つまり、もしこの報告書の中で「四つの全面」を「習近平思想」として取り上げるのであれば、それは「言及」どころの問題ではなく、別に紙幅を割いて論述を展開し、今大会のメインテーマの一つにもなる。習近平本人がそのような要求、あるいは許可をしていないことは明白である。

では人民日報が判断を誤ったのか。もちろん否だ。全国規模で「四つの全面」を宣伝するというのは、上層部の手配がなければできない。とすれば、党中央はメディアを通して、習近平思想に対するある種の段階的総括を行ったのであり、そのまま「指導性思想」にまで昇華させるものではないと見るしかないだろう。

実際、「四つの全面」が提唱された時間軸を考慮すると、「四つの全面」が「段階的総括」であろうということがうかがえる。中国共産党は第一八回全国代表大会の際に「小康社会の全面的建設」を強調していた。三度目の中央委員会全体会議では「全面的な改革深化」、四度目では「全面的な法による国家統治」を求め、教育実践活動総括大会では「全面的な厳しい党内統治」を公表した。つまり、それぞれの「全面」は習近平総書記執政における四つの段階的戦略、四大構想なのである。就任からまだ二年ほどしか経っておらず、今後あと八年にわたって執政していくことを考えると、「八つの全面」が誕生することも考えられる。したがって、現段階で性急に「習近平思想」を提唱することは時期尚早であり、完全性・全面性に欠ける。おそらくこれが、政府活動報告書の中で「四つの全面」を明確に「習近平思想」と位置付けなかった最大の理由だろう。

第2章　中国は、米国を超える大国になっているか?

1……六大領域における改革

仮に、鄧小平が指導した中国改革が、単なる「経済改革」にすぎなかったとすれば、習近平がやらねばならない改革は、中国の政治、社会、ならびに経済にわたる「総合的改革」を引き継いだと言うべきだ。この「習近平改革」が成功すれば、中国は、健全なバランスのとれた発展の道を歩み、最終的に世界の強国となる堅実な基礎固めとなるだろう。

二〇一三年一一月に開催された中国共産党第一八期中央委員会第三次全体会議（略称「一八期三中全会」）では、今後二〇年の改革目標と発展構想が開示された。

一、二大機構を立ち上げて、高度な集権を実施する。

会議は、「国家安全委員会」（中国版ＮＳＣ）と「全面深化改革領導小組」（略称「深化組」）を立ち上げるとした。

「国家安全委員会」（略称「国安委」）は、公安、武装警察、司法、国家安全部、解放軍総参二部三部、総政の聯絡部、外交部、外宣弁などを併合統一し、軍部、公安、外交、情報分野を綜合的に管理する強力な機構とする。中国共産党中央、国務院、全国人大、全国政協に継ぐ、中国第五の国家機構となる。

消息筋は語る。国安委は、中央政治局委員・政法委書記の孟建柱が立ち上げ責任者となり、中央政治局委員、中央政策研究室主任の王滬寧と、新しく中央政法委秘書長・国務院副秘書長に就任した汪永清が参加する。そして、委員会主任には習近平が自ら就任し、これにより中国の最重要な方針決定権を強固に掌握することとなる。

「全面深化改革領導小組」は、行政、経済、社会、文化改革の綜合的な設計、着実な執行を担う中央の最高指導機構で、習近平自らがチームリーダーに就任し、李克強総理を副組長にさせた。実は、すでに三三年前、当時の中国指導者・趙紫陽が経済改革を創始した時、「国家経済体制改革委員会」（略称「体改委」）を立ち上げ、自ら主任に就任し、中国経済改革においては比類ない役割を果たしており、その第一刀が、計画経済を切って、商品経済を提起するというものだった。体改委は、二〇〇二年に撤回されたが、その最後の主任担当者は、現在、中紀委書記を担当している王岐山である。今回の、中国二度目の中央での機構改革は、習近平政権の改革推進に対する決断を表明したもので、この鉄腕改革は、今後一〇年の大きな流れとなるものだろう。

従来、中国は「石を探りながら河を渡る」を重視してきたが、現在の改革には、それと同時にトップレベル・デザインも必要だ。トップレベル・デザインとは統合的に計画し、全体的な考慮をし、各方面の調整を強化することだ。改革は深く困難な領域に入り、問題は複雑に入り組んでいる。複雑な問題を解決するには、調整して推し進める必要がある。現在はまさに、中央に全面深化改革領導小組を設置すべき時だ。

三中全会は全体的方針だけでなく、一連の改革課題も打ち出した。しかも取り組みの実行面を重視した。全面深化改革領導小組の設置は、組織面での支えとなる。

二、「五位一体」の全方位改革

一四期三中全会と一六期三中全会で出された経済体制改革と比べると、この会議が提出した改革は、「市場経済、民主政治、先進文化、調和社会、エコ文明」の全方位改革であり、単なる経済改革ではなく、改革は社会のあらゆる領域に及んでおり、その重点は、以下六つの領域となる。

(1) 公有制経済と非公有制経済(民営経済)の同等重視

過去一〇年、国はすでに一連の非公有経済発展促進を旨とする多種の改革措置を制定したが、エネルギー・公共事業・情報などの基礎領域、および金融・教育・交通運輸郵政など事業は、依然、政府主導による発展情況は厳しく、民営経済は排斥され、進出が困難であった。特に、過去一〇年、不動産業界には、「国進民退」現象が現われてきた。

一八期三中全会の報告は、鮮明に「公有制経済と非公有制経済は、ともに経済社会発展の重要基礎である」と表明している。「非公有経済の発展を力付け、サポートし、導くことに、いささかも躊躇しない」とまで表明している。これは、政府は、私人が独占業種、例えば金融、エネルギーおよび電力、運輸、電信および公共サービスに投資し、踏み入ることを認可する可能性があることを意味している。したがって、国営企業の民営化は起こり得ないが、民営企業の比重が増加することは間違いないだろう。

(2) 市場の障壁を撤廃し、規制緩和を実施

独占的規制の緩和は、今次全会が実施する市場化体制改革の重要な内容の一つである。全会報告では、経済活動における市場の役割をひときわ強調しており、「基礎的な役割」から、「決定的役割」に押し上げ、「市場の障壁を徹底的に一掃し」、独占的業種を改革して、参入基準を緩和し、統一的な開放、秩序ある競争ができる市場体系を打ち立て、市場の自由度を拡大しなければならないと、している。

（3）近代的財政制度の確立

その一として「予算制度の透明性」、すなわち、中央・地方政府とも、財政予算の「ブラック・ボックス操作」はやらないことを強調している。

その二として、「税負担の安定」を強調している。他国と比べると、現在の中国の税負担は全体的に高過ぎていて、このため、将来の財政改革の中で、逐次減税を実施しなければならない。企業税の徴収は減少するが、不動産税・資源税・環境税・消費税は増収となる。

その三として、地方政府の土地売買によって財政収入を増加するやり方を阻止するため、中央は、国家と地方政府との税配分比率を改革し、適度に地方の財政権を増強させる。すなわち、不動産税および消費税徴収を通じ、地方政府の財政収入を増やす。

（4）改革は財産権を先行させ、農民の財産権を付与する

都市と郷村の二元構造は、都市郷村発展一体化の主要な障害となっているが、体制メカニズムを健全化し、幅広い農民層を、近代化過程に参入させ、近代化の果実をともに享受できるようにしなければならない。新型の農業経営体系を急ぎ構築し、農民に、より多くの財産権を与える。すなわち、登記確認方式を通じて、農民の土地の「経営権」と「流転権」（使用権を譲渡する権利）を明確化して、土地改革における

財産権の基礎とする。今後は、農村の土地に対し強制徴収ではなく、「農村土地交易所」を設立し、公平でオープンな取引を行う。

(5) 自由貿易区建設を急ぎ、国際経済にリンクさせる

今回の報告では、「投資基準を緩和し、自由貿易区建設を急ぎ、内陸・辺境の開放を拡大する」と表明している。自由貿易区建設は、習近平政権が行政管理、貿易金融など体制改革を推進するため採った重要な「突破口」で、今後の中国経済発展のために実施される実験とも言え、新しい発展モデルの模索である。

(6) 裁判権と検察権の独立を担保する

広報は以下を特に表明している。法律に基づき、裁判権検察権の独立公正な行使を担保し、司法権運用メカニズムを健全化し、人権の司法保障制度を完全なものにする。これにより、各地の検察院と裁判所は、地方政府の指導下を離れ、中央直属となり、汚職役人に対する打撃力を担保し、司法の公正性を保持する。

中国は「神人政治」(毛沢東)から、「強人政治」(鄧小平)に至り、さらに「常人政治」(江沢民・胡錦濤)となったが、現在は、強力に改革を推進する豪腕な人物の到来が期待されており、習近平はそれを行っている。この一連の鉄腕改革は、間違いなく、中国をもう一度「強人政治時代」に戻すだろう。

2……2014年「中国改革元年」

習近平政権が誕生してからも、中国経済は一向に好転する気配が見えない。二〇一四年のGDPは引き続き下落した。同時に中国の社会的矛盾は悪化の一途をたどっている。これを良い方向に向かわせるために、「中国社会制度と経済の発展モデルの大転換を実現する」、これが習政権の改革の新たな条件となった。

中国上層部では、七分野の改革法案が起草され、今後一〇年間の発展の基礎を築こうとしている。

中国経済のGDP増加率は二年連続で下落し、二〇一三年下半期にいったん上昇したが、これは国が都市建設の地下鉄や軽軌鉄道、高速鉄道など凍結していたプロジェクトを再開し、経済を刺激したからにすぎない。

しかし、これを修正するため、その間、不動産市場の「国五条」（不動産価格の抑制に向け打ち出した政策五項目）が発令された。一方で、経済の発展が阻まれて、二〇一四年の上半期には再び株価が下落に転じているのである。もし、この状態が続けば、国家の財政収入も減少し、三角債（企業間の連鎖性の債務返済の繰り延べ）が増加、企業は次々と倒産して、中国経済は極度の苦境に立つことになるだろう。

ある中国政府高官によると、「中国の現在の平均収入は六〇〇〇ドルだが、さらに外資や技術の導入、輸出の拡大を図り、低い人件費とエネルギーコストを活用する」。

しかし、中国共産党第一八回全体会議で都市と農村の収入を倍増する目標が提案され、具体的には一〇年間で平均収入を一万二〇〇〇ドルに増加するというが、もし新たな発展の起爆剤がなければ実現は困難だ。

では、中国経済と社会の発展の新たな起爆剤とは何か？

その骨子は、行政改革と財政制度の改革を推進し、政府の規制を緩め、市場の自由化を拡大し、同時に農村と都市の戸籍の差をなくし、都市化建設と農業の現代化、産業構造の調整、七大市場の開拓を行って内需を拡大することである。

政府高官や政策顧問による独立したグループが起草した、七つの改革案がある。

七つの改革案とは、以下である。

・金融部門
・財政体系
・土地使用権
・生産要素の価格
・行政の認可の簡略化
・社会収入の不公平と戸籍制度の改革
・教育と社会保障制度の改革

この改革案は、一八期三中全会で討論されたが、国家行政制度の改革のみならず、財政経済改革と社会制度改革にまで及び、これまでで最も全面的な改革案である。この一連の改法案は、中国の発展の中で最も突出した問題と矛盾を解決するもので、今後の習近平政権の具体的綱領と目標になるものである。

利率・為替レートの市場化と資本項目の開放は、すでに金融改革の核心となっている。私が得た情報によると、中国政府は「人民元は二〇一五年までに基本的兌換が、二〇二〇年までに完全な兌換が可能になる」ことが改革の目標の一つとなっている。つまり利率と為替レートの自由化が加速することを意味する。

中国政府のある高官は、以下のように指摘している。

「一九七八年、鄧小平は、中国共産党第一一期中央委員会第三次全体会議によって改革開放の幕を開けた。しかしそれから三十数年、中国の改革は経済改革の一つにすぎず、敏感な政治改革や社会制度改革の問題に及ぶことはなかった。これらの問題はまさしく中国の発展の障害であり、多くの社会矛盾が生み出した問題点がそこにあった」。

3……未来に向けた習近平の大改革

二〇一二年一一月、習近平が中国共産党中央総書記と中央軍事委員会主席に、二〇一三年三月に正式に国家主席に就任して以降、多数の腐敗官僚を逮捕にこぎつけたほかは、「新官上任三把火」（新しく赴任した役人は初めのうちだけやる気を見せる）と言われるようなこともなく、「政治経済の大地震」の発生もなかった。しかし二〇一三年春から、習近平は専門学者をひそかに組織し、いくつかの領域の改革案を起草し一八期三中全会で通過させた。

これは習近平による中国大改革の幕開けであり、二〇一四年はまさに中国の「大改革元年」になったのである。

「三中全会」は、往々にして中国共産党の政権交代後に行われる第一回の政策審議決定の大会となることが多く、中国共産党中央委員と候補の委員が参加する共産党中央の「臨時国会」であり、将来の改革発展の方向を決定していた。

一九七八年、鄧小平は「一一期三中全会」を開催して「文化大革命」の終結を宣言し、中国改革開放の幕を開けた。その「三中全会」から三五年、改革開放の中で経済の大発展を遂げ、ＧＤＰも日本を追い抜いて世界第二位になった。しかし政治と社会制度の改革は滞り、根本的な社会の問題にメスを入れることもなく、社会矛盾が続出して貧富の格差は広がるばかりだ。

習近平が前任者から引き継いだ「中国」は、健康体ではなく、満身創痍の病人であった。経済の成長は投資に頼り、消費の成長は相対的に落ちている。政府が資源に関係する権力を掌握、独占しており、産業経済の刷新と民営経済の発展の足枷となっている。また社会の不平等は危険レベルまで達し、社会の矛盾が続出している。また環境を犠牲にして発展を遂げる成長モデルはもはや限界である。投資効果は減少し、膨張し続けたシャドー・バンキングは規制を受け、不動産バブルは危うい状態となっている。さらに都市と地方の格差が拡大し、社会保険のシステムもいまだ確立していないことが大きな問題である。

これら構造的な問題が、経済の持続的発展と社会の安定を脅かしている。もし習近平政権の改革の全面的な実行が成功しなければ、中国経済と社会が崩壊に向かうことになるとの見方が大勢だ。

三中全会は、数年間をかけて行う総合改革方案を決定した。その内容は以下の通りである。

一、収入分配の改革。収入の増加に重点を置き、貧富の格差を縮小する。

二、土地制度の改革。地方に関する土地管理制度や土地使用権流用などを改革する。

三、国有企業の改革。

(1)中央企業の独占を打破し、市場進出の制限を緩和、国有企業を徐々に少なくして国有経済の国民経済に占める割合を減少する。

(2)政府と企業を分け、国有資産の管理モデルを変える。

(3)業種進出の敷居を低くし、公平な投資環境を整え、民営経済の発展を促進する。

四、税制度の改革。

(1)中央と地方の財政関係を改革し、分税制を改革することで地方の収入の割合を適度に高め、税の基本を拡大、地方税の収入源を開拓し、固定資産税などの新税を導入する。

(2)公共財政の改革

(3)営業税を増値税に改工する。

五、金融体制の改革。
（1）現代の金融システムを作り、資本市場の発展を加速して直接融資の比重を高める。
（2）人民元の国際化を推進し、外貨管理制度や人民元のレート市場などの改革を行って人民元資本の兌換を可能にする。
（3）金融監督・管理の改革により、国家の金融と経済の安定化を維持する。
（4）利率の市場化の改革により民間金融を発展させる。

六、政府機構の大部制改革　中国政府は二〇〇八年以来の二回目となる大部制改革を行う。将来的には大農業、大社保、大文化、大運輸に分ける構想で国務院機構の大改革を行う。

三中全会では、今後一〇年間の重要な大改革への道筋、あるいは具体的なタイムテーブルを示した。では、どのように六つの領域の改革を実施するか？　習近平政権は以下の七項目により、中国の新たな改革の成功を図っている。

第一、中央と地方政府の財政・税務の関係を再構築する。

財政・税務体制の改革は異なった利益集団と各級政府との利益の再分配になるが、これは最も困難である。この方面は多くの調整が必要となり、今後二年間で乗り越えることができるだろう。その方法は、まず中央・省・市・県・郷鎮の五レベルの分税制を、中央・省・市県の三レベルに調整する。国家が徴収する「国税」を減らし「地方税」を増やして、地方政府が土地の売買に頼る悪循環から抜け出させる。適正な時期を見て相続税や固定資産税を設けて地方収入を補充する。

第二、過剰生産と国有企業の大規模な改編を行う。

政府はこれまで、改編によって不穏な状況や失業を招くことを心配してきた。そのため二〇一三年には需要を後押しし、新たな生産能力で過剰生産を解決することに集中した。しかし中国経済の完全市場化の問題は解決できない。そのため、今後数年で、中国政府は独占的な国有企業に対し改革を断行し、国家経済の命運に関わる重要な業種や鍵となる領域でコントロールし、その他の競争的な領域では完全に市場に任せることにする。すなわち、国有経済はすでに絶対的優勢にある金融・軍事産業・電力・石油化学・電信・石炭・航空・港運などで形成されている。そこで産業権の多元化を推進し、株式の所有権の一部は民間資本や外資などに移譲し、「国退民進」（国有財産取引の権利を譲渡して民間経済が進出する中、財産権譲渡の市場が発展すること）を実現して独占を打破する。価格と行政の体制改革の推進により、民間経済を大きく発展させ、民営経済の投資性業種への投資を許可し、国有企業との一定の競争を保持して中国経済の本当の「市場化」を実現する。

第三、改革を断行することにより農地の「半私有制」を実行する。

今日まで中国政府は、国家が土地の絶対「所有権」を持つことを強調してきた。しかし地方政府が好き勝手に農地を横領し、農民の生存まで侵すこととなった。二〇一四年から政府は国の土地所有権を弱め、農民の土地使用権と継承権を拡大する。農民の耕作や居住のための土地は政府が強制的に徴用するものではなく、土地を売買して得られた利益は農民が得るべきで、政府が得るものではない。使用を許可された土地は、賃貸、抵当、譲渡などによって「半私有化」を実行し、土地を農民最大の財産として富裕への道を切り拓く。

第四、新たな反腐敗メカニズムを作り、裁判所を地方政府から独立させる。

主な内容は以下の三点である。一つ目は各地方裁判所を地方政府と地方政法委員会主導の体制から独立させ、最高裁判所を経て中央が直接指導して資金を配分し、人事は最高裁判所が決定する。二つ目は監察局と反腐敗局を行政から独立、アメリカ連邦調査局のように、独立した上意下達の独立機構として地方政府や党委員会の指導を受けないものとする。中央規律検査委員会は直接に反腐敗局を指導、各省市の下部機構は直接総局が指導し、資金の配分と人事は総局が決定する。各地方の反腐敗局は任期を三年とし定期的に交代する。三つ目は全国人民代表大会の作用を強化する。人民代表を本当の意味で人民の代表とし、官僚の監督を実行し、立法によってさらに弾劾の権力を与える。

第五、地方政府の機能を転換し「小政府、大社会」をつくる。

政府の市場や社会に対する権力を減少、各級政府の権力の大幅な調整を行って、二年以内に審査・認可制度を三分の二の規模にして、経済や社会の直接管理を減少する。社会主義市場経済を完全なものにして市場により大きな作用を発揮させる。九年以内に地方政府は五分の一の人員を削減する。経済と社会事務の政府機構を削減し、地方官僚の業績やＧＤＰとの関係を断つ。社会組織が積極的に社会事務に参加することを奨励し、非政府組織に対する審査・認可を緩和し、徐々に登記制度に移行する。同業の組織が経済と市場の管理に関わることを奨励する。

第六、省級の地域に対し新たに行政区を作り、過去に存在した地域の境界線をなくす。

中国政府は二年以内に北京、天津、上海、重慶以外に多くの「直轄市」を作り、現在大きくなりすぎた地方権力を抑制する。深圳・青島・大連・温州・厦門などは、最初に直轄市となる予定だ。同時に省級の行政区を新たに区分するが、人口が多く経済規模が大きい省を分割する。現在三四の省市自治区を四五まで増やし、地方の成果を上げるよう奨励する。

第七、上海自由貿易試験区の設立により、将来の経済発展の新たなモデルを模索する。TPP、TTIP、PSAなどの国際社会の外圧の中、上海自由貿易試験区は国家統制の経済体制から管理監督体制へ移行した行政改革の総合試験区となり、国際慣例に合った、自由で開放的な、市場経済の刷新を促す環境を創出する。対外開放を通して、新たな貿易機構の設立に参加し、ひいては国内改革や中国経済の変化を促進する。

改革開放から三七年、実際には経済の改革と発展がなされたにすぎない。しかし長年にわたった経済の発展モデルも、もはや将来の経済発展を支えることはできなくなった。アメリカを超えて世界一になることは、さらに難しい。同時に蓄積した社会矛盾と政治腐敗が「世界の強国」となることを阻んでいる。そのため習近平は、数十年続いた経済発展のモデルに終止符を打ち、二〇一四年に、経済・行政体制と社会制度の総合改革の幕を開けた。今後一〇年間で中国経済発展の新モデルを創出するばかりではなく、社会発展の道を整え、社会と経済発展のために政治的障害を取り除かなければならない。それらが中国が二〇三〇年に、アメリカを超える世界大国となるための基礎となる。

4……四中全会、経済「新常態」方針を決定

習近平政権が誕生してから二年となり、経済政策の大きな転換期がきている。

「経済成長率が一〇％を超えた高度成長への幻想を捨て、多少ふらつきながらも七％台の安定成長を維持する。大規模な刺激策は取らず、小刻みな政策調整で景気を下支えする」という「新常態」経済運営の基本方針を、二〇一四年一〇月二〇日に開催された中国共産党中央委員会第四次全体会議（略称「四中全会」）で決定した。

ＧＤＰはかつて、無数の地方政府の役人から崇拝されていた。多くの人は、この指標が地域経済の発展の優劣を完全に示すものではないことを知りながら、小数点以下の数値まで気にし、この「経済の答案用紙」の点数が低くなることを恐れた。

そのため、過去数十年、住宅をやみくもに建設し、川に汚染物質を垂れ流し、山を爆破し石炭を掘った。地方・企業・個人は何はばかることなく周辺環境を破壊し、これによって得られた資金を使い生産能力をやみくもに拡大した。

結果、中国経済は、製造業の設備過剰、住宅バブル、地方政府の過剰債務、シャドー・バンキングという四つの問題を抱えることになった。世界のＧＤＰのシェアに占める中国のシェアは一二％ぐらいだが、世界の製造業に占めるシェアは二二％。一〇ポイントほど高く、群を抜いてギャップが大きい。輸出ができればまだいいが、そうでなければ設備が十分に稼働せず、過剰設備問題が深刻になってしまった。突如「過剰」の悪夢に見舞われ、暴利が一夜にして水泡に帰したほか、美しい山河が永遠に失われた。

利益のみを求め、環境を発展に代え、今日を明日に代えるこの「鶏を殺して卵を取る」急発展の心理状態は、必ずストップさせなければならない。

二〇一四年五月に、習近平主席は河南省を視察した際、「わが国は依然として重要な戦略的チャンス期にあり、自信を持ち、現在の経済発展段階の特徴を生かし、新常態に適応し、戦略的平常心を保つ必要がある」と語った。これを受けて、「ニュー・ノーマル」を意味する「新常態」という言葉は、中国経済を議論する時のキーワードとして、メディアに頻繁に登場するようになった。
「新常態」という言葉は、もともと米投資業界でリーマンショック以降の経済成長が平均水準を下回るという現象を揶揄する言葉「ニュー・ノーマル」の中国語訳だ。信用の急激な膨張と収縮を経験した世界経済は、金融危機から立ち直っても元通りにはならないという考え方だ。

中国における実質GDP成長率は、改革開放以降（一九七九〜二〇一四年）が年平均九・八％、リーマンショック以降（二〇〇九〜二〇一四年上半期）でも八・七％だったが、二〇一四年上半期には七・四％と、二〇一二年と二〇一三年に続き、八％を下回っている。これは、需要の減退といった循環的要因というよりも、労働力不足などによる潜在成長率の低下という構造的要因によるものである。今後、従来の高成長に戻ることはもはや望めず、七％くらいという中高度の成長をいかに維持していくか、それが習政権の「新常態」経済の方針だった。

「近ごろ、中国政府は、景気対策の面で『定力』を持つべきだと再三強調しているが、経済構造の合理化とグレードアップを図る歴史的チャンスをしっかりと捉えようとする狙いだ。現在、資源消耗型や環境汚染型といった粗放型発展モデルが先細りしている。われわれはこのタイミングを狙って、行政のスリム化と権力移譲、イノベーション奨励などを通じて特定分野に照準を合わせ、発展方式の転換・コストダウン・品質アップを図り、国際分業における中国のスマイルカーブを両端の高付加価値エリアに向けて移動させなければならない。バイオメディカル、電子商取引、航空・宇宙事業といった新興産業が次第に舞台の主役に躍り出て、中国経済のグレードアップ版の重要な構成部分になるだろう。『中国製造』から『中国創造』『中国サービス』『中国技術』、ひいては『中国ブランド』への躍進は、『新常態』における中国経済の必ず通らなければならない道である」と、武漢科学技術大学金融研究所の董登新所長は語る。

四中全会で「新常態」経済方針が決められた。資源消耗型・環境汚染型の荒削りな発展モデルを転換し、長期平行飛行の「安定成長」モデルは、今後の中国経済の基本戦略となる。かつての不動産・石炭・土地・鋼材などの投機的売買は、新常態の中で継続が難しくなる。精励して経営にあたり、着実に実業と実体に力を入れ、技術革新、経済の量的拡大よりも質の向上を重視する。その結果、産業や需要、そして所得分配の面において、経済構造を改善する。

中国の発展は、重要な戦略的時期を迎えている。かつての浮ついた心理状態を捨て、自信を持ち流れに順応できなければ、持続可能な発展は維持できない。

5……「シルクロード経済圏」構築の加速

二〇一四年一一月、アジア太平洋経済協力会議（APEC）閣僚会議が北京で開かれた際、習近平はAPEC加盟国ではないバングラデシュなどの首脳とも相次いで会談した。そして習近平は「二一世紀の海のシルクロードとシルクロード経済帯を建設しよう」と呼びかけた。

中国で「一帯一路」と呼ばれる二つのシルクロード経済圏構想は、陸と海の二つがあり、中国を起点に中央アジアから欧州に至る「シルクロード経済圏（ベルト）」と、中国沿岸部からアラビア半島までを結ぶ海上交通路「二一世紀の海のシルクロード」を指す。両者をまとめて「一帯一路」と呼ぶ。中国が国際経済の中心だったかつての時代の再興が意識されている。

習近平は、二〇一三年九月に中央アジア諸国を歴訪した際、中国・中央アジア・欧州を結ぶ新たな貿易・輸送ルートの確立を目指す「シルクロード経済圏《ベルト》」構想を提案した。習近平は太平洋とバルト海を連結させ、東アジア・南アジア・中東をつなぐ輸送回廊の建設を呼びかけた。この地域を合わせると三〇億人規模の巨大市場となる。

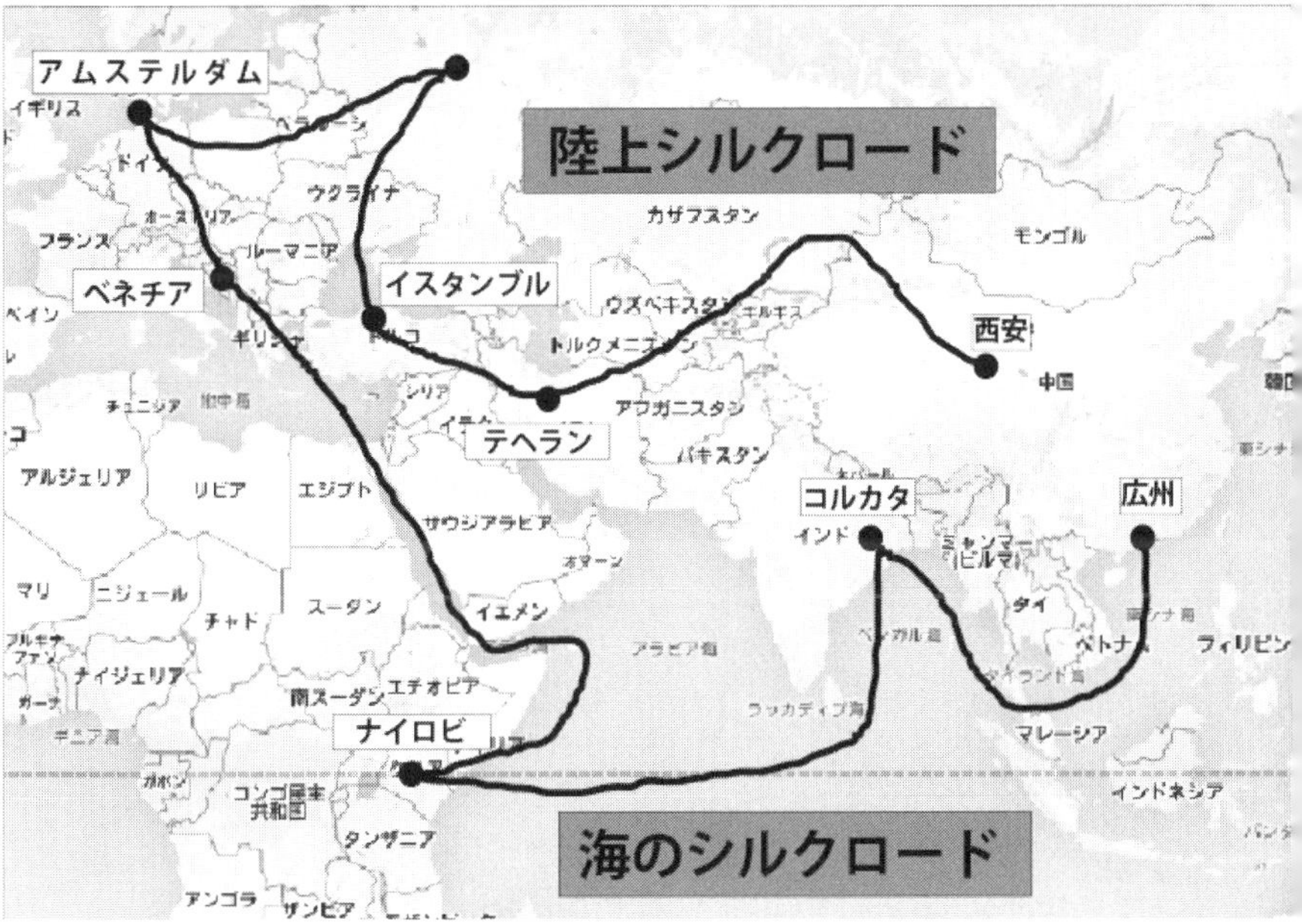

その翌月のインドネシア訪問では、もう一つの柱であり、習近平が「二一世紀の海のシルクロード」と呼ぶ海上輸送回廊を提案した。これには東南アジア一帯とスリランカ、ケニア、ギリシャなどでの港湾や工業団地の建設や拡張工事が含まれ、二〇二〇年までに中国・東南アジア間の貿易額を現在の二倍以上である一兆ドル規模に拡大するという目標が掲げられている。

二〇一四年五月のアジア相互協力信頼醸成措置会議（CICA）上海サミットでの「アジアの新たな安全保障観」をテーマにした演説では、習近平が目指しているものがより明らかになった。「アジアの仕事をし、アジアの問題を解決し、アジアの安全保障を維持するのは、アジアの人々である」と語った習近平は、アジアの国々に「共同開発や地域統合のプロセスの前進」を呼びかけた。

習近平は二〇一四年一一月、アジア太平洋経済協力会議（APEC）の関連会議で基調講演し、「各国と協力して二つのシルクロード経済圏の建設を進める」と述べた。この構想を実現する手段として、設立に合意した「アジアインフラ投資銀行」（ＡＩＩＢ）に加え、中国が設立する「シルクロード基金」を活用する考えを表明。基金には、中国が四〇〇億ドル（約四・六兆円）を拠出することも明らかにした。各国に不足するインフラ建設の資金を提供することで、指導力を固めたい考えだ。構想は、会議に参加した各国の代表と経済担当者の歓迎と評価を受けた。

ＡＰＥＣ取材で北京を訪れたペルー紙『エル・コメルシオ』のカストロ記者は、南米大陸の太平洋と大西洋とつなぐ中国とペルー、ブラジルによる「両洋鉄道プロジェクト」について、最も関心を持っているという。「ペルーが豊かになるには、まず道路が必要です。両洋鉄道が実現すれば、最貧のアンデス山間部を貫くことになります。こうした地域の交通インフラの遅れが解消されれば、鉱石や農作物の売却も可能となり、貧困からの脱却も見えてきます」。

この構想について、中国メディアは「中国版マーシャルプラン」と呼んでいる。インフラ外交は、アジアの貿易や投資で人民元の使用を増やし、人民元を国際通貨に育てる戦略と一体となっている。中国が中心となって設立するアジアインフラ投資銀行（ＡＩＩＢ）と合わせ、豊富な資金力を武器に周辺地域への影響力を強め、中東や中央アジアからの資源輸入の輸送ルートを万全にするなど、米国の意向に左右されにくい広域経済圏を築く考えだ。

「一帯一路」新戦略は、少なくとも中国の過剰な生産力を「一帯一路」の高速鉄道・高速道路・港湾など基礎的施設建設を通じて、その解消を図り、同時に沿線各国に対し一定の資金援助を提供して、これら諸国を潤すことにより、中国との間に互恵互利のパートナー関係を結び、最終的には中国を核とする新地域政治勢力構造を構築しようとするものである。

6……「アジアインフラ投資銀行」で、世界資本市場をリードする

二〇一三年一〇月、習近平と李克強総理は相次いで東南アジアを訪れ、アジアインフラ投資銀行（AIIB）設立を提案した。AIIBはアジア地域開発を支援する機構で、インフラ建設に重点を置くものだ。二〇一四年一〇月には、中国、インド、シンガポールを含む二一か国が『アジアインフラ投資銀行設立合意書』に調印し成立が決定した。そして、二〇一五年三月三一日の創立メンバーの募集締切りまでに、予想をはるかに超える世界四八か国・地域が参加表明し、イタリア・フランス・ドイツなどのEU諸国、イギリス・オーストラリア・韓国などアメリカから参加を牽制されていた親米国までが参加表明し、まさに「アジア投資銀、参加ドミノ」（『朝日新聞』三月二九日付）といった状態となった。この変化が、中国が資本市場においても世界をリードしていくことにつながっていくことは間違いないだろう。さらにこのことは、世界経済の中心が大西洋沿岸から太平洋沿岸に移動を始めたということを意味し、戦後世界から二一世紀の新たな世界への枠組みへの転換点、いわば北京を中心とした「ブレトン・ウッズ体制」への転換点になっていく象徴的な出来事と、後世に思い起こされる日が来るかもしれない。しかし麻生太郎財務相は、「参加には、きわめて慎重な態度を取らざるを得ない」と述べている。ところがその一方で、福田元総理が海南島で習近平と会談した際、習近平がAIIBが既存の国際機関と共存していく姿勢を強調すると、福田元総理は「そのことをおっしゃられたことで、AIIBに参加を反対する理由はなくなった、と思うほどです」と述べた。また、経済同友会の長谷川閑史代表幹事は「インフラ・ビジネスが不利にならないようにしていただきたい」と日本政府に注文を付け、中国駐在日本大使・木寺昌人も「私は日本の財界人ともに、日本政府は六月にAIIBに加入すると信じています」と『フィナンシャル・タイムズ』のインタビューで述べている。

7……国内大改造を実現する——三つの問題

中国大改造を実現するための三つの問題とは、以下である。

（一）将来の中国経済の成長点を、どこに置くか？

この経済成長点に対して、新政府は、どんな方式で臨むか？（李克強の最近の談話から見ると、中国の都市化は、将来の経済発展の最も重要な成長点としている）。

（二）将来の中国経済で最大リスクは何か？

新政府の採用方針は、対処と回避である（この点は『一二五中国金融服務業発展綱要』の中に吐露されている）。

（三）将来の中国経済における改革と発展の最大の障害は何か？

当面している中国党内に盛行している重大な汚職瀆職問題である。

新指導者たちが、どんな方式でこの三大問題を処理するかが、彼等の特質と優位が体現できるかどうかのキーポイントと言うべきだろう。しかし、最近の習近平・李克強が漏らす情報から言うと、新政府は、この三つの問題について、すでにはっきりした考えを持っている。

現在の問題は、彼等が就任して以降、この明確な考えを、どのように執行可能な具体的政策に転化するかにある。

8……経済発展を進める三大主要政策

経済成長七%を維持しなくてはならない理由

リーマンショック以降、世界経済は長期の不況に悩まされてきた。その中で中国が七%～八%以上の経済成長を維持するのが大きな課題であった。二〇一二年の中国共産党第一八回党大会においては、二〇二〇年度のGDPを、二〇一〇年度の倍にする努力目標を掲げた。この目標は、きわめて大きく厳しいものである。この厳しい課題を実現するためには、経済成長率は七%を維持しなければならない。

そして、もう一つ、経済成長率七%を維持しなければならない理由がある。それは雇用の問題である。中国には、年間約九〇〇万人の大学卒業者がいる。仮にGDPが一%増加すると、雇用機会が増え、一〇〇万人の就職問題が解決する。もし七%の増加なら八割り近い大卒者の就職問題が解決できる。一人っ子政策が続いた中国では、もし就職できない大卒者が大量発生した場合、重大な社会不安を招いてしまう。したがってGDP年率七%くらいの成長が、中国社会の安定には必要なのである。

しかし、二〇一二年に習近平政権が誕生して以降、中国経済はずっと低迷状態にあり、二〇一三年には成長率は七・七%となり、二〇一四年には七・三八%とさらに減少し、これからさらに低くなることが予想されている。中国にとって、七%の成長率を維持できるかは、きわめて大きな課題となっている。

第一八回党大会において、中国指導部は、二〇二〇年のGDPを二〇一〇年より倍増すると同時に、国民の一人あたり収入も倍増するという努力目標を提示した。過去、中国はGDPの成長率のみを強調し、

中日米のGDP比較（単位：億ドル）

国別	2010 年	2011 年	2012 年	2013 年	2014 年	2015 年
中国	59304	78220	82270	90203	99519	110201
日本	54954	58970	59640	51499	52853	54186
米国	144989	150757	156848	162377	170490	180122

情報源：国際通貨基金（IMF）の「世界経済の展望」（2013 年 4 月出版）

中国のGDP潜在成長率の予測（2011 ～ 2030 年）（%）

	2011-15 年	2016-20 年	2021-25 年	2026-30 年	2011-30 年
適度な GDP 成長率	8	8	7	7	7.5
GDP 潜在成長率	8.9	8.5	7.4	6.9	7.9
GDP 潜在成長率範囲	6.9-11.8	6.3-11	5.5-9.5	5~9	5.9-9.2
労働力伸び率	0.6	0.2	0.1	0	0.2
人的資本伸び率	2.5	2	1.5	1.2	1.8
資本伸び率	10	10	9	8	9.3
TFP 伸び率	4	3.8	3.3	3.3	3.6

情報源：胡鞍鋼など「2030 年の中国」（中国人民大学 2011 年）

国民一人あたり平均収入の並行的成長の提示はしてこなかった。したがって、習近平政権は、初の「双子の成長」を提示し、目標を明確化したのだが、その課題はきわめて大きいものとなった。

三つの大戦略課題を実行

それでは、習近平政権の「双子の成長」目標は、何によって実現するのか？

そのためは、三つの柱、すなわち、中国が内需を拡大し、ＧＤＰと国民収入の並行的倍増実現の三大戦略を推し進める必要がある。

第一の大戦略、城鎮化（都市化）計画

「城鎮化を実施し、城（都会）と郷（村落）の差を縮め、内需マーケットを発展させる」。

これは、李克強総理の博士論文である。「城鎮化」とは「都市化」のことである。

中国は一九五〇年代から戸籍（戸口）制度を開始し、全国の人口を「城市（都市）人口」と「農業人口」とに分けてきた。中国の農業人口は、全人口のうち四八％前

都市戸籍の人数推移と城鎮化（都市化）率

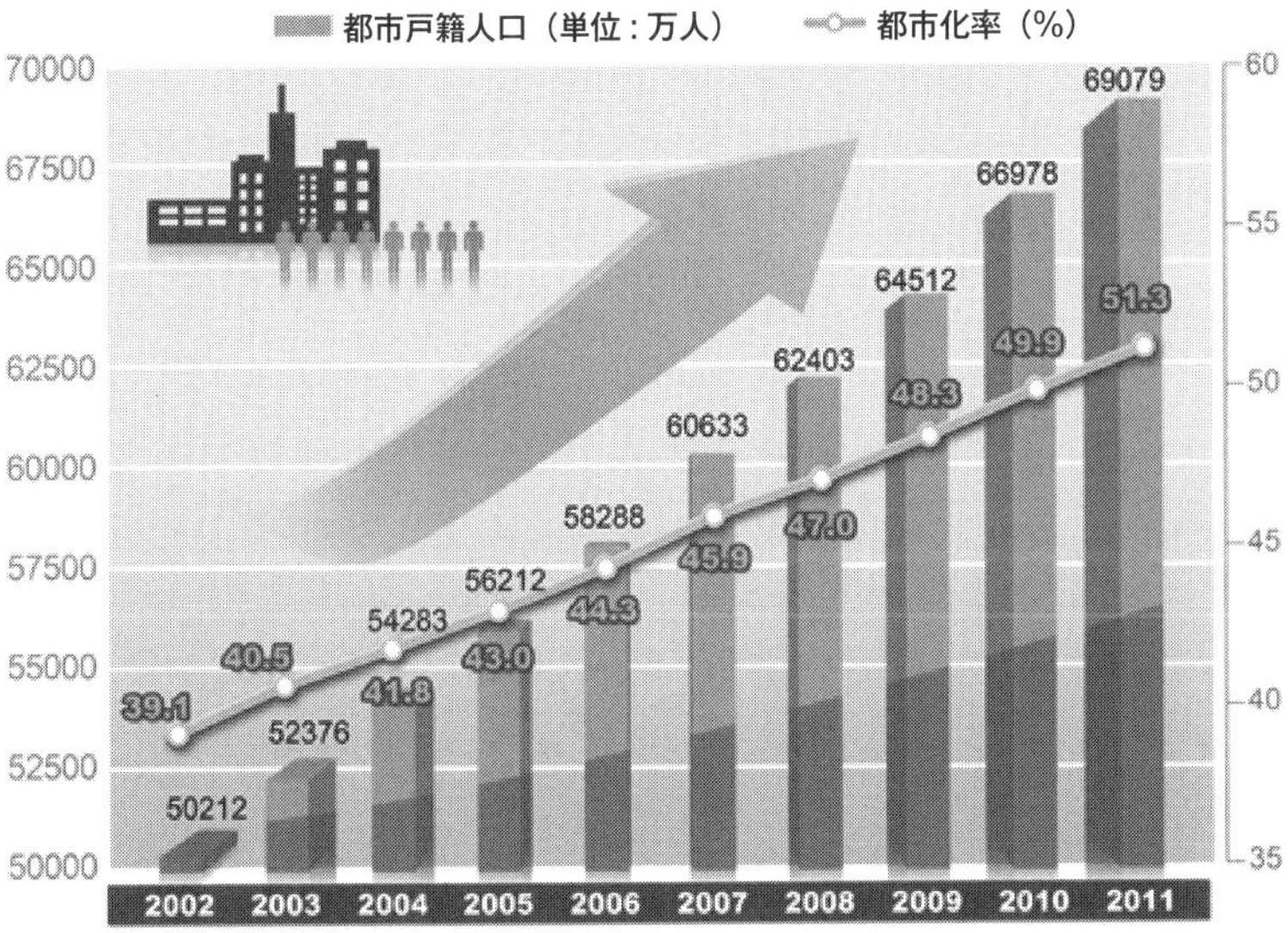

後、約七億人を占めている。

しかし、過去二〇年内に、すでに二・五億の農業人口が「出稼ぎ」などの理由で、故郷を離れ都市に流入し、都市または都市郊外で生活している。しかしながら、戸籍差別のため、農村戸籍の子弟が都市の学校に入学することは許されていなかった。大学入試時には、自分の戸籍のある田舎に帰って、入試試験を受けなければならなかったのだ。

都市戸籍の子弟の大学受け入れ試験点数は、ボーダーラインが、農村や地方都市より低いのだが、彼らは、都市の子弟と一緒に入試試験が受けられないのだ。北京・上海も同様である。

なぜ、同じ中国人が、戸籍が都市にあるか、農村にあるかで、このような大きな差別を受けなければならないのか？　この戸籍制度という制度こそが、中国社会に最も不平等な制度をもたらしているのだ。したがって今後一〇年、中国社会の城鎮化実施にあたっては、必然的にこの戸籍制度を改革しなくてはならない。

中国上層部の構想では、現在、都市に二・五億の農村人口の流入している。そして、現況のように毎年一千余

中国と米国の都市人口の比較（2010 ～ 30 年）

	都市人口（単位：100 万人）		都市化率（%）		世界都市人口に占める割合（%）	
年	中国	米国	中国	米国	中国	米国
1950 年	61.7	101.2	11.2	64.2	8.37	13.74
1980 年	191.4	170.3	19.4	73.7	11	9.78
2000 年	459.1	225.3	36.2	79.1	16.09	7.9
2010 年	665.6	259	49.7	82.3	19.05	7.41
2020 年	845	90.7	60	84.9	21	6.91
2030 年	1020	318.5	70	87	22.9	6.41

情報源：中国国家統計局・清華大学国情研究センター

万の農村人口が都市流入していけば、農村人口の都市生活者は四億人に達する。そして、戸籍制度改革の実施により、この四億の農村人口は城市人口となる。そうなれば、多大な内需市場がもたらされるのだろうか？

ここに注目すべきデータがある。

中国専門家の試算によれば、農村人口が城市人口に転換する際の、都市が一人あたりに投入する基礎施設建設費用は一〇万元必要である。

ここで注目すべき点は、今後一〇年の間で四億人の農村人口を都市（城市）人口に変換するためには、中国は、この四億人の都市生活のための一貫基礎施設建設費として、六〇〇兆円の資金を投入しなければならない。日本の国家予算は年九〇兆円前後にすぎないことから、この六〇〇兆というマーケットは、実に巨大なものであり、したがって、ビジネスチャンスも非常に大きいと言うべきだ。

もう一つの計算は、一人の農村人口が都市人口に変わると、彼の消費は三倍に増加するという。すなわち、彼らが都会人と同じように大量の家電製品を買入れ、クルマ、住宅を手に入れるようになれば、これは正しく活気みなぎる新しい消費大集団であり、中国消費マーケット拡大のために、疑いもない主力軍となるであろう。

世界最大の都市群の建設計画

中国の都市化の進展が、中国の現代化に直接影響を与えることは間違いな

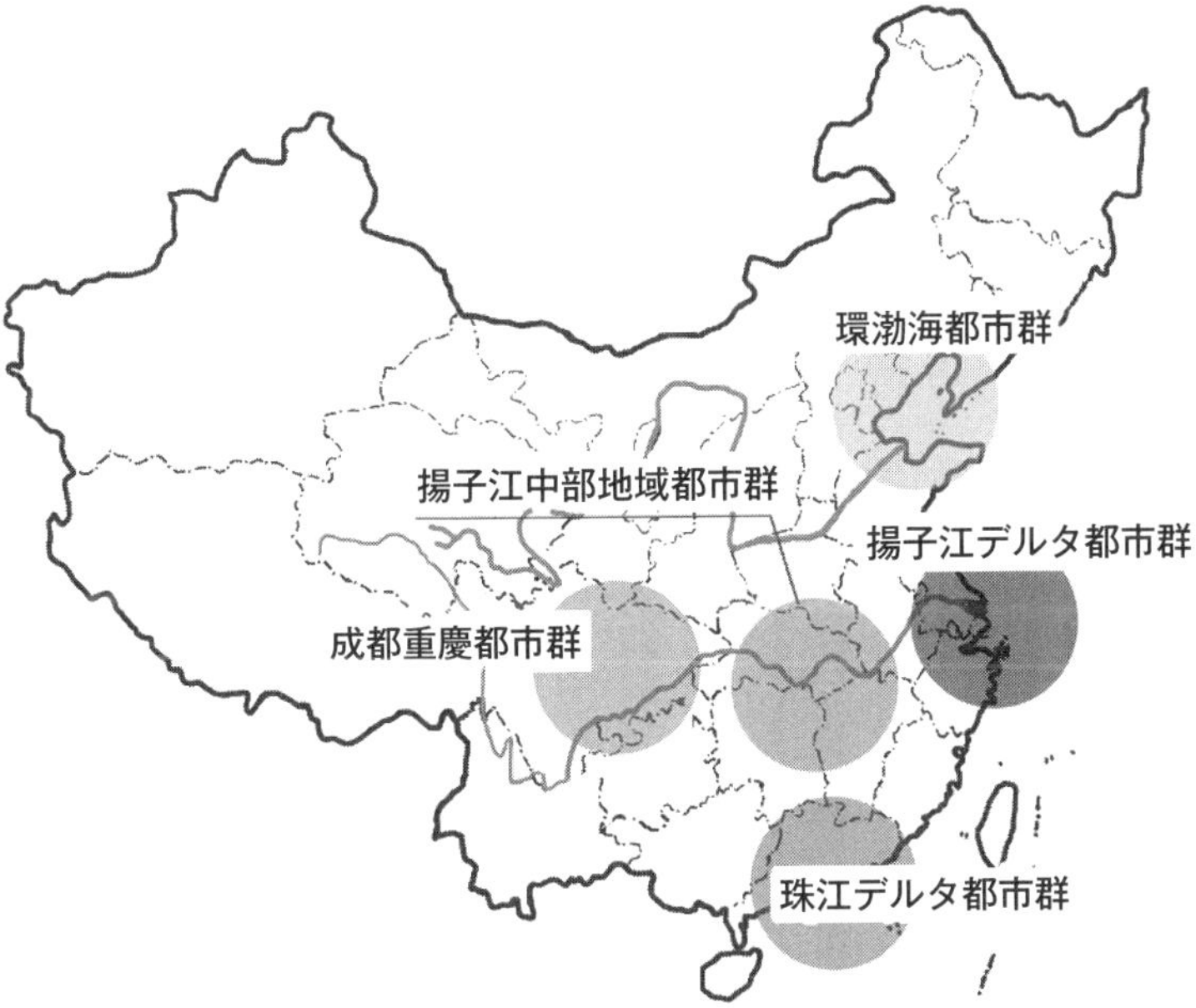

メガ都市群の位置

い。国家の中核となる競争力は主に大都市、巨大な都市に現われる。そのため都市化は国家の競争力を高め、内需を拡大し、現存する地域差を縮小できる。

李克強総理は、二〇一三年七月の政治局会議の中で、中国の都市化は巨大な都市群を建設して都市化の原動力とならなければならず、さらに中国経済の成長を作り出す新たな原動力となることが必要だと述べた。

しかし現在、都市の許容能力には限界があり、一部の都市は無秩序な開発や過度な人口集中、経済偏重による環境破壊などの「都市病」に罹っている。中国発展改革委員会の徐紹史主任は「都市病」治療の最も良い方法は都市群の建設だと主張する。『国務院都市化建設の状況報告』の中で、都市群の相関的発展戦略はすでに都市化の健やかな発展の一つであるとしている。さらに「東部地区都市群のレベルアップに力を入れ、中西部地区都市群の発展を促す」ことを目標とすると述べている。

都市化計画の初期には、関係する都市群の競争が日増しに白熱化していった。情報によれば、中国政府は一〇か所の都市群の建設を計画しているが、さらに一七か所に増えるという。注目すべきは、その中に国家級都市群として、現在の「京津冀（北京市、天津市、河北省の総称）」「揚子江デルタ」「珠江デルタ」に加え、さらに二か所建設されるという。

中国発展改革委員会の都市群発展目標によると、京津冀、揚子江デルタ、珠江デルタは、世界でも有数の都市群であるが、さらに「哈長」「呼包鄂楡」「太原」「寧夏沿黄」「江淮」「北部湾」「黔中」「滇中」「蘭西」「烏昌石」など一〇区域の都市群を建設する。中西部地区が大半を占めている。

中国一〇大都市群の建設計画は、経済の支柱の一つであり、一〇％の面積で経済全体の三分の二を担うことになる。これら一〇大都市群で三分の二の経済総量を担う一方、人口は全人口のわずか三分の一だ。ここに区域格差の問題が存在する。

中国都市経済学会の楊重光副会長は、都市群の発展は経済発展の結果であるが、同時に都市群はまた多くの問題も抱えていると指摘する。例えば人口の過度の集中、交通渋滞などである。統計によると、近年大都市の人口増加は異常で計画目標をはるかに超えている。北京の一〇年間の人口増加は四一％、上海は三七・五％、天津は二九・三％である。これらの都市の九七％は周辺の地域から流入している。しかし、都市群の建設によって、将来の中国の都市化問題がすべて解決するわけではない。中国の国土の八〇％は、都市群以外にある。これら八〇％の区域には、都市は少なく規模も小さい。中心となる都市の影響がなく、経済も発展しにくく、住民も豊かになりにくい。

国家発展改革委員会に提出された研究報告のこれらの問題に対する解決方法は、都市群以外の地区で区域性の中心都市を育て、都市群以外の地域の都市の大多数を区域の中心都市に発展させるというものである。条件の良い内陸の県級（日本の町に相当）の都市を区域の中心都市に育てなければならない。確かな統計ではないが、このような都市が一五〇か所もあるという。

改革を通して、公共の資源や権力を規模の異なる郊外の村や町の発展に利用し、大都市は行政の壁を壊し、インフラや公共サービスを周辺の中小の都市に伸ばしていき、小さな都市に影響を及ぼしていくことが必要だ。

現在、中国経済はますます各大都市区に向かっており、特に珠江デルタ、揚子江デルタ、京津冀と環渤海地区の三大都市群は近い将来、きわめて大きな影響力を持つ経済空間となるだろう。

この三大都市群の経済総量が社会経済発展に占める割合として、珠江デルタ都市群のGDPは全国GDPの一〇％、揚子江デルタは一八％、京津冀と環渤海都市群は九％で、これら三か所の都市群だけで全国の三七％も占める。

都市群の発展にともなって、前述した都市群内の各大都市区には全人口の五〇％が居住し、国内総生産の八五％を生産することになる。全国の二〇％の面積で国家の富の八〇％を得る計算である。

大都市群には三つのプランがあり、それは以下である。

(一) 揚子江デルタは、世界第六位の大都市群へ

揚子江デルタ地区は上海を中心とする一六の都市からなり、世界でも有数の都市群となった。貿易障壁を除き市場を統一する。都市群内では発展研究センターを作り、大型企業と資本の誘致活動を共同して行う。

(二) 大珠デルタ二一都市を、九大中心市へ

専門筋の情報によると、広東省委員会は広東省社会科学院に委託して「大珠江デルタ」経済区域発展の

調査研究を進め、大珠デルタ区域の統合日程を発表した。広東省は行政区画を整合し、全省二一市を九の主要都市に整合して、大広州（広州、仏山）経済圏、大深圳（深圳、東莞、恵州）経済圏、大中山（中山、珠海）経済圏の三大経済圏を形成する。

(三) 京津冀都市群は「第三極」を築く

二〇一三年六月、北京市と天津市政府は共同で、八項目の戦略策を発表した。その内容は、以下である。

1、ハイテク技術産業チェーンを形成し増産体制を作る。
2、特別な競争戦略を実施し、競争に有利な体制を作る
3、一体化した流通市場を形成し、市場に有利な状況を作り出す。
4、高等な教育機関や科学研究機関との合作を強め、科学研究に有利な状況を作る。
5、環境との協調を促進し、生態に有利な環境を作る。
6、都市のインフラを建設・管理し、交通の有利な環境を作る。
7、区域の利益分配のメカニズムを確立し、財政的に有利な環境を作る。
8、各区域政府が合作、協調のメカニズムを確立し、合作の有利な環境を作る。

現在、中国政府は、世界最大の「メガ級都市群」の建設を計画している。これは「揚子江デルタ都市群」と「中部デルタ（湖南の長沙・株洲・湘潭の長株潭都市群、馬鞍山・蕪湖・銅陵の馬蕪銅都市群、武漢都市群の三つからなる）」が一体となって「揚子江中下流域のメガ都市群」を形成し、二〇二〇年には世界最大のメガ都市群に成長するというものである。

「揚子江中下流域メガ都市群」は、武漢、長株潭、蘇錫常、上海など一〇か所の都市圏を含み、数の上で

世界最大のボスウォッシュの二倍となり、面積は四九二六万平方キロ、ボスウォッシュの三・五七倍で、中国全土の五％以上に達する。人口は二・五億人で、ボスウォッシュの三・八二倍である。経済的には二〇一〇年のＧＤＰ総量は一・五五兆ドルで、ボスウォッシュの四六・八％にすぎない。二一世紀の二〇年代ごろには超えるものと予測されている。

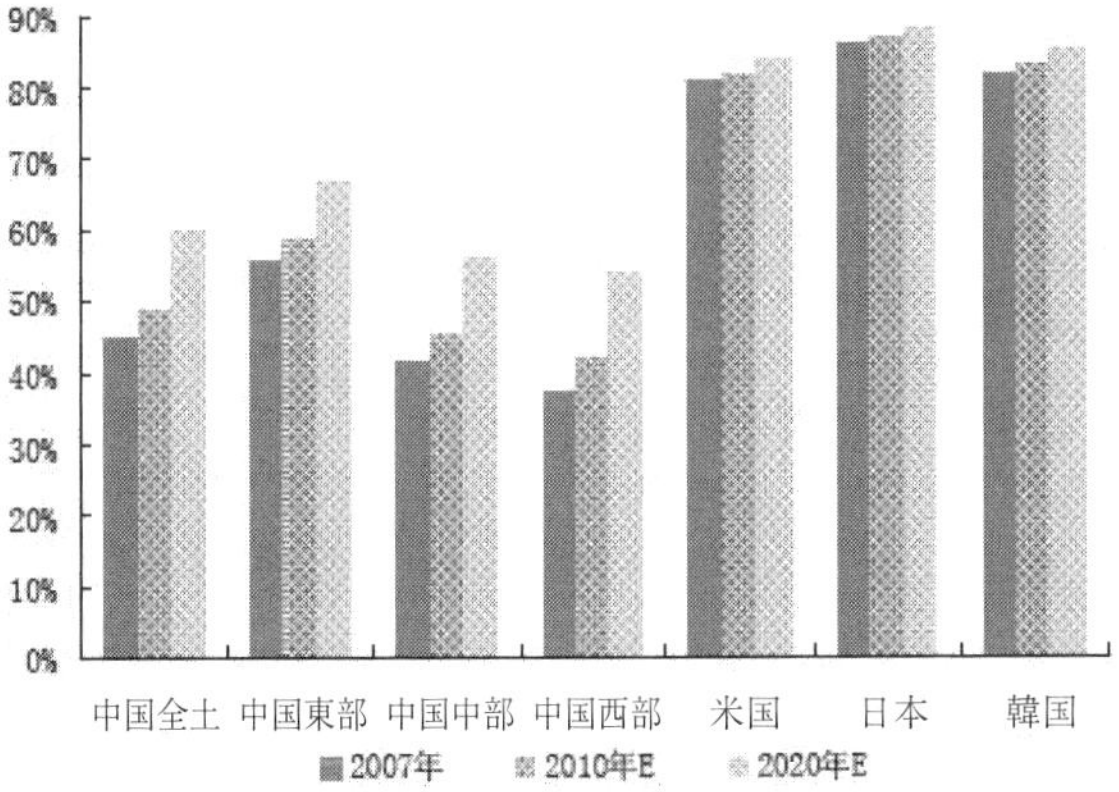

中国各地域と世界先進国の都市化率の比較（情報源：中国国家統計局）

中国の都市群の建設は、中国経済の発展を大いに刺激する。現在、中国発展改革委員会が都市群総合交通網計画案を策定中である。これらの計画の中で、国家の鉄道の幹線、都市内の鉄道、航空などがつながり、総合交通網を作る準備をしている。

編成されたこれらの鉄道交通計画および次期の計画によると、現在の地方都市群の鉄道交通は一万キロを超える。成都と重慶の都市群で二〇二〇年に増設が予定されている客運路線だけでも一〇〇〇キロ、二〇二〇年には一五〇〇キロにも及ぶ。きわめて巨大な公共事業投資がさらに中国経済の発展を刺激するだろう。

第二の大戦略、農業近代化の実現

中国の農業は、多くの地区において自給自足状態にあり、現在、農村労働人口は二・八億あるが、中国の耕地は一八億ムーにすぎない（「ムー」は中国の土地面積単位。一ムー＝六六六・六七平方メートル）。一人あたり耕地の占有率は六・四ムーである。

すなわち、農民一人あたり平均六ムー余りを耕作している計算である。しかし、アメリカでは、農民一人あたり平均一万ムーの土地を、ヨーロッパの多くの国では、数千ムーを耕作している。もし比率計算すれば、中国一三億の人口のうち、純農業生産従事労働力は、実は、五〇〇〇万人あるいはそれ以下で十分である。

したがって、中国は農業近代化を実施し、大規模農業を発展させ、機械化農業を発展させ、ハイテク農業を発展させ、徹底的に自給自足の原始生産方式を改め、農村の労働力を解放し、新しい産業に従事させなければならない。

現在、中国では、農村の土地譲渡が施行され始めている。すなわち、農民は自分の得た土地を、農業公司に賃貸し、自分は別の仕事についてもよいということである。

例えば、安徽省の小崗村の農民は、再分配された土地を、一ムーあたり年八〇〇元（約一万三六〇〇円）で、村の農業公司に賃貸し、一戸あたりの土地賃貸年収入が、一万元（約一七万円）以上になっている。

そして土地を賃貸した農民は、工場に勤めたり、自分で起業して会社を経営したりして、一家庭の年収は一〇万を超えるという、ある種の可能性が開けている。そして、年一〇万元（約一七〇万円）の収入は、まさしく中国人にとって富裕層に入るバロメーターなのだ。

したがって、中国は、農業の近代化実現後には、数億の農民が都市住民となり、都市農村の格差が縮小し、農民と都市住民との収入格差が縮まり、中国内需市場の発展を限りなく牽引していくだろう。同時に、農業の近代化は、偽装あるいは劣悪な農業副産品の市場流入を効果的に防止し、食品の安全保障が可能になる。

第三の大戦略、産業構造の改革

中国の産業は、現在「二大苦境」に直面している。

一つ目の苦境は、生産能力があまりに過剰である点だ。鉄鋼、セメントおよび石炭の生産能力は、すでに世界総生産の半ばに達している。この問題は、過去一〇年、中国の投資重視・消費軽視がもたらしたものである。

その結果、産業と設備投資がメチャメチャに増大し、生産能力が大幅に高まってしまい、消費が追いつかず、深刻な程度までに、供給が実需を上まってしまったのである。現在、中国の生産能力過剰率は、年あたり三〇％に達している。これは大量の投資が浪費されたことを示しているのである。

二つ目の苦境は、中国企業は核心的技術の重大な欠乏症を呈している事実である。

多くの産業と市場は外国の技術と部品・アッセンブリーに頼っており、例を自動車で挙げれば、「東風」と「一汽」は自前のブランド車はなく、すべてが合弁である。エンジンは、すべて輸入に頼っている。

とりわけ、トヨタやニッサンなどの日本車のエンジンは、中国製造自動車の主要輸入部品である。そして、中国現有の国産車、「奇瑞」や「吉利」などもすべて開発能力に限界があるため、ローグレード車しか生産できない、かつ、国民収入の向上により、ローグレード車の販売もだんだん難しくなってきている。

ゆえに、中国のこの先一〇年には、重大な産業構造改革を推し進め、改革を経て、産業構造を調整し、新しい経済発展の成長点を発掘しなければならない。

先に述べたように、今後一〇年以内に、中国は、五つの分野で大国となるだろう。一つ目は消費大国、二つ目は製造大国、三つ目は貿易大国、四つ目は物造り大国、そして、五つ目は投資大国である。GDPはアメリカに追いつき世界ナンバーワンとなるだろう。

どのように、この強大な中国と付き合って行くのかは、日本の最も研究すべき課題でもある。

9……舟山新区は「第二の香港」へ

経済成長の牽引を担って

中国では経済成長の流れを受けて、各地で「特区」や「新区」の指定が行われている。一九九〇年代、当時最高実力者と言われた鄧小平が、広東省に「深圳特区」を指定した。その結果、大きな成果を収めて現在に至っている。

その後、経済発展の起爆剤となるべく、特定分野の発展を目的とした「新区」が策定された。現在、中国では主なものとして、「天津」「重慶」、そして「上海」とその南に位置する「舟山（浙江省）」の四地域が新区に指定された。

現在、多額の設備投資が実施されている。そのために、さまざまなインフラ設備の建設が計画され、次々に実行されつつある。

ここで注目したいのは、舟山新区である。「新区」というのは、特定業種の分野を集中的に開発する目的を持つ開発プロジェクトである。

地図を見れば明らかなように、舟山は上海の南にあって、浙江省の寧波（ネイハ）の東方沖に浮かぶ島である。寧波からは五四キロの距離がある。大河である揚子江デルタの河口に位置していて、行政区分で言えば、浙江省にある。

立地としては、北に江蘇省、さらにその北には山東省、南には福建省、さらにその南には広東省がある。さらに西に向かえば中国中部の主要都市である南京があり、鉄道で一時間余りで行くことができる。観光

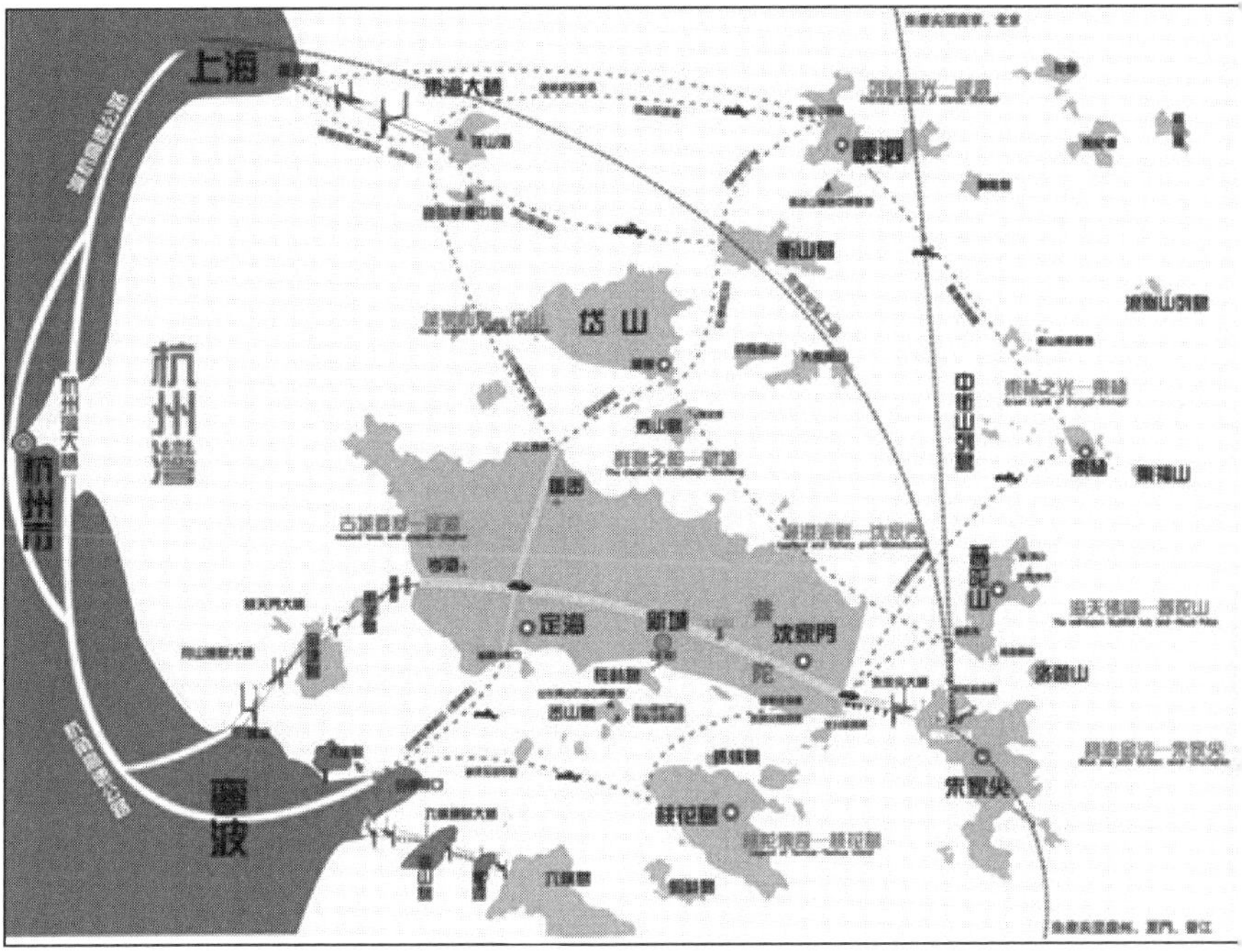

上海新区と舟山新区の周辺部地図

地として、また古都として世界的にも知られた杭州まで、鉄道で一時間余りという近さである。

　加えて世界的な文学者「魯迅」や「周恩来」の故郷として知られている「紹興」が近くにある。ここは日本でも人気の銘酒「紹興酒」の醸造元が多い。さらに古く、空海（弘法大師）や最澄（伝教大師）が唐に渡った時に到着した「寧波」がある。寧波（古代には「明州」）は、古代には日本から派遣された遣唐使の寄港地だった。街には、空海や最澄も逗留した「天童寺」という古刹があり、日本人にはなじみが深いのではないだろうか。

　一方、上海は、市内を流れる黄浦江の西側（旧市街の西側）が以前から発展著しいが、東側（浦東＝プートン地区）が急速に開発されている。かつては、緑豊かな田園が広がり、蛙が鳴く、牧歌的な風景が広がっていた。また日本のスーパーである「ヤオハン」が店舗を出した時も大きな変化がなかったが、その後、上海が新区として指定されてからは、高層ビルが林立して、新しいハイテクタウンに生まれ変わった。

現在、寧波と舟山は長さ五四キロの橋でつながっているほか、南方の象山を迂回するルートでも、高速鉄道で連結されているほか、揚子江河口の洋山島を通って上海と直結する計画が進んでいる。西には杭州そして安吉があり、さらに西には宣城へと鉄道が延びている。

実は、習近平氏が浙江省書記になる前に、舟山市は自行資金で橋を二本架けた。これを省のプロジェクトにして橋を増築しようと考えた。しかし習の前任が大反対した。そのため、プロジェクトは一時的に止まってしまった。おそらく予算の関係だったのだろうか。しかし習が、二〇〇二年、浙江省党書記に就任してから舟山を視察、プロジェクトが復活した。このプロジェクトに対して、習は大賛成を表明し、以下のように宣言したのである。

「このプロジェクトは、浙江省のためだけでなく、中国全体のためになる」。

そして周囲の反対を押し切って建設が決定され、たった一か月後に最終決定された。直後に中央政府の交通部から舟山に調査団が来て、今度は国家プロジェクトとして正式に決定した。以後、三年間で地図に示したように寧波と舟山を囲むように五本の橋が完成した。

この時、習の頭の中には、すでに舟山を新区にする経済改革プランが描かれていた。さらに、このプランを実現するにあたって、習の脳裏には「第二の香港」にしてはどうかという考えを心に秘めていたのではないかと想像する。このプランは、香港と広東との関係を連想して、上海と舟山の関係をイメージしていたと考えられる。

舟山新区は、上海に近く、揚子江口に位置している。二〇一三年、成立した習近平政権は、「海洋立国」を政策の大きな柱にしている。その中心としての舟山市（人口約一三〇万人）は、新区として発展が期待されている。

現在、舟山市と上海の間に前出の洋山島という島があって、コンテナ基地が作られた。すでに上海と洋山島は橋が開通しているが、洋山島から舟山までの架橋は計画中である。この橋が完成すれば、上海と舟山は一つのまとまりのある経済圏としての意味を持つ。この意義は、中国の経済発展を支える上で大きなパワーを発揮する。

舟山新区の三つの目的とインフラ計画

二〇一二年、今や上海の心臓部になった浦東（プートン）に「アジア金融センター」が建設された。このアジア金融センターは、揚子江デルタ地域だけで約三億人のマーケットを背景に外国企業を含めて多くの企業が営業拠点を構えている。各社とも最新技術を投入している。外資系の各メーカーの技術部門は、ほとんど上海に集中していている。その数は、約一万五〇〇〇社を数えるが、さらに増えると予想される。アジア金融センターの建設で、将来的な展望が開かれているからである。

しかし、困ったことに、現状で上海には大型船が出入りできる港湾施設がない。そこで舟山新区が注目されている。というのは、上海に近接する舟山新区には、主に「三つの大きな目的」の実現を目指して港湾など「大規模インフラ建設」が具体的に進行しているからである。

舟山新区建設には、三つの大きな目的がある。

（一）三〇万トンクラスの大きな船舶が自由に出入りできる港の建設

というのは、上海を含めてこの一帯には、水深のある大きな港がない。このニーズに対応できる港は、寧波一港だけである。これでは増大する国際貿易に充分な対応ができない。そうした大きな港を建設して、国際貿易促進のための物流拠点を整備することである。

(二) 水産業の振興とそれにともなう食品加工の発展

実は、中国中部の沿海部は、魚など水産資源の枯渇に直面している。水産物の膨大な需要を賄うために、漁船は南太平洋などの遠方に出かけて魚を獲らなければならない。そのため多数の漁船が停泊できる港が必要だからである。

(三) 習政権が掲げる海洋権益の確保

これは日本とも利害がある部分であるが、中国の海洋権益の主要な海域は、東シナ海と、南シナ海である。この二つの海域には、水産資源だけでなく天然ガスなどの資源が眠っている。これらの権益を中国が守る場合、海軍が大きな役割を担う。もし海軍が太平洋やインド洋に出る場合、航路の確保のために二つの海域の安全を守ることが不可欠である。

舟山新区が果たす三つの機能

それらの目的を現実のものにするために、舟山新区には、以下に示す三つの機能が準備されているという。

一、シンガポールのような効率的で規模が大きい「物流施設」の建設。具体的には三〇万トンクラスの大型船舶が出入りできる港湾設備の完備。

二、香港に見られるような自由貿易港の完備で、諸外国からの多角的なニーズにフレキシブルに対応できること。

三、日本の港湾施設に見られるような機能的な製造・加工施設。これは付加価値の高い加工貿易の拠点である。

舟山新区は、この三つの機能が同時にそろったインフラ機能が完備され、三つの機能が集中する経済と貿易の「核心基地」となる。

すでに多くの外国企業が、舟山新区への参入準備を整えている。

例えば、自動車で言えば、アメリカのGE、ドイツのフォルクス・ワーゲンなどは、すでに布石を打っている。しかし日本企業の動きは鈍い。トヨダ、ホンダ、マツダなどは天津や広東には進出しているが、舟山への進出はこれからである。

しかし、中国の方針はこれからさらに加速する。日本企業のチャンスは、これからさらに広がると考えられる。

習政権のこれからの一〇年間、舟山の未来図は、たとえて言えば、東京と横浜あるいは香港と広州になぞらえる立地にあり、発展の可能性は測り知れない。ゆくゆくは、上海と舟山を起点にして、雲南省からミャンマー、インド洋、中近東までの長い距離にわたって、パイプラインが敷設されることになる。その長さは少なくとも四〇〇キロメートル余りとなる。これが完成すれば、資源確保に関して多くの利点がもたらされることになる。

10……上海自由貿易区が新経済の試験場に

舟山新区が設立してから二年目に入って、中国の新たな改革の試験場として注目を集めている上海自由

貿易試験区が、二〇一三年九月二九日、正式に発足した。中国政府の構想によると、上海自由貿易区の設立は、開放により改革を促す措置である。

舟山新区と隣接する同試験区の範囲には、上海市外高橋保税区、外高橋保税物流パーク、洋山保税港区、上海浦東空港総合保税区といった四か所の税関特殊監督管理区域が含まれ、その総面積は二八平方キロメートルに達する。

中国経済の発展は、質と効果を高める「第二期」に突入したと言われるが、上海自由貿易試験区はまさにその試験場となる。ここでは投資・貿易がより便利となり、人民元の兌換が自由化され、監督管理の効率が上がってより簡潔になり、法的環境が規範化され、国家開放の新たな高み、改革の新たな模範が示される。

同試験区の建設の主な目的は、中国の対外開放の新たなルートとモデルを模索し、政府職能のモデルチェンジおよび行政体制改革の加速を促し、経済成長のモデルチェンジと経済構造の改善を促し、開放による発展・改革・イノベーションの促進を実現し、複製・普及可能な経験を形成することだ。同試験区の建設は、中国の世界における新たな競争力を育み、経済成長の新たな空間を切り開き、中国経済の「アップグレード版」を構築する一助となる。自由貿易区の設立は、国家中心都市・現代化された国際大都市としての上海の都市建設を加速すると思われる。

試験区の各業務を全面的かつ効果的に推し進めるため、国務院は九月二七日、「中国（上海）自由貿易試験区全体プラン」を発表した。同プランには、試験区建設をめぐる主な任務や措置が明確に記されている。

全体プランの注目点として、以下の四点が挙げられる。

一、「ネガティブリスト管理」――投資・貿易がより便利に

ネガティブリストは上海自由貿易試験区内の重要な革新的制度だ。ネガティブリストとは、投資分野で例外的に開放されていない分野のリストを指し、このリストに記載されていない項目は規制されないことになり、事前の審査・認可も不要となる。

ネガティブリストは、政府と市場の境界線をはっきりさせるためのものだ。つまり、政府が管理する必要がある部分を明確化するもので、政府が無制限に手を出さなくなる。同制度を採用すると、事前審査・認可における政府の権力が弱まる一方で、投資中・投資後の監督管理能力は強化する必要がある。

二、「境内関外モデル」――貨物の流通がスムーズに

上海自由貿易試験区の建設は保税区を基礎としているが、保税区では税法上は国内扱いであるのに対し、試験区では本格的な「境内関外モデル（国境内にあるが関税は外国扱い）」を目指す。

上海市人民代表大会常務委員会法制活動委員会の丁偉主任は「保税区を含む、中国の既存の税関特別管理区域は一一〇か所余りに上る。貨物が保税区に入る場合は事前申請が必要で、しかも関税は『徴収を一時留保』されるだけで、免除されるわけではない。これに対し、自由貿易試験区は『一線（国境線）を徹底的に開放し、二線（試験区以外のエリアとの境界線）を効率よく管理』との要求に基づき、貨物搬入前に申告が必要だった税関監督管理を改革し、まず貨物を搬入してから申告することを許可する。国際的慣例に合致する貨物はスムーズに入ることができ、関税障壁・非関税障壁は存在しない」と述べた。

三、「サービス業の開放」――外部競争者の参入で国民に利益

中国のサービス業の発展はこれまで、開放度の不足や国による一定の保護などにより、日に日に増加する国民のニーズを満たせていなかった。例えば資産管理面では、多くの人が銀行の預金や金融商品を選択するほかなく、インフレにともない資産価値が絶えず減少している。教育・医療面では、有名校の周辺の住宅が高騰し、有名病院にはいつも患者が殺到している。

復旦大学経済学院の孫立堅副院長は、「対外開放は、金融・観光・教育・医療など多くのサービス業に影響をもたらす。競争者が多元化することで、国民には利益がもたらされる。政策による保護の撤廃と競争意識の改善にともない、サービス業の企業も本気を出さないわけにはいられなくなり、自由貿易試験区の良い効果を十分に引き出すことができる」との見方を示す。

四、「金融革新」――全国に先駆け金利の市場化を推進

国務院発展研究センター専門家の隆国強氏は「改革開放が進み、中国の一般的な商品やサービスは、いずれも価格の市場化を実現した。しかし、資金など核心的要素の価格は依然としてコントロールを受けている。試験区がこの方面で全国に先駆けて試行を行った意義は大きい」と語る。

金利の市場化により、「法で定められた」銀行の利益が圧縮されることは間違いない。しかし試験区は金融の革新を奨励しており、金融機構の業務モデルチェンジを後押しすることになるだろう。

上海自由貿易試験区の建設は、全国的な発展戦略の必要性に着目し、全国の新たな改革開放に着目して行われたもので、イノベーションのテストケースと言える。同試験区が複製可能で、普及推進が可能な経験を積み上げ、モデルとして全国を牽引し全国にサービスを提供する積極的な役割を発揮し、各地域の共同の発展を促進することが期待される。

同試験区は「貿易の自由化」「投資の自由化」「金融の国際化」「行政の簡素化」という四つの使命を担う。同試験区建設は、二回目の「WTO加盟」とも言える。初めてWTOに加盟した時のことを受け身で世界と歩調を合わせた動きと言うなら、この二回目の加盟は、より高次元の加盟であり、全面的で先進的かつ主体的に世界と歩調を合わせる動きだと言えるだろう。

全面的と言うのは、貿易にとどまらず、投資・金融・政府の管理など多方面で世界と歩調を合わせることを指し、先進的と言うのは、小さな範囲で先行モデルを試み、これを全国に推し広めることを指す。主体的に世界と歩調を合わせると言うのは、グローバル化した経済管理という新たな情勢・局面に主体的に順応し、国際貿易投資の新たなルール・要求を主体的に受け入れ、開放によって改革・発展を促進するという新たな利益モデルや新たな優位点を主体的に形成し、全国規模の開放に先行するという新たな使命・戦略を主体的に引き受けることを指す。

同試験区は、開放によって改革を促進するものであり、未来の中国の経済発展に新たな飛躍をもたらし、中国経済が世界の経済システムによりよく参入し、国際競争によりよく参与するための着実な基礎固めを行い、また世界経済の健全な発展、貿易の自由化、国際通貨金融システムの改革にとっても積極的な促進作用をもたらすことが予想される。

同試験区は、人民元の国際化のテストケースでもある。「プラン」はリスクをコントロールできることを前提として、人民元の資本項目での両替実現、金融市場における金利の市場化、人民元の国境を越えた利用などで先行事業を行う環境作りを求める。同試験区では世界を視野に入れた外貨管理改革テスト事業を模索し、同試験区と釣り合った外国為替管理体制を構築し、貿易投資の利便化を全面的に実現していくことになる。

また、企業が国内と海外の二つの資源、二つの市場を十分に活用することを奨励し、国境を越えた資金調達の自由化を実現していくことになる。このような金融の一連の改革・イノベーションが実現すれば、オフショア人民元金融市場が形成され、人民元の国際化を加速し、中国金融システムの国際競争力を強化する上で、非常に重要な意義を持つことになる。

同試験区の建設は、上海に国際経済センター、国際金融センター、国際貿易センター、国際海運センターを建設する上で重要な推進作用を及ぼすことになる。

同試験区は今後、金融サービス、海運サービス、商業貿易サービス、専門的サービス、文化サービス、公的サービスの分野で国内外に向けて開放を拡大すると見られ、上海の現代サービス業の発展を大いに推進し、上海の「四つのセンター建設」と連動するメカニズムを形成することが予想される。さまざまな貿易の壁を徐々に取り消し、貿易自由港に近づいていく。

中国（上海）自由貿易試験区の建設は、中国が改革開放を一層深化させるための偉大な実践であり、これからの次の時期に政府の職能の転換を加速し、管理モデルのイノベーションを積極的に模索し、貿易と投資の利便化を促進するとともに、改革の深化と開放の拡大を全面的に行って新たなルートを模索し、新たな経験を積み上げるという国の重要な使命を背負っている。

設置から約一年経って、二〇一四年九月一八日、李克強総理が初めて試験区の視察に訪れた。李克強がこの試験区プロジェクトの責任者だと言われているが、設置の時も視察に来なかったし、設置以降も来ていないというのには違和感がある。

この九月までに試験区に約一万二〇〇〇社が進出したが、外資の進出は全体の一三・七％の約一七〇〇社と低調。日本も貿易会社を中心に七八社にとどまり、多くは様子見をしている。外資の評価は必ずしも高くない。

視察中、李克強氏は「政府が権力の『ダイエット』を行うことが自身の改革であり、市場に空間を生み出し、市場活力と大衆の創業、万民の創新の熱情を奮い立たせなければならない。放権後の政府の責任はさらに大きく、管理の要求はさらに高い。われわれはさらに多くの探索を進め、多くの方面で国際的リンクを促進させ、国内外の企業を平等に扱い、さらに公平でさらに開放的な環境を形成しなければならない」と強調。「試験区建設は政府自身の革命だ」と強い決意を示した。

この一年、規制緩和は大きく三つの分野で行われた。

一つ目は、外資企業向けの投資環境整備。中国で初めて投資禁止・制限項目を明示した「ネガティブリスト」が作られた。これ以外は原則投資が解禁される。リストの項目は開設当初一九〇あったが、七月には一三九に減った。

家庭用ゲーム機の製造・販売解禁措置を受けて、ソニーは「プレイステーション4」の投入準備を進めている。

二つ目は、企業設立や通関などの制度の刷新。企業設立は簡単になり、通関時間は平均三〜四日短くなった。

三つ目は、金融の自由化。人民元と外貨の国際管理制度が導入され、国際展開する企業がグループ企業内で資金を融通することが可能になった。

この一年での規制緩和は大きな成果と言えないのだろう。中国経済専門家によると、規制緩和が進まないのは、「〔外資進出で打撃を受ける〕国内企業と監督官庁が反対しているため」。中国指導部と上海市は「抵抗勢力」を打破しなければならないが、試験区に与えられた期間は三年。時間はあまり残されていない。

この大型の試験区で実施することは画期的なことであると言われている。李克強氏は、試験区で行った規制緩和措置を「コピーして、全国に広げる」と宣言している。環太平洋戦略的経済連携協定（ＴＰＰ）加入などを視野に、国際基準の企業環境を創り出そうという挑戦的な試みだ。

二〇一四年一二月、中国政府は、現在上海で試行している、貿易や投資の規制を大幅に緩和する「自由貿易区」を、天津市（直轄市）と福建省、広東省に新たに三か所設ける方針を決めた。市場の対外開放が加速することを期待されている。

11……新首都圏構想

中国政府は、北京・天津・河北省で一体の経済圏を築く「新首都圏構想」の検討を本格化している。上海など揚子江デルタ、広東省中央部の珠江デルタと並ぶ広域経済圏として、今後の経済成長の柱とする構想だ。外資系企業の中国進出計画にも影響を与えそうだ。

新首都圏構想は、北京市・天津市と、河北省の石家庄・廊坊・保定・唐山・秦皇島・滄州・衡水・張家口・承徳九市を合わせた一一都市の総称。総面積は北朝鮮の国土に匹敵する約一二万平方キロメートル、総人口は約九〇〇〇万人で、この地域を新たな首都経済圏として一体化し、広東省の珠江デルタや上海市

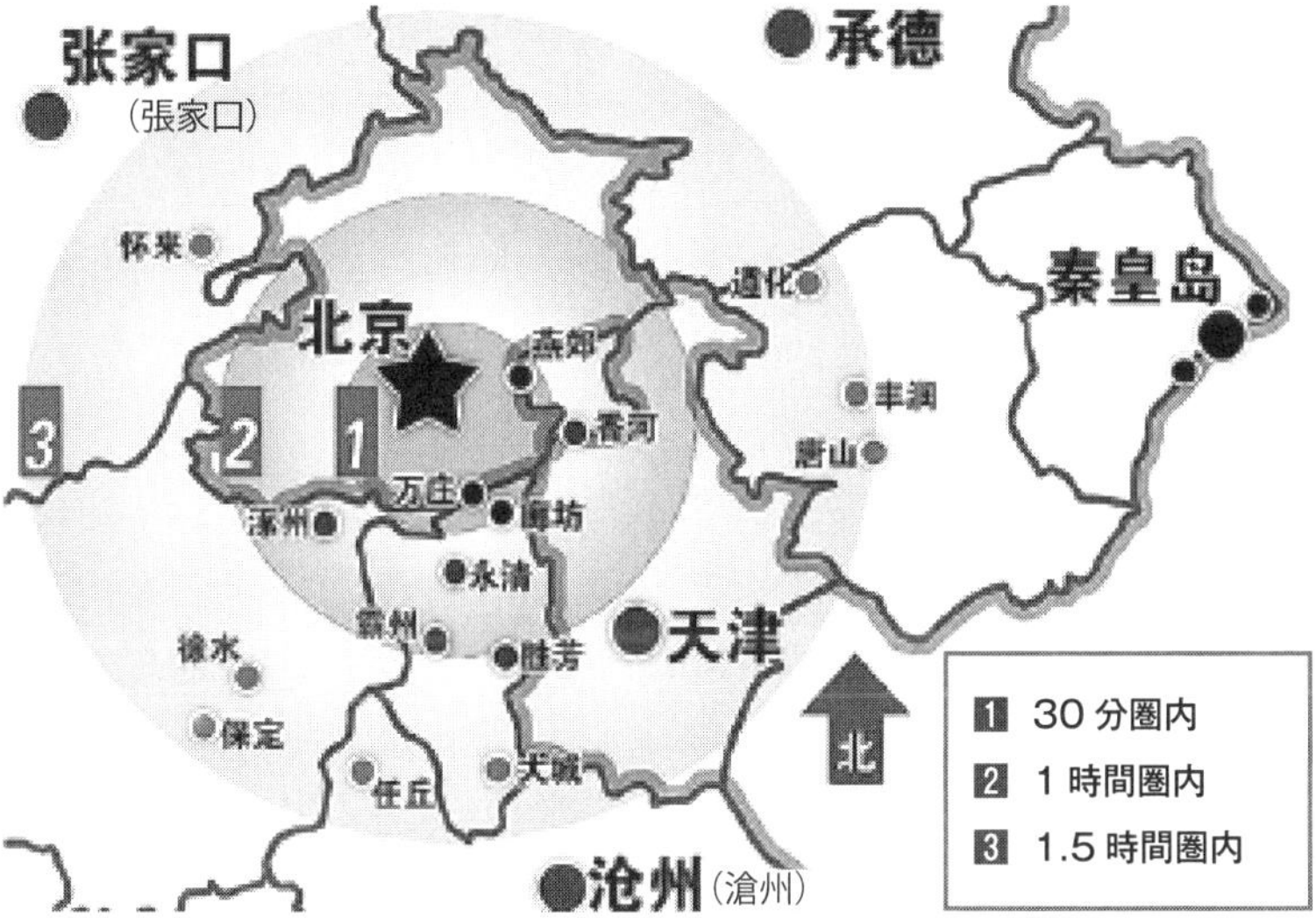

北京との通勤時間

周辺の揚子江デルタに比肩する地域として発展させる構想が「京津冀（「冀」は河北省の略称）一体化」構想だ。

「新首都圏構想」の行政区分を見ると、海からやや離れた場所に北京市があり、その南側に渤海湾に面した天津市がある。北京、天津市を河北省が大きく取り囲んでいる。

新首都圏構想は北京と天津の二大直轄市を擁するが、珠江デルタや揚子江デルタのような郊外都市を持たないため、河北省の広大な農村地帯に北京と天津だけが浮いたいびつな状態が続いている。一九九〇年代に北京と天津を一体化させる「大北京市構想」も提案されたものの、これは直轄市のプライドを持つ天津の猛反発で実現しなかった。今後、国家事業として京津冀の一体化を進めることで両市が足並みを揃えるとともに、発展から取り残された河北省経済の底上げを狙う意図もある。

同計画の焦点は北京から天津、河北への産業移転。金融については北京では管理を、天津では営業に重点を置くなど、各地域の地域特性を活かしながら配分する。北京市と天津市に挟まれた位置にある河北省廊坊市は、首都圏経済圏にとって「新たな副中心都市」になるという。

「新首都圏構想」は現在、中国国家発展改革委員会が骨子

を詰めている段階だが、主に「首都機能の分散」「大気汚染対策」「交通網の整備」などがポイントになると見られている。

地域内交通網を整備

北京、天津を起点とする高速鉄道や高速道路は従来、遠距離の連絡に重点を置き、京津冀の地域内交通網は整備が遅れていた。近距離都市間高速鉄道はすでに、二〇一五年開通予定の「津保城際鉄路」、二〇一七～一八年ごろ開通予定の「京張城際鉄路（京張城鉄）」など整備が進められており、前者は天津～保定間を所要九〇分、後者は北京～張家口間を約四〇分で結ぶ計画。これら鉄道網の整備が進むことで沿線にベッドタウンが形成され、通勤通学圏が拡大し、郊外の都市化も進むと期待されている。また北京市を大きく円状に取り囲むように建設が進められている全長九四〇キロメートルの高速道路「北京大外環高速公路（七環路）」が二〇一五年中に全通予定で、これらのインフラ整備により、京津冀の都市間は原則二時間以内で移動できるようになる。

周辺へ首都機能を分散

北京は二一〇〇万人の常住人口を擁し、交通渋滞や大気汚染、人口増、資源不足、住宅高騰などの「大都市病」が深刻化して久しい。ビジネス中心エリア（ＣＢＤ）の拡張など解決策がすでに打ち出されているが、首都機能の分散は避けられない状態にある。

これらの問題はもはや北京単独では解決できず、一部の行政機能や研究機関、公共施設、企業などを周辺都市に移転させることで北京への一極集中を緩和する。

河北省は北京市を取り囲む大規模な省として、北京・天津の資源やエネルギー、生態環境、ひいては政治の支えとなり、またヒト・モノ・カネが大都市に吸い取られる「ストロー効果」によって、かつては環首都〝貧困〟圏となった。しかし現在は、この地理的条件を活かして首都の産業と機能を移転する受け皿となることで、北京経済のスピルオーバー（拡散）効果による発展水準の大幅上昇を目指している。これにより、省の科学的発展や住民生活の改善、経済の活性化を促す構えだ。

河北省政府は二〇一四年三月二六日、保定市と廊坊市に、行政機能や高等教育・研究開発（R＆D）・医療各機関、物流基地などを誘致すると明らかにした。河北省の趙勇・常務副省長は、環首都経済圏に向けた第一歩として、河北省の市外局番を北京市と同じ「０１０」に変更することを明らかにした。さらに一～二年で、高速鉄道、軽軌鉄道、地下鉄、高速道路などの交通施設を立体的に建設することにより、名実ともに三〇分経済圏を作り上げるという。趙氏は、二～三年で北京市と河北省は一体化の時代に入る、との見方を示した。

さらに、「自由貿易試験区」（自貿区）指定を目指す天津市浜海新区で世界最大規模の金融特区建設を進めるほか、エコロジーや次世代エネルギー産業などを発展させる計画も目白押しとなるもようだ。

大気汚染対策も一体化

京津冀は全国で最も大気汚染が深刻な地域として悪名高い。中国の環境保護部（環境省）が毎月発表している国内七四都市の大気汚染状況に関する調査では、河北省が毎回、ワースト一〇の半分以上を占め、京津冀の一月あたりの大気の質が基準値を超えた日数は平均七〇％以上となっている。

これまでは各市が独自に自動車の総量規制や汚染物質排出規制などを打ち出してきたが、今後は行政単位の枠を超えた情報プラットホームを構築し、共同で対策に乗り出す。

中国人民大学の区域と都市経済研究所の孫久文所長は、「北京に最も適している産業は、科学技術、文化、教育、医療、金融」と指摘。「これらの産業は北京に残してよいが、伝統的な卸売業や物流関係の産業は、市場メカニズムに基づき、北京外に移転してよい」と主張した。

北京と周辺地域の今後について、北京市内でＩＴ関連企業などが集中する中関村（海淀区）の天津浜海新区への移転が取りざたされている。北京大学首都発展研究院の李国平院長は、「北京の毎年の経済成長のうち、中関村は二割程度を占めている」と指摘。そのため、中関村の産業全体を他地域に移すのは非現実的で、「北京は本部として研究開発を行う。新たな成果の応用、ハイテク産業の製造部門は天津や河北に移す」との考えだ。

天津市の浜海新区については中央政府・国家発展委員会が新たな金融センターを作ることを認めた。区域科学協会の楊会長は、金融においても北京と天津の役割分担が行われると説明。北京市では「金融業の核心機能」を、天津市では「金融業の市場機能」を発展させる。

李国平院長も「北京市では金融管理の分野で比較的多くを担う。天津市は金融の営業の分野だ。北京と天津が共同で、国際金融センターを形成することを目指す」と述べた。

河北省も、「首都圏経済一体化計画」の恩恵を受けることになる。まず、同省廊坊市、燕郊鎮などに、首都第二空港が建設される。空港建設にともない、北京からサービス業が進出することになる。

河北省の趙勇・常務副省長によると、世界的に見て、首都圏経済圏は国の地域経済できわめて重要な位置づけにある。例えば、韓国のソウル経済圏は韓国経済の六七％を占める。一方、北京の首都圏経済圏は中国経済のわずか一〇％で、発展の可能性を大いに秘めている。中国経済において環渤海地域が、これから五〇年間の「成長の極」（Growth Pole）になると指摘する趙氏。首都圏経済圏が構築されれば、首都の優位性と経済波及効果が一層強まり、北京市・天津市・河北省の発展水準が飛躍的に高まることが期待されるという。

12……10年後、中国は五つの分野で世界大国へ

中国の今後一〇年の未来予測

二〇一八年、中国のGDPアメリカを抜いて世界最大へ
二〇一七年、世界最大の「消費大国」へ
二〇二〇年、世界最大の「製造大国」へ
二〇一八年、世界最大の「投資大国」へ
二〇二〇年、世界最大の「金融大国」へ
二〇二三年、中国・アメリカの二大国時代へ

まずは世界最大の「消費大国」へ、そして「貿易大国」へ

中国の経済成長は、なんとか年率七％くらいは続くと思われる。それは消費拡大で支えられているが、それを担うのは、年収一〇〇万元を超す中間層である。中間層は二〇二〇年までに四億人を超える。この数字は年ごとに増大していく。そして、都市部を中心として膨大な消費マインドがさらに高まる。

今、中国では人口の都市化が政府の政策として進められている。現在、都市人口比率は二二・九％だが、政府の予測として二〇三〇年時点で約七〇％になると考えられていて、一〇億人以上が都市生活者になる。

世界一の貿易大国となった中国（2013年実績）

単位：10億ドル

	輸出		輸入		輸出入計	
順位	国	金額	国	金額	国	金額
1	中国	2,210	米国	2,331	中国	4,160
2	米国	1,579	中国	1,950	米国	3,910
3	ドイツ	1,453	ドイツ	1,187	ドイツ	2,640
4	日本	715	日本	833	日本	1,548
5	オランダ	664	フランス	681	フランス	1,261
6	フランス	580	英国	654	オランダ	1,254

（注）なお、中国の1978年輸出入総額は206.4億ドルで世界第27位だった。
（出所）WTOデータより作成

これが消費を大きく押し上げることになる。

消費額は、ドル換算で二〇一〇年時点で二兆七〇〇〇億ドルだったが、五年後の二〇一五年には七兆ドルに上がる。これは米国に次ぐ世界第二の数字である。この数字は、二〇二〇年に一四兆五〇〇〇億ドルとなり、そして二〇二五年には消費額が米国の一・一五倍になる。

これによって中国は、ついに米国を抜いて真の世界最大の「消費大国」になると予想される。

消費を支えるのは前述した中間層だが、広く見れば都市人口の推移である。

中国の都市人口は、二〇三〇年に一〇億人を超える。なんと総人口の七五％に相当する。この数字は米国の人口（約三億人）の三倍以上、ＥＵ（欧州連合約五億人）の倍に相当する。

中国の中間層の購買能力は、農村部の三倍に達している。

そうした旺盛な購買力は、必要とされる商品が常に不足気味になるので、自ずと輸入が拡大している。輸入額は二〇一〇年に一兆三九〇〇億ドルだった。この数字は世界貿易額の九・一％を占める。この時点でアメリカの輸入額は一・九兆ドルで、一二・六％を占めていた。が、中国の輸入額は、二〇一五年までに一〇兆ドルを超える。この数字は世界貿易額のほぼ一五%を突破して、すでにアメリカを抜いている。

これによって中国は、世界一の「貿易大国」になると予想される。

世界最大の「製造大国」へ

製造分野ではどうなるのか？　製品として自動車をはじめ、新幹線を含む鉄道車両、航空機などが主だが、ジャンルとしては、重工業、ＩＴ・半導体、バイオ技術などがある。二〇一五年には、中国の製造比率は世界全体の八%、これが二〇二〇年には一五%を占めることになる。

こうした分野の企業数は、世界トップ五〇〇社のうち中国における二〇一一年度は六九社だったが、二〇二〇年には一二〇社に増える。この数字はアメリカを抜いて世界一位となる。さらに二〇三〇年には、五〇〇社の世界ベスト企業のうち六五%が中国企業になることが確実である。

これによって中国は、世界一の「製造大国」になる。

前記の諸点を改革すれば、日本を含む各国にとって、実に大きなビジネス・チャンスと利益をもたらすであろう。

世界最大の「投資大国」へ

もう一つ、中国が「投資大国」への道筋を描いた壮大なプランがある。

例えば、鉄道の国際路線建設が考えられる。

中国では、国内の高速鉄道（新幹線）はすでに二万キロに達しているが、これからの公共的な交通インフラの整備を考えれば未曾有の予算が必要である。さらに高速鉄道の海外輸出、例えば中東や南米との連携による海外での鉄道建設の計画が進んでいる。少なくとも二〇二〇年には、さらに二万キロに達するだろう。これは大型インフラ設備の輸出に拍車をかけるだろう。

さらに中国には、これまで考えられないほどの壮大無比の鉄道計画が進んでいる。それは、中国を含むアジア全域を網羅する国際的な高速鉄道網という計画である。南はインドネシアのジャカルタから、シンガポールを経て、北に向かうルートとしては、マレーシア、タイ、そして中国雲南省の昆明に至る。その先は、四川省、重慶、陝西省の西安から、ウルムチ、そして最終的にはヨーロッパに至る。一方、東向きのルートとしては、シンガポールで分岐して広西自治区の南寧さらに中国を北に向かって進み、北にロシアのシベリア、分岐して東アジアから韓国、日本に通じる。規模としては、地球を半周するほど巨大なものとなる。この壮大なプランは、もちろん中国だけで実現できない。したがってアジア各国による国際的・未来的な超ビッグ・プロジェクトとなる。

このプロジェクトによって、中国でかつてない規模の投資が現実のものとなる。これがすなわち「投資大国」への具体的な道筋を示すものである。

注目したい大問題としては、そうした経済規模の「大国化」を裏づけるものとして、中国の通貨「人民元」の国際化があげられる。二〇一四年三月時点で、中国の外貨保有額は三兆九五〇〇億ドルに上る。日本より二兆八五〇〇億円多く、世界の外貨保有総額の三分の一を占める。これを受けて「人民元」の国際化が進めば、中国が「金融大国」となる道筋が開ける。

また二〇一五年には、歴史的な転換点を迎えるかもしれない。中国の対外直接投資の実行額が、海外からの対中直接投資の実行額を初めて上回り、「資本の純輸出国」に転じる可能性が高くなったのだ。対中直接投資実行額（金融分野を除く）は、二〇一四年は、前年比一・七％増の一一九五億六〇〇〇万ドル（約一四兆二三〇〇億円）だったが、対外直接投資の実行額は一四・一％増の一〇二八億九〇〇〇万ドルで、その差は一六七億ドル弱まで縮まっている。二〇〇七年は約四・四倍の開きがあったが、七年間でその差は縮まり、ついに逆転に至ったのだ。

世界最大の「金融大国」へ

国際通貨基金（ＩＭＦ）の統計などによると、中国の対外純資産は年々増え続け、二〇一三年末には二・〇六兆ドルに達し、日本の三・二五兆ドルに次ぐ世界第二位の規模となった。予想される中国における資本取引の自由化の進展を合わせて考えると、チャイナ・マネーは国際金融市場の動向を左右する要因としてますます重要になってくるだろう。

また、政府による後押しもあり、中国の対外直接投資の規模も急増しており、フロー・ベースでは日本の水準に近づいてきている。また、米国債の保有をめぐる状況を見ると、中国は世界で最も多く米国債を保有する国であると同時に、中国の外貨準備高に占める米国債の割合も三割以上を占めていることがわかる。中国は、日本に次ぐ世界第二位の純債権国として浮上している。今後、資本移動の自由化が進むにつれて、民間資本による海外へのポートフォリオ投資も増えると予想され、国際金融市場におけるチャイナ・マネーのプレゼンスは一層高まるだろう。

中国では、経常収支だけでなく、資本収支も実態ベースでは黒字基調を続けている。この「双子の黒字」の累積を背景に、外貨準備は年々増え続けている。その規模は、二〇一四年三月末時点で、三・九五兆ドルと日本の約三倍に上り、世界一位となっている。

野村資本市場研究所シニアフェローの関志雄氏の分析によると、中国と日本はともに巨大な純債権国だが、対外資産と負債の構造が次の点において大きく異なっている（図表参照）。

まず、資産の面では、日本の場合、民間による証券投資のウェイトが高いが、中国の場合、政府による外貨準備の運用が中心となっている。二〇一二年末、中国の対外資産のうち、外貨準備が三・三九兆ドル

中国の対外資産負債残高（2012年末）—日本との比較—

（億ドル）

		中国		日本	
		金額（億ドル）	シェア（％）	金額（億ドル）	シェア（％）
資産		51,749	100.0	76,680	100.0
	直接投資	5,028	9.7	10,405	13.6
	証券投資	2,406	4.6	35,347	46.1
	外貨準備	33,879	65.5	12,681	16.5
	その他	10,436	20.2	18,248	23.8
負債		34,385	100.0	42,353	100.0
	直接投資	21,596	62.8	2,063	4.9
	証券投資	3,364	9.8	20,911	49.4
	その他	9,425	27.4	19,379	45.7
対外純資産		17,364	–	34,328	–

（出所）中国国家外匯管理局「2012年末中国対外資産負債残高表」、日本財務省「平成24年末本邦対外資産負債残高」より作成

に上り、全体の六五・五％を占めている。対外直接投資と証券投資は、近年増えているとはいえ、水準としてまだ低く、それぞれ全体の九・七％と四・六％にとどまっている。これに対して、日本の対外資産に占める証券投資のシェアは四六・一％に上っており、外貨準備の一六・五％と直接投資の一三・六％を大幅に上回っている。

一方、負債の面では、日本の場合、証券投資のウェイトが高いのに対して、中国の場合、直接投資が中心である。直接投資の流入は、資金提供だけでなく、技術移転を通じて中国の経済発展に大きく寄与してきた。二〇一二年末、中国の対外負債のうち、対内直接投資は二・一六兆ドルと、全体の六二・八％に上っており、証券投資の九・八％を大きく上回っている。一方、日本の対外負債のうち、証券投資のシェアは四九・四％に上っているのに対して、対内直接投資のシェアは四・九％にとどまっている。

中国政府は、通貨人民元を貿易決済や投資などで幅広く使えるように、規制緩和を段階的に進めている。二〇〇八年のリーマンショック後、米ドルへの信認が

揺らいだこともこうした通貨政策を後押しした。輸出や輸入の決済で元を使える範囲を徐々に拡大。二〇一三年、元が国境を越える貿易で使われた決済額は四兆六三〇〇億元（約七五兆円）に上り、前年に比べ約六割増えた。

現在、中国の対外貿易の一八％程度が元建てで決済されており、二〇一五年にはその割合が三〇％に達すると香港金融管理局（ＨＫＭＡ）は見ている。複数の中央銀行はすでに、外貨準備高の一部を人民元で保有している。エコノミストらは、中国、香港、台湾、そして東南アジア諸国連合（ＡＳＥＡＮ）加盟の一〇か国を網羅する「元ブロック」の出現について語っている。人民元の国際化は止められないように思える。

関志雄氏は、人民元の国際化の前提条件として、次の三つを挙げている。まず、世界経済（国内総生産ないし貿易）に占める中国のシェアが大きいことである。第二に、人民元の価値への信頼が確立されていることである。第三に、中国が整備された金融市場を持ち、かつ為替・資本取引が自由・開放的であり、居住者・非居住者が差別なく国内の金融市場にアクセスできることである。

この中で、一つ目と二つ目の条件は満たされつつあるが、中国の現状と三つ目の条件との距離は依然として大きい。特に、中国が資本取引に対して多くの制限を設けていることは、人民元の国際化の制約となっている。しかし、資本取引の自由化が今後加速すると予想され、その歩調に合わせて、周辺諸国・地域を中心に、人民元の国際化も進展していくだろう。

13……ロシアと極東地区の開発を加速

ウクライナ問題で西側七か国が集団でロシアに対して経済制裁を発動したため、日露関係も緊張状態に

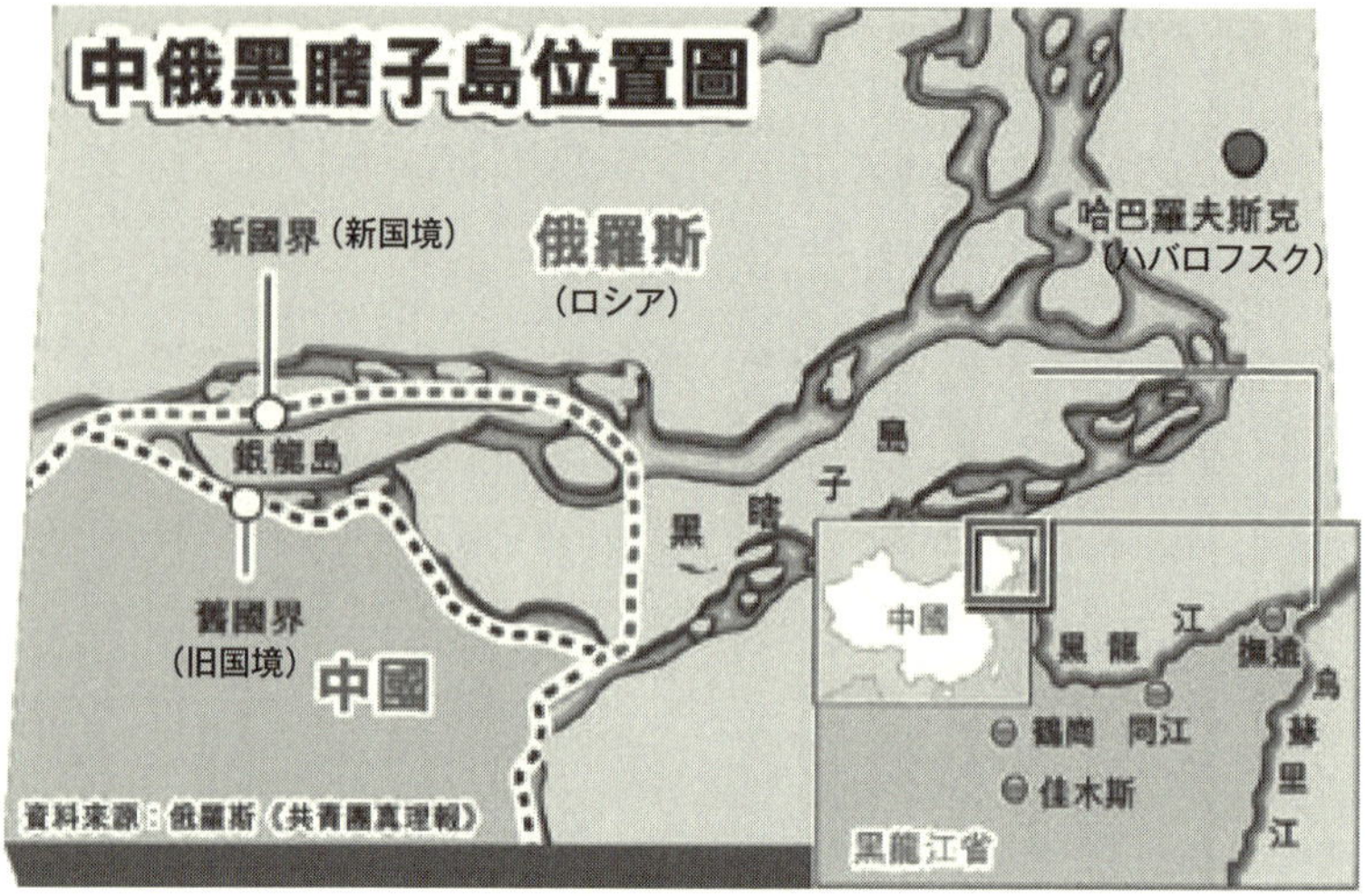

中ロ国境と黒瞎子島の位置

あり、中国とロシアは極東地区の開発を加速している。黒竜江省の中露国境にある黒瞎子島の開発を行うことになり、将来的には中露共同管理の自由貿易島を建設し、極東地区の経済の中心とする予定だ。

二〇一四年九月上旬、私は黒竜江省で中露国境貿易を取材するため、黒瞎子島を訪問した。

黒瞎子島（ロシア語、大ウスリー島）はウスリー川とアムール川が合流する位置にある島であり、面積三三五平方キロ（香港三つ分）、中国では「撫遠デルタ」とも呼ぶ。島の西半分は中国に属し、東半分はロシアに属する。「黒瞎子」の意味は中国語でクマであり、島にクマが出没することからその名がある。中国最東端に位置するこの島は、中国で最も早く太陽が拝める地である。中国の行政区画によると、黒瞎子島はすべて黒龍江省佳木斯（チャムス）市撫遠県に管轄される。一九二九年の中東鉄道事件をめぐるソ連と中華民国との武力衝突を終結する「ハバロフスク協定」で、ソ連軍は中国東北部から撤兵するという約束をしたが、黒瞎子島からは撤退しなかったため島の帰属問題になった。その後、ソ連は黒瞎子島で多くの施設、例えばアパート、教会やヴィラなどを建てた。ロシア人も島に移った。

中国側の黒瞎子島にある湿地公園

一九六四年より、黒瞎子島問題はずっと中露間の領土交渉の議題であった。二〇〇一年に「中露善隣友好協力条約」ができ、当時の中国国家主席・江沢民とロシア大統領エリツィンは、黒瞎子島をほぼ東西に分割することで原則的合意ができた。二〇〇四年にはプーチン大統領が訪中し、中露間で「中露国境東段補充協定」が結ばれ、正式に分割が成立した。二〇〇八年にロシアは中国にすべての銀竜島と黒瞎子島の西半分を返還した。

黒瞎子島は、北東アジアの中心に位置する。この島を中心として一八〇〇キロを半径として円を描くと、中国東北地区、ロシア極東地区および東シベリア、日本列島、朝鮮半島、モンゴルの一部を含み、まさに北東アジア経済圏と呼ぶべき一帯ができる。黒瞎子島デルタは中国、韓国、香港・マカオ地区、東南アジア各国とロシア極東地区の貿易合作の中心地区となることも可能だ。

チャムス市の官僚は私の取材に対し、現在、中露両国政府は共同で黒瞎子島を開発し、最終的には自由貿易島とする合意に達したと語った。自由貿易島の目標を実現するため、まずそれぞれ輸出加工区を建設し、同時に一万トン級の貨物船が停泊できる黒竜江港の建設計画を立てた。島ではビザが免除される。現在、黒瞎子島への道路橋はすでに建設が終わった。鉄道橋の建設も計画中で、鉄道、道路と西シベリア鉄道、ロシアの極東の道路網とつながれば、ユーラシアを横断する「大陸橋」となる。

中国政府はすでに高速鉄道を、中露国境五〇キロまで建設している。さらに二〇一五年には黒瞎子島付近のチャムス市撫遠県烏蘇鎮まで延長する計画だ。二〇一四年八月、撫遠空港の建設が終わり、北京・上海から直接、黒瞎子島付近まで乗り入れることができる。

中露両国政府はすでに協議を終えている。二〇二〇年には中露両国の国境貿易額は二〇〇〇億ドルに達し、黒瞎子島は貿易と産業合作の中心になる計画だ。

取材中、チャムス市の官僚がロシア側の建設の遅れに不満をこぼした。彼によると、現在チャムス市がロシアから輸入する商品は主に木材で、逆にチャムスがロシアに輸出する商品は主に野菜や日用品だという。ロシア極東地区は広い富んだ土地を持つが人口が少ない。中国側はロシアを開墾し農業の発展を助けたいと考えているが、ロシアは中国人の移民には慎重だ。中国人がこれに乗じて一九世紀にロシアに奪われた土地を占拠するのではないかと心配している。しかし最近ウクライナ問題の影響で、ロシア政府が極東地区の開発に積極的で黒瞎子島の開発が加速しているともいう。あと数年で輸出加工区、保税区の建設されれば、黒瞎子島が極東地区の経済の中心となるだろう。

14……ニカラグア大運河を掘る

多くの世界のメディアが注目するニカラグア大運河は、二〇一四年一二月二二日、ニカラグアのリヴァス市で、総投資額五〇〇億ドル（約五・九兆円）の開鑿工事が着工された。この大運河建設の巨費を出したは、意外なことに中国企業で、おまけに民間の一会社だ。

ニカラグアは中米中部にあり、地政学的に重要な位置にある。ニカラグア人の「運河の夢」は二〇〇年

前に遡る。二〇一三年、ニカラグア国会でニカラグア運河計画が採択された。二〇一四年七月、ニカラグア運河委員会は、運河プロジェクトのルート計画を裁可した。ニカラグア運河計画のアウトラインは、以下の通りである。ルートは、カリブ海側のプンタゴルダ河から、トゥル河沿いにニカラグア湖に入り、さらに太平洋岸のプンタゴルダ河口に抜ける全長約二七六キロで、その長さはパナマ運河の三倍である。水路は、底部幅員二三〇～五二〇メートル、水深二七・六メートル、水路の通行能力は年間約九一〇〇隻、通行可能な最大船舶は四〇万トンに達する。

ニカラグア運河開通後には、巨大船舶がベネズエラから中国まで航行する場合、現行に比べて二か月の時間が短縮できる。そして、上海からバルチモアまで、ニカラグア運河で往くと、スエズ運河より四〇〇〇キロ、喜望峰まわりより七五〇〇キロ短縮となる。

ニカラグア大運河開発プロジェクトは、運

河を除き、港湾、自由貿易ゾーン、リゾートゾーン、国際空港および道路まで含まれていて、投資総額は五〇〇億ドルに達する。北京の富商・王靖が設立した香港ニカラグア運河開発投資有限公司（略称HKND）が、一〇〇年間の運河の管理・運営とその他のプロジェクトの権益を確保している。

この王靖とは何者か。公開された資料によると、一九七二年生まれで、今年四二歳。江西中医薬大学で漢方医学を専攻し、二一歳で北京の昌平伝統養生文化学校の校長となった。現在、中国信威集団公司董事長（代表取締役会長）および法人代表であるが、二〇年余りにわたって企業で成功の経験を重ね、自ら董事長に就任している企業は二〇社に余る。世界三五か国と地域に業務展開し、その創設あるいは投資している企業の業務内容は、大型基礎施設、鉱業、航空宇宙、情報通信など多岐にわたっている。所有する信威集団の三四％の持ち株を計算すると、ほぼ五〇〇億元（約一兆億円）に近い数字になる。

王靖には何か隠されたバックグラウンドがあるのではないか、という声に対して、彼は何度も否定し、「私は、これ以上にありきたりな人はいないくらいの、きわめてありきたりな中国国民です。私のバックグラウンドはきわめて平凡で、北京に生まれ育ち、高官の二代目でもなければ、金持ちの跡継ぎでもなく、父親はただの一般職の勤め人で、二〇一一年に亡くなっています。母親は七〇歳ほどで、もうリタイアしています。現在は、母親、弟、娘と一緒に暮らしています」と述べている。外国メディアのインタビューに対して彼は、その財産蓄積の詳細を語ろうとはしなかったが、国際舞台では、この年若きビジネスマンに「ナゾの大幸運児」の名が呈されている。

この運河の一〇〇年単独管理・運営権を持つ香港ニカラグア運河開発投資有限公司は、王靖の語るところによれば、北京大洋新河投資管理有限公司から資本投入されている。大洋新河は、王靖の一〇〇％持ち株会社で、工商資料には、資本金は五〇万元（約一〇〇〇万円）となっている。工商資料には、大洋新河は二〇一二年に登記されており、王靖は、同社の法人代表で一人株主である。大洋新河の経営業務範囲は、投資と企業管理コンサルタント、通信設備販売、貨物輸出入など多岐にわたっている。王靖は、大洋新河は、HKNDグループの投資側であり、また現在、ニカラグア運河、クリミヤ深水港のような一〇件ほどの国際的な基本インフラ建設事業が計画中であると述べている。

情報筋によると、王靖が所在する信威集団は政府上層部高官のサポートを受けていて、今まで多くの指導幹部が信威のデモンストレーションを視察・見学に訪れており、加えて彼の下には、軍退役後にリクルートされた経歴を持つ上層幹部がいるという。現在の信威集団の上層幹部のうち、副総裁の張冀湘は注目の的である。彼は、一九九八〜二〇一三年、北京軍区の朱日和訓練基地の副司令官、解放軍訓練基地建設専門組組長を歴任し、「中国最大のサイバー戦争の草分けの一人」とされている。二〇一四年九月に退役、信威集団の副総裁に就任している。

15……習近平が明言した将来ビジョン

習主席は、二〇一三年春、海南省博鰲（ボアオ）「ボアオ・アジアフォーラム」で、アジア経済全体を視野に入れた未来図について基調講演を行った。これは先述の五分野における「大国」への成長を公に示したものである。

基調講演の骨子を要約すれば、以下のようになる。

今、アジアは世界の中で最も発展の可能性を持つ地域であり、その活力と潜在力は非常に大きいと考えている。それは不況に陥った世界経済の回復と成長をリードする重要な力となりつつある。近年において、中国は世界経済の成長に寄与する最も大きな力となっている。

一方で中国を含むアジアは、多くの困難と超えるべき試練に直面している。そのために関係するアジア各国は共同して安定を図り、難題を解決する必要が高まっている。そして共同の利益を理解して相互互恵、ウィンウィンを保障する仕組みを築くことが課題である。

とした上で、以下のような四つの大テーマを提唱している。

第一のテーマは「改革・革新」の実施である。

変革と革新を実行し、共同発展を進めるために絶えず機動力を提供する。

時代遅れの価値観を捨てて、お互いの発展を制約する従来の枠組みを打ち破る覚悟が必要である。

一方で、新しい経済発展モデルを策定、経済構造の調整を行う。同時に国民生活の改善に力を尽くす。

これらの政策実現のためにはグローバルな視点から、国際金融体制の改革を図る必要があるが、実際的にグローバル・ガバナンス実施のためのメカニズムを完備しなければならない。

第二のテーマとして、われわれは心を一つにして平和を守るだけでなく、国内外にわたる共同発展のための安全保障システムを提供する。

平和は人々の永遠の願いであるが、これが保障されなければ発展がないからである。とりわけ国の大小、強弱、貧富を問わずすべての国はこの利害を共有している。国際社会は、われわれが共有する地球村をお互いに競う合う場ではなく、共同発展を支える大舞台にすべきである。ゆえに、自らの利益を求めるあまり地域や世界を混乱させてはならない。

第三のテーマは、各国の共同発展に向けて具体的で有効な手段を提供する。

各国はお互いに補い合い、その上で自国の利益を求めなければならない。同時に他国の利益にも配慮しなければならない。南北対話と南南協力を強めて、発展途上国と先進国とのバランスのとれた発展を目指さなければならない。

第四のテーマは、お互いの開放を受け入れなければならない。

各国とも共同発展のために自国の空間を広く提供する必要が求められる。同時に各国は発展の道を自主的に選択する権利を持っている。各国はこれを尊重しなければならない。各国の多様性と差異を発展の動力に転化することが求められる。そして地域間の協力を促進しなければならない。発展に向け、各国がそれぞれの建設的な役割を果たすことを大いに歓迎する。

一方で地域外の国はアジアの関係各国の多様性と、すでに形成されている協力の流れと伝統を尊重すべきである。その上で、アジア各国とそれ以外の国の良好な関係を築くべきである。

こうした習政権の立場をまとめると、以下のようになる。

まず中国にとっては、アジア世界の繁栄と安定が不可欠であり、アジア各国との関係の緊密化が欠かせない。習近平が主席に選ばれた中国共産党第一八全国代表大会では、これからの中国の発展計画が明らかにされた。一方で中国の未来には、依然として多くの困難が立ちふさがっている。しかし中国は、改革開放を絶えず実現していかなければならない。これが習主席の確固とした方針である。

それを実現するために中国は、近隣諸国と平和な関係を求め、ともに発展していかなければならない。これが実行できれば、中国は、今後五年間で輸入額一〇兆ドルを達成するだろう。対外投資規模は五〇〇〇億ドル。海外旅行者は四億人を超える見通しとなる。したがって、中国が発展すればするほど、アジアならびに世界に対して発展のチャンスがもたらされることになる。そのために中国は、貿易・投資の自由化を一貫して提唱していくことが必要であり、そのためには国際関係の平和維持が欠かせないのである。

言うまでもなく、中国は国家主権、国の安全、領土保全を断固として守るだけでなく、周辺諸国との平和的な関係を基礎として、特にアジア地域の安定という大局を守る。周辺諸国との平和維持と中国の国家主権の堅持は矛盾するものではない。むしろ、これを両立してこそ、平和維持が実質をともなうものとなるのである。

周辺諸国とのウィンウィンを実現するための世界の平和的な協力は、終わりがなく次から次へと新しい出発点がやってくる。この姿勢に立って中国は、アジア諸国のみならず世界の国と人と手を取りあって前に進みたいと絶えず考えている――。

中国の発展は、この宣言の実現にかかっていると言えるだろう。

16……徹底予測「20年後の中国」

1、「中国は世界一の経済大国となる」

全世界の企業データ分析とコンサルティング・サービスを行っているアメリカのＨＩＳ社は、中国経済は二〇二四年にはアメリカを追い越し、世界一の経済大国という桂冠をつかむと報じている。ＨＩＳが、ロンドンで発表した報告書では、二〇二四年、中国の「名目国内総生産（ＧＤＰ）」は、二八・二五億米ドルに達し、同期のアメリカ二七・三一米ドルを超えるだろう、そして中国の全世界におけるＧＤＰ比率は、一二％（二〇一三年）から、二〇二五年には二〇％に上昇するとし、さらに二〇三四年には、全世界に占める中国のＧＤＰの割合は、三〇％に達し、その時には、中国人一人あたりの収入は、アメリカ人の半分、二万五〇〇〇米ドル以上（二〇一四年は約九〇〇〇米ドル）となる、と発表している。

2、「中国は世界最大の消費大国になる」

消費者支出は、中国経済成長を引き上げる主たる原動力である。今後二〇年内に、中国消費者の年平均支出の成長率は、七・七％に達するだろう。二〇二四年になると、中国消費者支出水準は、現在の三兆米ドルから一一兆米ドルとなり、同時に、中国の年間輸入消費物資総額は、三〇〇〇億米ドルに達する。これは、中国経済の構造調整とアジア太平洋地域経済繁栄にも寄与し、中国を、世界第一の消費大国とするものである。所得水準上昇により、中国の家庭は、医療とリタイア後の準備の預貯金比重が減って、より多くの金が日常支出に回されるようになる。

3、「都市化への進展行程」

今後二〇年、都市化は依然として中国社会変遷の主題となる。二〇三〇年には、六〇％以上の人口が都市に生活し、中国改革の主軸は経済発展であり、その経済発展の主要な推進力は、都市化への進展行程である。したがって、都市化は依然、中心的役割を演じており、都市化というものが、単に八億の農民が都市に出て、そこで生活を営むということを意味しているのではなく、さらには、人口集住と都市消費力を中心とする生活様式が、中国の津々浦々にまで浸透することを意味しているのである。

都市と農村の接合部、「地級市」「県」「中心郷鎮」が都市化の主戦場となり、県および郷鎮住人の消費レベルがアップし、将来企業にとり、重要な商機を創造するだろう。すなわち、地級市を中心にして、各郷村に根を生やしたサービス業のビジネスモデルをチェーン展開すれば、爆発的な成長が見られ、そこには、巨大なビジネスチャンスが胚胎するだろう。

4、「グローバル化と中国の勃興」

世界の一体化は、当今、世界の主潮流であり、この先二〇年には、中国もグローバル化への流れを加速して、国際政治・経済・文化などの領域における地位は不断に向上していき、中国の経験が、さらなる影響力と前例的価値を有して、将来のグローバル化は、中国勃興のグローバル化、あるいは、中国の勃興がグローバル化推進の重要な原動力となるだろう。

貿易摩擦、為替問題、資源争奪、金融安定、局部的軍備競争は、中国がさらに一歩進んでグローバル化する際の憂慮となるだろう。

5、「中国の資本力はさらに増大する」

今後二〇年、資本効率と資産管理水準のたゆまぬ向上により、資本においては、中国の役回りがいよいよ重要になっていき、中国の資本主義的色彩は、ますます濃厚になっていく。金融市場の規範、地下金融のクリーン化、民間投資の規模拡大、民間資本の肥大化は、この先二〇年の金融発展におけるテーマとなっている。

中国は、急速度で目覚ましい規模の民間金融財団を形成して、中国金融市場の一大勢力となし、この力を国家資本とあわせて絶大な影響力を備えた中国資本を形作り、この先二〇年内に局部的な金融戦争を発動し、国際金融において無視できない構成部分になるであろう。

6、「政治はもっと民主化し、制度はもっと科学的に」

この先二〇年、中国の政治改革は深水部に入り、前進には困難は多いが、前途には陽も差している。

経済の発展と安定を考慮するという前提で、県一級政府が改革の突破口と着地点となり、県のトップでは、民選自由投票選挙を実現するだろう。役人の権限はもっと削減され、公務員はうまい汁が吸える管理型職業ではなく、一つの安定した奉仕型の職業になる。

司法は、相対的な独立を得て、地方政府の権力拘束を受けることはなくなる。民衆の司法に対する信任度は上る。中国政府の世界におけるクリーン度ランクが、三〇位（二〇一四年度は八〇位）以内に入る。

中国共産党は自己規制を強化したとはいえ、依然として、中国唯一の大執政党ではある。国民の民主意識の高まりによって、その民主化訴求はますます増大し、検察員や裁判官の員数は倍増するだろう。大量の若者が留学から帰国して、西側民主思想に染まった「〇〇後世代」（二〇〇〇年代に生まれた世代）や「一〇後世代」（二〇一〇年代に生まれた世代）は、中国共産党の最大の政敵となるだろう。

7、「健康が社会問題となる」

この先二〇年に、中国国民の半数以上の人々が、健康状態に悩まされることになるだろう。健康問題はますます大きな問題となり、病院の需要は拡大する。中国人の健康状況は今後二〇年に急激に悪化する。

中国の粗放型加工産業経済は、沿海部の生活環境を破壊した後、内陸部に移動する過程で、もともと脆弱な環境に多くの負担をかける。さらに二〇年が過ぎると、五〇年間という長期間の汚染物質の累積と環境の持続的悪化とによって、中国は、その三分の二の国土が生活不適地となる。環境汚染残留物を含む食物の人体摂取によって引き起こされる病変が、主要な罹病原因になる。

二〇三〇年、「八〇後世代」（一九八〇年代生まれ）の人々が中高年に達するが、彼らの多くは、成長期に受験勉強で身体鍛錬が不足し、働くようになってからは、クルマの購入や住宅購入で身を削っているので、この世代の人々の健康状況は、最も憂慮される世代となるであろう。

今後二〇年、中国の老齢人口は、三億人を突破して、彼らの健康状況も楽観が許されず、こうした要素が、健康を重大な社会問題にさせ、これと関連する医療サービス、医療保険制度、食品の安全、水資源の確保と安全が引き続き社会のホットスポットとなっていく。健康が、社会問題となる所以である。

8、「老人介護問題が、深刻な社会問題となる」

一九七〇年代に始められた計画生育政策（一人っ子政策）の結果として、二〇二〇年前後には、きわめて大きな弊害、逆ピラミッド型の人口構造が現出し始める。老齢化が加速し、「五〇後世代」（一九五〇年代生まれ）や「六〇後世代」（一九六〇年代生まれ）たちが、老人介護の必要な状態となる。しかし、国の社会保障費の赤字が絶え間なく増大していることなどから、国は、定年年齢を五年から一〇年先に引き伸ばす可能性が強い。その雇用の確保が重大な問題となるだろう。

9、「中国が世界の高度製造センターとなる」

中国の製造業の強みは、絶えずその労働集約性を高め、またその体系化も整備し、「他人のためにウェディングドレスを作る」という加工行程の中から、大量の技術経験を累積してきたことにある。

今後二〇年、小商品・衣料品などの初級的生産品の加工製造は、段々に縮小されて、電子・マイクロエレクトリック、自動車、航空機、高速列車、医薬、人工知能、新エネルギーなどの領域において、中国は世界で重要な役割を演ずることになるだろう。資本、技術、人材、環境、組み立て、産業クラスターなどの力の結集によって、中国は、チップ、消費電子製品、通信設備、高速列車、ユビキタス・ネットワーク、ソフト開発などの最前線領域において、いくつもの世界的ハイテクおよび先端製品の製造センターを誕生させるだろう。こうして、二〇三〇年には、中国製造の付加価値度は、世界の前列に参入することになろう。そしてまた、初級的加工の産業構造は根底的に改変されるだろう。この先二〇年、中国の製造業は世界をリードする。

10、「強大な電子商取引の産業クラスターを形成」

中国の電子商取引は、大量の対外貿易企業のサポートにより、すでにきわめて迅速な発展を見たが、現在、国内外の商取引は、さらにより多くが電子商取引に依存しつつある。物流体系および金融連携の整備にともない、中国電子商取引の先行きは、猛進撃が予想され、強大な電子商取引の産業クラスターが形成され、アリババ社のような巨大電子商取引企業（二〇一三年度、アリババ社の売上高は二四八〇億米ドルに達した）が、複数社出現するだろう。

電子商取引の領域は、今後ますますホットになってゆき、中国の小売業および市場・スーパーなどにきわめて大きな影響をもたらし、伝統的な市場・スーパーは、強大な衝撃を喰って、末端的役割を演じさせられるだろう。すなわち将来、デパート、マーケット、スーパーなどの機能は、漸次、商品販売から、製品体験や顧客サービスという末端的機能に転化していき、商品販売は、主にインターネットによってなされることになるだろう。

11、「中産階級の利益は無視される」

今後二〇年、中産階級は、西側社会では没落に向かうが、まだ中国では増加する途上にある。中産階級を代表する生活様式の価値観の普及は一巡したが、品格の追求、情緒の洗練、感性の重視などの中産階級的な生活様式は、なお続いており、かつそれは、最も幸せな階級になるだろう。一方で、中国中産階級の国民的な連帯意識は非常に低く、国のために何事かをなすという意思もきわめて低く、自由生活を追求する考えが非常に強い。

その増大にともなって、中国中産階級が、自分たちの社会的影響力と発信力を強めようとする一方で、生活の充実を追求するが、向上しようとの努力をしなくなる。そして国家は、特権階級と弱者層の利益を優先的に考慮することによって、中産階級の利益は無視するようになる。

中産階層の海外への流出はさらに増加し、また海外旅行でのショッピング人口も爆発的に増加し、毎年、四億を超える中国人が海外旅行をするようになる。そして中国人は、世界の高級ブランド品の消費市場の最大の救世主となり、また、世界各地の不動産の最大のオーナーとなるだろう。

12、「環境は極端に悪化する」

中国の環境破壊の酷さは、想像を超えるものとなる。くりかえされる極端な異常気象、西南地方の広範囲の旱魃と夏の壊滅的洪水が、その確かな証拠である。北方の砂漠化、全国的な清水資源の枯渇、固形ゴミの処理、個体廃棄物汚染は、逼迫した状態になる。

この先二〇年、中国の環境汚染はさらに悪化するが、その主原因は以下である。
一、中国のＧＤＰ経済決定論によって、ＧＤＰと環境を交換するような粗放型経済が、なお長期的に存続する。
二、基層指導幹部の管理水準の低下で、環境に対する責任意識が欠乏し、官職のために手段を選ばない。
三、中国経済の産業構造は、環境に良くない工業企業への依存度が高すぎるが、これは国の意思決定層が産業機構の調整と経済発展方式の転換を推進過程中に、左右を決することは難しく、あえて踏み込んでいくことは厳しい。しかし、環境保護が、かけ値なしの長期のスローガンとなっており、そもそも、これは現在の中国内部の利益集団によるゼロサムゲームの必然的結果なのである。

この苦境脱出には、ただ一つの道筋しかない。それは、環境指標の各段階審査官権限を一票でも否決できるように増強することである。しかし、本項措置実施結果として、環境保護データの偽造が乱発され、環境問題が以前と変わらずますます深刻になる可能性もきわめて大きい。

13、「資源価格の安定維持、相対価格の下降」

世界のクリーン・エネルギーに対する研究開発が新しい発展段階に入るにともない、代替エネルギーが増加し、インフレ要因が取り除かれ、伝統的な資源の価格は安定維持されるか、または価格下降現象が生まれ、世界の石油価格は、この先一五年内には下降傾向となり、石炭は三〇年以内に歴史の舞台から撤退し、金属の代替品はますます増えていって（貴金属やレアメタルは含まれない）、価格も下降する。

唯一、価格が上昇するのは、医薬原料で、特に遺伝子類薬物の生産原料である。今後一〇年内に、人類は、本当の意味の遺伝子治療薬物の開発に成功するが、これは、医学界で最も革命的意義を持つニュースで、これにより人類の疾病治療は遺伝子時代に突入し、患者個々人に特化した精密治療法が現実となるだろう。このため、遺伝子薬物原料の需要が爆発的に成長し、その価格は不断にかつ大幅に上昇するだろう。伝統的薬物も品質のグレードアップが加速され、副作用が徹底的に排除されるだろう。

14、「物価は引き続き上昇する」

この先二〇年、中国は相変わらずまだ人口成長期にあって、人々の生活水準に対する要求はますます高まるので、中国の物価は、特に食品の価格が、なお上昇し続ける。

主要な穀物や野菜以外の農産物、例えば乾燥唐辛子、生姜、緑豆、ニンニク、一部の薬剤などの価格は、現在、中国では根本的にコントロールがきかない。その主たる原因は、都市化の過程で大量の農地が工場や住宅用地に転用され、また農民が都市労働者になっているためで、これらの農作物の需給バランスが崩れ、価格が暴騰しているからである。これらは、さらに値上がりし続けるだろう。

15、「都市抵所得者が、社会犯罪の主体となる」

中国の都市化進展の加速にともない、都市貧困人口の数は農村を上回り、本当の意味の絶対的貧困層が生まれる。これらの都市貧民は、コストの高い都市に生活しており、生活の資源は自分の労働所得であり、一旦失業すれば、すなわち生存の危機となる。彼らは、低付加価値の簡単な仕事に就いているため、常に、仕事を他人に替えられるリスクがある。彼らは長期にわたる生活不安定のために、結婚できないことから、その多くが、犯罪の道に追い込まれ、窃盗・強盗・強姦など犯罪行為の主要な実行者となる。

16、「結婚できない男性が増大し、社会の不安定化の要因になる」

中国の長年の男尊女卑思想が、中国の将来の男性に高い代償を払わせることになるだろう。すなわち、国の計画生育政策（一人っ子政策）によって、女の子の胎児は人工流産させるという事態が発生したため、結果として男子人口率が増加するという残酷な現実を作ってしまった。

中国の男女の出生比率は一一六対一〇〇か、これ以上であり、将来的に三五〇〇万か、それ以上の膨大な結婚できない男性が出現する。これは中国では、真に一大社会問題となる。

さらに、その必然的結果として、社会の不安定要素が増加する。つまり犯罪率が増え、男子の婚活コストが増大し、性産業が持続的に発達し、性伝染疾病罹患率が高まり、エイズの蔓延の可能性を高まり、離婚率が上昇する。一方で、その結果として皮肉なことだが、男尊女卑観念の一部が是正されることにもなる。つまり、結婚の倍率が上がることによって、女性に対して既婚／未婚を問わなくなるとか、年上の女性との結婚も一般化するといったことが予想されるからだ。

17、「水資源は、急速に不足し、水の価格は急騰する」

中国の地表水は破壊されつつあるため、飲料水は大問題となるだろう。黄河の断流に引き続き、中国最大の河流である揚子江も断流に直面している。

冬期、中国が降雨の少ない季節に入ると、多くの地区で、飲む水がなくなるという事態に陥る。したがって、水の浄化と水の管理は、今後二〇年の社会で最も注目を集める業種となり、飲料水価格は、ますます上昇を続け、富める者は清水を飲み、貧しい者は汚染水を飲むようになる。

もし今後、中国の淡水資源を本格的に保護せずに、重要な流域において、製紙・化学工業などの重汚染企業を徹底的に規制しなければ、その結果は想像するまでもなく明らかである。

18、「中国は世界を震撼させる金融ホットマネーを形成して、世界各地に金融的波乱を巻き起こす」

この先二〇年、中国の資本は「海外進出」して、国際社会で重要な役割をこなし、産業資本の役回りをアフリカ・南米で展開する。また強大な投資資本となって、世界の金融市場を転戦する。

中国金融界の人材は、飽和状態ないしは過剰になるにともない、外為や傍流商品先物相場などの金融市場で力を発揮し、華々しく壮観な金融激動を形成する。

19、「住宅の品質問題が、国民に巨大な負担を押し付ける」

二〇世紀以来、中国の分譲住宅の建築品質が年ごとに低下していることは、知る人ぞ知っている。近年、家が傾いたり崩れたりする事件が頻発しており、建物の建築品質問題が、指弾され続けてきた。

不動産屋は、一方で自分の高額利潤を確保しながら、片方では、並外れた税負担を負い、さらに大金をはたいて、各級の役人それぞれの袖の下に入れてやるので、どうせ皆、家は買っても投資に回すのだからとばかりに、建物の建築品質を犠牲にしている。汶川地震では学校の校舎が倒壊したが、あの建物には基礎がなかった。

中国人の大多数は、家を建てるためにたいへんな努力が必要であり、家に欠陥があった場合、重大な負担となる。しかし、近ごろの新築分譲住宅の使用寿命は、楽観的に見積もっても三〇年を超えてはいない。

近年の火災の頻発を考えると、将来、中国の家電製品はもっと増え、電気使用にはさらに増加する。しかし中国製の配電器具には品質に問題があって、老化が激しく、電線の老化によって引き起こされる火災が、ますます多くなっている。したがって、電気需要に耐えられない可能性が高い。

このほか、建材の低品質という問題もある。これらの要素が合わさると、この先二〇年、住宅が甚大な社会問題となっている可能性がある。

20、「法制治国の目標は、基本的に実現する」

物権法の発布は、法曹界における重要事件とされてきており、私有財産権に対する承認と保護は、発展の趨勢を示しており、私有権に抵触・矛盾する憲法の条項は、修正される運命に直面している。

この先二〇年、公権力の制限と公民の権利に対する保護は、中国立法の一つの趨勢で、習近平が推進する「法制治国」の目標は基本的に実現され、中国は「一党統治によって民権を保障する」という権威主義的国家となるだろう。

第3章　日中の経済関係はどうなっているか？

1……中国企業が日本進出する真の目的とは？

近年、日中間の投資の流れは、「日本から中国へ」という一方通行から、「中国から日本へ」も加わった双方向に変わりつつある。中国の対日投資も増えている。

まず、レノボがＮＥＣのパソコン部門を傘下に収めたことや、ハイアールが三洋電機の白モノ家電部門を買収したことなど、中国企業による直接投資は、Ｍ＆Ａを中心に目立つようになった。中国企業にとって直接投資は、技術やブランドなどを獲得するための有効な手段であり、日本企業にとっても、資金面の支援に加え、急成長する中国市場への足がかりを得られるというメリットがある。

胡錦濤時代に「自主創新」というスローガンが提起されたが、中国企業の研究開発の自王的な知的所有権の分野においては、突破的な進展は見られない。中国製造業を悩ませるところは、相変わらず核心的技術の欠乏である。

中国での日系車の販売比較

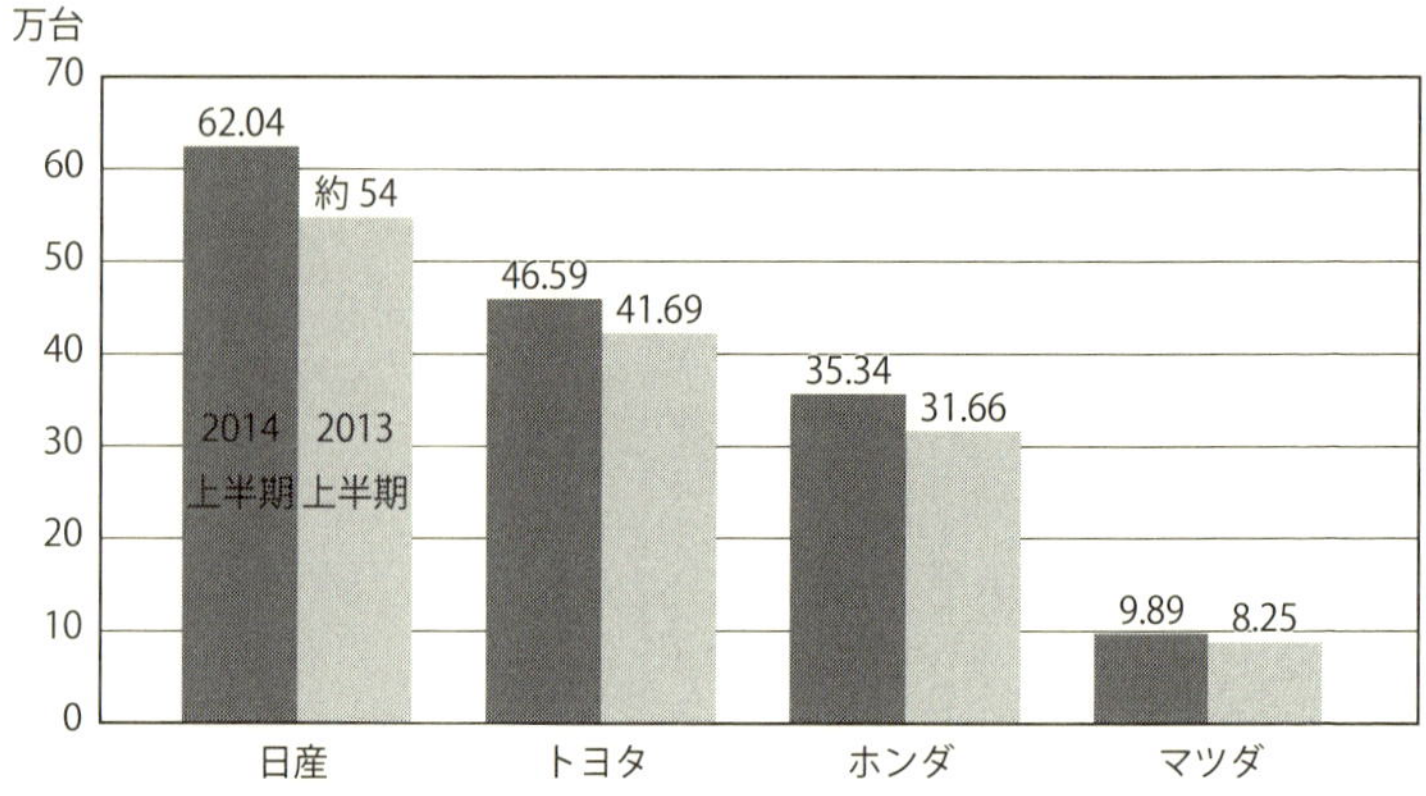

中国の自動車製造業のナンバーワン企業である中国第一汽車集団（長春）は、すでに創立六十余年になり、トヨタおよびアウディと合弁をして中国で「豊田一汽」および「奥迪」ブランドの自動車を製造している。しかし、この「共和国の長男」は、この二大合弁ブランドだけで、意外なことに、過去一〇年間、独自のブランドを持ってこなかった。このことは、新たに中国最高指導者に就任した習近平をきわめて不満にさせた。彼は、中国の行政官は、外国ブランドのクルマに乗るべきではなく、中国国産車を使うべきだと考えたのである。

　習近平のこの不満は、中国の多くの自動車メーカーの自社ブランドの研究開発意欲に火を点け、第一汽車集団においても、長らく放棄していたセダン「紅旗牌」を、あらためて製造させた。

　この「紅旗牌」は、一九六〇年代に製造され始め、かつては中国指導者の専用乗用車であり、外国元首クラスの来賓車であった。一九七二年、田中角栄首相の訪中時に乗ったのも、重厚で、防弾ガラスを装備した最初のモデルの「紅旗牌」だった。残念ながら、文化大革命の終息後、トヨタの「クラウン」が中国市場に入ってくると、この最初のモデルの「紅旗牌」は、車体がやたら重く、かつ燃費が悪かったために淘汰されてしまった。第一汽車は、二〇〇〇年代初期に、「紅旗牌」の雄姿の再現を図って、軽便型の新モデル「紅旗

外資系自動車の中国シェア変化

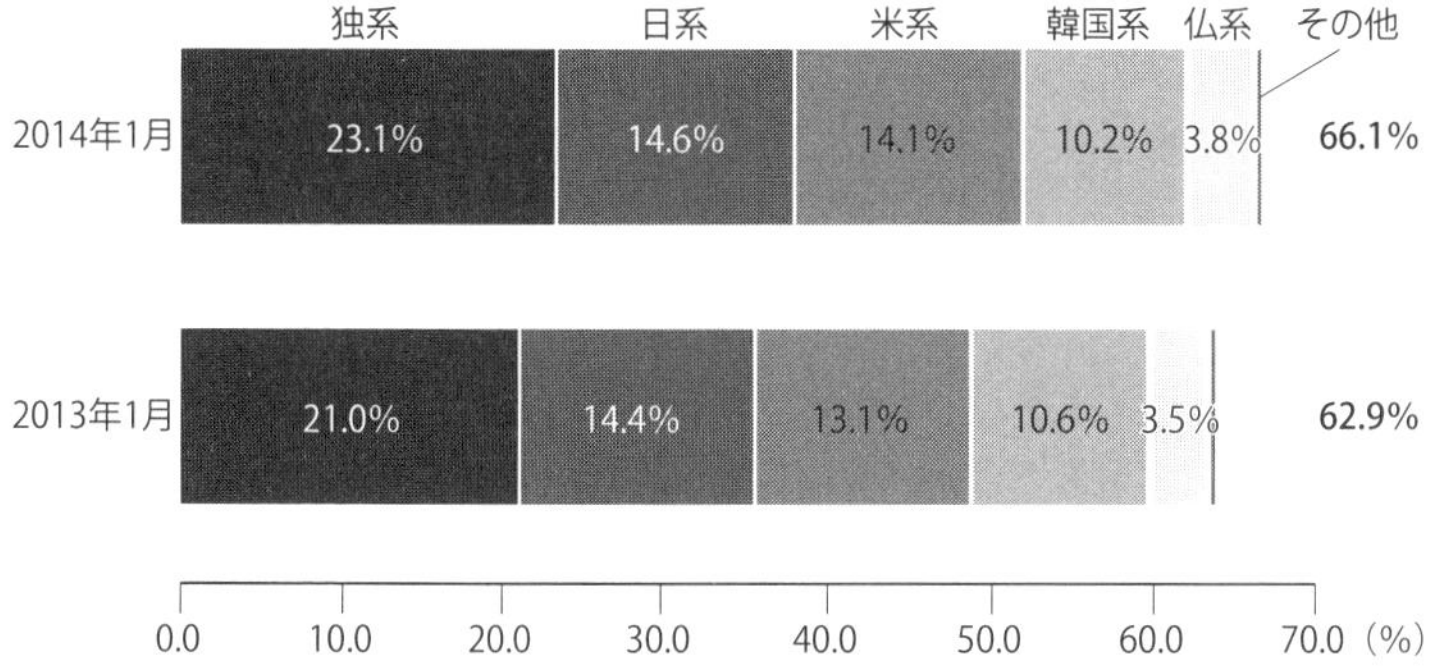

（情報源：蓋世自動車サイト）

牌」をマーケットに投入したが、ユーザーは、このモデルに興味を示さず、あっという間に市場からかき消されてしまった。

第一汽車集団は、二〇一三年、最新モデルの第三世代高級車「紅旗牌」セダンを発表。各省大臣クラス以上の高官用公用車とした。かつて駐日大使だった中国外交部長王毅は、ドイツのブランド車「アウディ」を捨て、率先してこの「愛国車」を使用した。

この「愛国車」モデルに使われているエンジンは、第一汽車集団独自で開発した紅旗V6エンジンで、この開発には七年の歳月を要したという（しかし、アウディおよびトヨタのエンジンの技術を参考にしているともいう）。この「愛国車」に乗った高官によれば、第三世代「紅旗牌」は、しょっちゅう小さなトラブルがあり、静音性と安定性は悪くはないが、トヨタの高級車やアウディに比べると、まだかなり距離があるということだ。

疑いもなく、中国自動車製造業にとってみれば、第一汽車集団が開発に成功した紅旗V6エンジンは、中国汽車製造業が獲得した自主的な知的所有権技術の一大進歩ではある。しかし、第三世代「紅旗牌」の販売量が増えないマーケット情況から見れば、中国高官および富裕層は、この「メイド・イン・チャイナ」の高級セダンに対して、決して〝良し〟としてはおらず、もしくは、「メイド・イン・チャイナ」に対して、まだ十分な自信を持てないでいると言えよう。

したがって、巨額な資金を費やし未熟な技術開発をするよりも、直接、海外の技術を買い取るほうが、より合理的だとして、「技術併合」がすでに中国政府および中国企業の「海外進出」の一大目的となっている。

日本企業が海外に出る主たる目的は、新たな生産拠点を作るためであり、海外企業を併合する主目的は、新たなマーケットを獲得するためである。しかし、中国企業が「海外に出る」きわめて大きな目的は、海外の著名企業の併合を通じて、中国の水準を凌駕する、世界のリーディング・ハイテクを獲得するところにあるのである。

以下、注目に値する二つの事例を見てみよう。

2……サンヨーの冷蔵庫・洗濯機を買収したハイアール集団

三十数年前、ハイアール集団は、中国青島市の町工場にすぎなかった。工員わずか数百人が、ほとんど手作業で、当時の中国市場で需要がきわめて逼迫していた冷蔵庫を生産していた。しかし、同社製品の品質に問題が多く、冷蔵庫は売れず、負債がかさんでいった。一九八四年、張瑞敏という三五歳の青年が、この「青島電冰箱総廠」の社長となり、改革を宣言した。張瑞敏は、ドイツから冷蔵庫の生産ラインを導入し、かつ、厳格な品質管理を実施し、一九八八年一二月、会社は中国電気冷蔵庫史上初の品質金賞を受賞した。

一九九一年、会社は「海爾（ハイアール）集団」と改組し、多元的発展戦略を採った。ハイアールは、中国の冷蔵庫市場をスピーディーに占拠していき、たちまち中国冷蔵庫の筆頭メーカーとなった。一九九〇年代から、日本のサンヨーも海外拡充を開始し、中国にいくつものエアコンや半導体生産企業を立ち上げた。

当時の井植サンヨー社長は、ハイアール集団の視察後、張瑞敏の情熱に感動するとともに、ハイアール集団の技術も認め、サンヨーの小型冷蔵庫を、ハイアール集団に委託加工生産させた。こうして、ハイアールの小型冷蔵庫には、「SANYO」のラベルが貼られ、日本のホテル客室用冷蔵庫となり、独身者の部屋にも入っていったのである。

サンヨーのハイアール冷蔵庫製造技術に対する指導は、ハイアール集団の技術水準を大々的に高めた。同時に、サンヨーの援助下でハイアール集団は洗濯機の生産を始めた。二〇〇二年、サンヨーとハイアールは、幅広い合作を実現した。その主な内容には、以下の四方面が含まれている。

(一) サンヨーは、ハイアールの販売網を利用して、中国市場でサンヨー製品を販売する。

(二) 大阪に、ハイアールはサンヨーと合弁で、「サンヨー・ハイアール股份有限公司」を立ち上げる。

(三) 双方ともに、生産拠点においての合作を進める。

(四) ハイアール向けサンヨーの部品供給および技術協力を拡大し、技術ならびに人事交流における合作を進める。

そして、その後、サンヨーとハイアールは、青島に「青島三洋電機有限公司」を立ち上げ、冷蔵庫と洗濯機の共同生産を始めた。

二〇〇六年から、サンヨーの経営が苦境に陥り、二〇〇七年一一月、中国共産党第一七回全国代表大会で、党代会代表である張瑞敏は、私のインタビューを受け、サンヨーの運命に対し重大な懸念を示し、特に、創業一族の井植家が、アメリカの金融ボスであるゴールドマン・サックスによって、経営陣から追放されたことに対して非常な不満の意を表明した。そして、こう述べたのである――「もし、サンヨーが望むなら、買収に応じたい」。

　二〇一一年一〇月、ハイアールは、サンヨーの日本および数か国における洗濯機・家庭用冷蔵庫など業務買収を発表し、双方調印の協議書には以下の内容が盛られた。すなわち、サンヨーが、ハイアールに譲り渡すものは、その持ち分の一部株式を除き、関連する製品の特許権、意匠ならびに商標権をも含む。その業務の領域は、家庭用冷蔵庫、家庭用ならびに商業用洗濯機など。サンヨーグループの日本、インドネシア、マレーシア、フィリピンおよびベトナムなど東南アジアに、多年にわたり配置された九社（日本三社、海外六社）、このほか日本において関連業務に就いていた三四〇名近いサンヨーグループの専従社員は、ハイアールに移行させる。

　この買収案件の総額は一〇〇億円で、中国電器企業の海外における最大買収案件となった。この取引後、ハイアール集団は、サンヨーの五か国の四生産拠点、二つの研究センター、および六つの系統の現地化のための経営販売ルートを獲得した。また、ハイアールが買収した資産中には、サンヨーの洗濯機ブランド「ＡＱＵＡ」も含まれている。同時に、前述の東南アジア四か国のマーケットにおいては、双方が取り決めた期限内において、冷蔵庫・洗濯機・テレビ・エアコンなど製品に「ＳＡＮＹＯ」ブランドが表示できる。

　現在、買収完了後のサンヨー洗濯機・冷蔵庫は、ハイアールは、依然として「ＡＱＵＡ」の商標で日本市場に展開していて、「Ｈａｉｅｒ」（海爾・ハイアール）の商標にはなっていない。

　ハイアールは、サンヨー買収の後、中国電器企業が日本という家電王国への進出が成功することを予知させただけでなく、「メイド・イン・ジャパンの中国ブランド」という転倒的な夢を実現させたのである。

3……聯想集団によるＮＥＣパソコンの密やかな買収

一九八四年、中国科学院の計算機研究所に所属していた一一名の研究員が、二〇万人民元を持って、パソコン製造会社を設立した。当時の名称は「中国科学院計算所新技術発展公司」で、外国ブランドの販売から出発した。一九八八年、「香港聯想集団公司」（レノボ、Lenovo）を設立し、翌年、香港で独自ブランドを発売した。一九八九年には、「北京聯想計算機集団公司」が設立されている。一九九〇年、中国国内でも独自ブランドの販売に踏み切った。

二〇〇四年一二月、レノボはＩＢＭからＰＣ部門を、一二億五〇〇〇万ドルで買収することを発表した。中国のパソコンメーカーが、世界のＩＢＭのパソコン事業を買収したことは、世界を騒がせた。レノボは、この取引を「強強連合」と銘打った。また「ＩＢＭ」および製品ブランドである「ThinkPad」などの商標を五年間維持することとした。このことは、同社の目的が世界市場に打って出るためのブランド力の獲得にあったことを示している。

このＩＢＭのロゴは、二〇〇六年一〇月ごろより徐々に外された。従来はThinkPadの天板とパームレストにあったＩＢＭロゴは、一般向け販売モデルでは存続したが、大規模導入をする特定企業向けカスタマイズモデルに関しては、ＩＢＭロゴではなく、ThinkPadのロゴが入るようになった。二〇〇八年以降の製品（「ThinkPad X 300」以降）より、一般向けも「ＩＢＭ」ロゴを外して、「Lenovo ThinkPad」となった。

しかし、「メイド・イン・チャイナ」の烙印を押されたＩＢＭパソコンは、日本市場の販売では、きわめて大きな抵抗に遭った。ＨＰとの競争で、日本市場では、ＩＢＭは常に劣勢だった。そこで、レノボは、日本のパソコンメーカーに注目した。

ＮＥＣは、日本でも最も早くからコンピューター生産を始めた会社で、現在、日本のパソコン市場でシェア・ナンバーワンである。しかし、近年、ＮＥＣのパソコン事業の業績は落ち込み、市場競争力は日増しに低下してきた。二〇一一年、一定期間の交渉を経て、ＮＥＣは、レノボとの合弁を取り決め、かつ、最終的には、すべてのパソコン事業部門をレノボに売却することに同意した。

七月一日、レノボが五一％、ＮＥＣが四九％を出資する合弁会社「Lenovo NEC Holding B.V.」が発足し、その一〇〇％子会社として「レノボ・ジャパン」と、日本電気のパソコン事業を担う「ＮＥＣパーソナルコンピュータ」の両社が入る事業統合を行った。レノボとＮＥＣのブランドは引き続き使用される。

この事業統合は、二〇一一年一月の発表当初は、対等と報じられていたが、統合から五年後にレノボ側が合弁会社の全株式取得権を、ＮＥＣの同意があれば行使できることが明らかにされた。というのは、二〇一六年、ＮＥＣブランドのパソコンは、一〇〇％「中国モノ」になる可能性が高いからである。

二〇一二年一一月五日、「ThinkPad」二〇周年を記念して、中国で生産されている ThinkPad の一部を、山形県米沢市にあるＮＥＣパーソナルコンピュータ米沢事業所で受注生産することを発表した。今後は、日本での販売分は国内生産に切り替えていき、米沢事業所は、レノボの一大製造基地となる。

聯想集団（レノボ）の副総裁 Milko van Duijl はインタビューに応えて、「聯想集団は、短期間内に、日本のパソコン市場のシェア三〇％を確保すべく、ＮＥＣとの協力を通じて日本市場におけるブランド効果を強化し、デスクトップで主にオフィス用市場を、ノートで主に個人用市場を攻略したい」と語っている。

『日経パソコン』（二〇一三年八月一二日号）で発表されたユーザー調査の結果では、レノボのパソコン（ＩＢＭ）は、総合的満足度で、第二位に浮上した。そして、第一位はパナソニックが取っている。この調査は二〇一三年五〜六月に実施したもので、一万九七六〇人の回答を得ている。満足度は、三年以内に購入したパソコンの顧客から統計を採ったものである。これは、レノボの名の下の、ＩＢＭとＮＥＣという二大ブランドがすでに日本市場に相当なシェアを占めていて、「日本市場のシェア三〇％」という目標は、すでに夢ではないことを意味しているのである。

4……パナソニックが中国に買収されるXデイ

サンヨーは経営難に陥り、最終的に会社は足をもぎ取られることになったが、幸い、会社の主導権は、兄弟会社のパナソニックに帰属し、冷蔵庫や洗濯機などの白モノ家電は多年の協力相手であった中国ハイアール集団に売却されたことは、正しい結末であったと言えよう。しかしNECは、日本のコンピューターメーカーのパイオニアでありながら、そのすべてのコンピューター事業部門が、中国聯想集団（レノボ）ホールディングに受け継がれ、かつ最終的には、そのすべてがレノボに売り渡される可能性がある。これは、日本の電機産業界の危機が迫っており、メルトダウンを引き起こすであろうことを示唆している。シャープとパナソニックは、今、まさに中国企業の次の買収目標となっているのである。

二〇一二年三月、シャープは、台湾の鴻海集団に一〇％の株式保有権を譲渡し、同集団から六七〇億円の増資を得るとの発表をした。これは、鴻海集団が、これによって、「日本生命」を超えて、シャープの最大株主になるということを意味していた。鴻海集団は、またの名を「鴻海精密集団」と称し、全世界の三C（コンピューター、通信、コンシューマー・エレクトロニクス）のOEM分野では規模最大であり、かつ最速の成長を遂げている。さらに最高の評価も得ている国際集団であり、その前身は、一九七四年に創建された「台湾鴻海塑膠企業有限公司」である。日本ではあまり知られていない会社だが、日本の消費者が最も好んでいるアップルの携帯電話アイフォンのメーカーである。

シャープの台湾企業への「身売り」は、液晶パネル投資への盲目的拡張により、赤字経営の継続的拡大を招き経営困窮に陥ったためである。二〇一二年度、シャープは連続二年の赤字が続き、欠損額が五〇〇〇億円に達した。

シャープ株が暴落し、鴻海集団が、さらなる保有株権増加を要求したため、この「身売り」計画は失敗に終わったが、この動きは国際産業界を驚愕させた。すなわち、かつての世界の王者であった日本家電企業が、すでに、今まさに西山に沈まんとしている夕日である、と。

鴻海集団が、シャープ買収から撤退すると、中国の多くの家電企業が、シャープ増資に対して興味を示したが、最終的には、シャープのすべての事業に決定的なメリットが見付けられなかったため、中国企業は拱手傍観の姿勢を取っている。

中国企業にとってみれば、シャープと比べ、今、経営困難に陥っているパナソニックの方に、より興味があるようだ。中国機械電器産業協会のある幹部は、パナソニックの産業規模と種類は、シャープに比べ、よりはるかに充実していると言う。

アベノミクスのサポートがあっても、パナソニックは、二〇一三年も相変わらず悪夢の連続となった。六月、パナソニックは、最も主要な協力パートナーのＮＴＴドコモと話し合いの結果、同社に対し新型スマホの提供はしないことに決定し、新たな経営赤字の回避のため、ケイタイ事業の規模縮小を決定した。パナソニックのケイタイは、かつて日本で市場シェアの首位を占めていたが、新製品では、終始アップルとサムスンを追い越せず、現在では国内マーケットシェア一〇％前後しかなく、第七位で、さらにますます難しくなっている。パナソニックのケイタイ事業部門は、すでに過去二年で七五〇〇億円の経営赤字を出してきた。

同年一〇月九日、パナソニックは、また以下の発表をした。すなわち、プラズマテレビの研究開発の中止と来年（二〇一四年）からの販売停止を決定した。このため、今年度に兵庫県尼崎工場の生産を停止し、最終的には工場の売却を決定した。パナソニックは、プラズマテレビの事業悪化が会社経営赤字の拡大を招いた元凶だったと述べた。

一〇月二四日、パナソニックは、さらなる発表した。すなわち、半導体事業部門に大ナタを振るい、大幅に同事業を縮小し、海外の一部半導体工場は閉鎖して売却し、半導体事業部門の人員を一万四〇〇〇人削減すると決定した。

ケイタイ・テレビ・半導体の三大事業部門の全面的陥落は、パナソニックを、すでに痩せさらばえた重病患者にさせてしまっている。

北京のある国有投資会社社長いわく、われわれは、今まさにパナソニックに対して、資産価値評価を行っているが、パナソニックの事業は、崩壊に瀕しているとは言え、その研究開発能力と生産技術は世界の第一流である。過去数年間、パナソニックは、マーケットの潮流をうまく摑めず、事業の発展およびモデルチェンジに対し、戦略を欠いていたため失敗したが、企業本体は依然として世界第一流の企業である。ハイアール、海信あるいはTCLなど、時宜を得れば、パナソニック買収に、どこも手を伸ばす能力がある。

中国商務部（商務省）のデータによると、中国の二〇一二年の対外直接投資額は、前年比一七・六％増の八七八億ドルで、記録を更新して、初めて世界三大対外投資国の一つとなった。二〇一三年一～八月には、中国の投資家が世界一五六か国・地域の企業三五八三社に直接投資を行い、金融分野をのぞく直接投資は、累計五六五億ドルで、同一八・五％増加した。地方企業による対外直接投資は一八六億九〇〇〇万ドルで、同二一・六％増加した。香港への投資が一一・四％、日本へが二五％減少したことを除き、米国・EU・オーストラリア・ロシア・ASEANに対する投資は、それぞれ二六〇・三％、一〇九・三％、八五・一％、三六・四％、二四・二％の高い伸びを実現した。約九割の投資が、ビジネスサービス業、採鉱業、卸売・小売業、建築業、製造業の五大業界に向けられた。製造業に向けられた投資は、二〇一三年、初めてプラス成長（二・一％）を実現し、ビジネスサービス業向けの投資は、前年同期比で、三割減となり、その他の業界への投資は、大幅な増加を見せた。

商務部の沈丹陽報道官が、「中国の対外投資の急速な伸びは、しばらく続く見込みで、そう遠くない将来、対外投資の規模は外資導入の規模を上回ることが予想される」と断言した。

いつの日か、中国企業が、日本に大規模な投資・企業買収をする日が来るのである。

5……日本新幹線は中国高速鉄道と競合時代に

二〇〇六年、中国は日本の川崎重工に、「はやて」の新幹線列車六〇両を発注した。

当時誰もが、わずか九年のうちに、中国が日本のこの新幹線車両を利用し、技術改良とさらなる研究開発を進め、中国独自の高速鉄道技術を築き上げるなどとは考えもしなかっただろう。そして現在、中国の高速鉄道技術は、日本に肉迫しているだけでなく、国際市場において最大のライバルの一つになっている。

中国最新列車の時速は六〇五キロに

中国メディアの報道によると、中国南方車両公司は、青島工場が製造したCIT500型高速列車の試験走行速度が時速六〇五キロ／時に達したという。現在、世界最速の高速鉄道の記録は、五七四キロだが、これは中国によって破られたわけである。中国の列車が六〇五キロの時速で走ることができたのは、独自開発した八インチIGBTチップの生産技術による開発をしたためだという。目下のところ、中国高速鉄道の通常営業時速は約二五〇キロである。

中国の高速鉄道は、世界市場で日本のライバルとなってきている。アメリカのカリフォルニア州の高速鉄道建設プロジェクトが、今年（二〇一五年）スタートし、これから車両の入札が始まるが、日本とともに中国もその準備をしている。両国企業は、まさにアメリカで決戦を交えることになった。

二〇一一年には衝突事故が発生してしまった中国の高速鉄道だが、現在では中国企業も自信を深めているようだ。中国政府は二〇一四年、現在世界第一の鉄道車両メーカーである中国北方車両公司が、日本の川崎重工業やその他多くの入札企業に勝利するための政策を推し進めている。そして、マサチューセッツ州ボストン地下鉄システム・プロジェクトの競争入札で、中国国有鉄道車両メーカー・中国北車グループは、二八四車両の受注に成功した。契約金額は、五億七六〇〇万ドル（約六一〇億円）だった。新車両は、マサチューセッツ湾交通局（ＭＢＴＡ）傘下のボストンの地下鉄、オレンジ・ラインとレッド・ラインの二路線向けに提供される。アメリカで中国の鉄道車両が採用されるのは、これが初めてである。これによって、中国が製造する車両は、アメリカの厳しい基準に合格したこと知らしめることができた。

安値でボストン地下鉄車両を受注

なぜ中国企業が、ボストンで日本に勝つことができたのか。中国企業のリストプライスは、日本企業のお偉方たちを大いに困惑させたようだ。川崎重工のある社員はこう語った。「中国企業の金額は、まさしくダンピングだ。これでは、われわれはマーケットを失うだろう」。

前述したように中国北車公司の入札価格は五億六七〇〇万ドル（約六一〇億円）だったが、韓国ヒュンダイ・グループが七億二一〇〇万ドル、川崎重工が九億五〇〇万ドル、イタリアのボンバルディア社は一〇億八〇〇〇万ドルを上まっており、中国北車の倍値に近い。川崎重工の社員はさらにこう語っている。「われわれは非常に頑張ってこの金額を出したので、この結果に対して残念な気持ちでいっぱいだ。ただ、このような金額では、われわれは根本的に中国北車とは競争できない」。

二〇一五年に入って、売上高で計算すると、現在世界第一の鉄道車両メーカーである中国北車が、中国南車集団公司（世界第二の鉄道車両メーカーである）との合併を発表した。これは中国政府の指示によるものだ。合併後の新しい会社は、「中国中車有限公司」と名付けられるだろう。この合併によって、中国鉄道技術の国際市場における競争力は向上し、また、日本鉄道車両企業にとって最も重視すべき競争相手となるだろう。

規模から見ると日本の鉄道車両メーカーは、中国北車および中国南車と比べかなり小さい。ドイツのＳＣＩ軌道交通コンサルタント社が二〇一四年五月に発表したランキングによると、中国北車と中国南車の二〇一二年度売上高は、世界で上位一、二位を占めている。さらにこの売上高には、部品売上とメンテナンス収入が入っていない。川崎、日立、日本車両、近畿車輛および綜合車両などの日本メーカーは、どこも一〇位内に入っていない。

最後に付け加えると、中国企業が世界市場でこれほどの進出を勝ち得たのは、川崎およびＪＲ東日本に新幹線Ｅ２系列車の基本技術を提供してもらったおかげである。ＪＲ東海の名誉社長・葛西敬之氏は、川崎とＪＲ東日本が中国に対し技術移転を行ったのは、「売国に相当する」と述べている。

日中鉄道会社の協力の可能性は？

現在、日本メーカーにとっての最大の関心事は、日本のメリットがきわめて大きいカリフォルニア州高速鉄道における中国との争奪戦である。目下、ＪＲ東日本、川崎重工、日本車両、三菱重工および日立などが企業連合を組織して、アメリカ政府や社会に対して、日本の新幹線技術力の高さについて宣伝している。ＪＲ東日本の副社長・小縣直樹氏は、カリフォルニアは地震多発地帯であり、今もなお、環境監視管理に努力を重ねている最中だと表明している。彼は「新幹線は、防震、安全運行、騒音軽減および環境保護などの措置が充分に行き届いていて、どの面においても優位に立っている」と述べている。しかし、中国側は、日本技術の高値を強調するに違いない。

安全性に定評のある日本新幹線と価格がずば抜けて安い中国新幹線、最終的にどちらがアメリカの大地を疾駆するか。二〇一五年の四月にアメリカを訪問する安倍首相と、九月に訪問する習近平主席との間で、経済外交戦が展開されるかもしれない。

しかし反面、日中鉄道車両企業間は、単なる競合関係だけではなく、協力関係も存在する。南方車両と川崎重工が青島に合弁企業を設立しており、また二〇一三年にも日立が吉林省長春市に二番目の鉄道車両部品工場を設立して、中国北方車両公司の使用に供している。日中の企業は商売敵の関係から、日本のハイテク技術と中国の廉価な製造コストで、国際市場を開拓する協力パートナー関係に変えることはできないのだろうか。両国の政治家と企業家の英知と度量が試される時だと考える。

6……日本自動車メーカーへのメッセージ

習近平が中国の最高指導者になってから「政府や党の幹部は、国産車に乗るべきだ」と提案している。もちろん強制ではないのだが、この発言の余波が広がっている。

中国には「第一汽車」や「東風」、「奇瑞」といった自動車メーカーがある。第一汽車や東風は日本やヨーロッパの自動車メーカーとの合弁で各種自動車を製造している。

注目すべきことは、現在、中国政府の公用車には純国産車がないことである。意外にも中央政府の各省庁の公用車は、すべてドイツの「アウディ」である。アウディは、中国とドイツの政府間レベルでの合弁で製造されていて、純国産ではない。

中央政府が純国産車を使わない理由は、エンジンをすべて輸入に頼っていること、内装技術が劣っていて、製造できないからである。またベンツやＢＭＷは、確かに高級車であり、中国の金持ちにとって必須

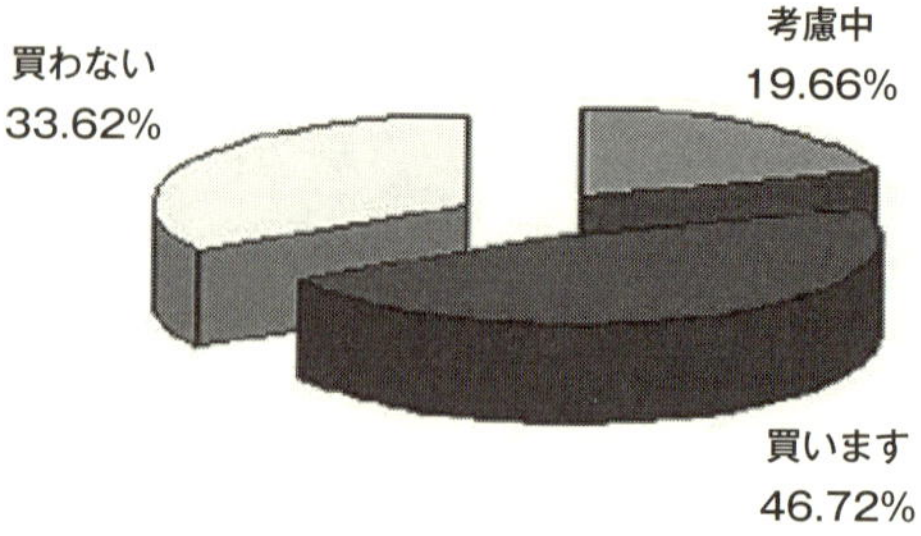

あなたは日系車を買いますか？

アイテムであるが、中国では「成金のクルマ」とさえ呼ばれている。そのため政府公用車に適さないから、政府の高級幹部は評判を気にしてあまり手を出さない。アウディが選ばれたのは、外見が豪華で価格的に日本円で六〇〇万円ほどで適正と判断されているからである。

アウディは、中国の公用車の市場シェアの三〇％を占めている。換算すれば、中国の年間販売台数一万五〇〇〇台が公用車であることになる。この巨大な公用車市場は、外国メーカーのみならず中国メーカーにとってきわめて魅力的である。しかしこの市場は手つかずである。日本メーカーはこの点を考慮していないからか、好調な時でもシェア二〇％を超えていない。

私は二〇一四年一〇月、上海に出張して上海政府の局長と日本車について意見交換した。その時、局長は、「日本車はほとんど民用であり、家庭向けに限られている。一部ではあるが、高級さを求められる公用車に適していない」という意見を聞いた。もちろんトヨタやホンダなどの中級車も、地方政府の幹部は公用車として使っているが、多くの幹部たちは、日本車が中国の事情に合わせて内装などを設計変更したら使うと言っていた。

中国は国土が広く、一つの省内でさえ、幹部が会議などで省政府に出向く場合、少なくとも三時間以上かかる。幹部としては、移動の間に車内でくつろいでお茶でも飲みたいと思う。そうなれば内装が豪華なほうがいい。現在の日本車の設備ではくつろげない。些細なことかもしれないが、こうしたことが日本車が公用車に選ばれない理由である可能性がある。

すでに述べたように、習近平が「幹部は国産車に乗るべき……」と発言している。日本の自動車メーカーが、中国メーカーとの合弁で中国で研究開発し生産すれば、中国独自のブランドを名乗れる。日本メーカーは、中国の国産車であると胸を張って販売にアプローチできる。それは、中国市場での販売増、シェア拡大のチャンスを広げると思う。

7……「チャイナ・プラス・ワン」は有効か？

日本の製造業の企業家なら、どなたでも知っている言葉であり、今この問題に突きあたっている経営者も多い。中国でビジネスを行う企業にとってのチャイナリスクの問題は、主にリスクマネジメントなどの企業防衛の観点から、経営戦略上も決して無視することができない要素となっている。

チャイナリスクを回避するためのリスクマネジメントの手法の一つがこの「チャイナ・プラス・ワン」である。これは、中国向けの投資やビジネスを行いつつも、あえて中国一国に集中させず、同時に他国でも一定規模の投資や商取引を展開し、リスクの分散化と低減を図ることである。

東シナ海の尖閣諸島「国有化」問題によって、激しい反日運動が起こってしまった。中国に製造拠点を持っている日本企業の中には、中国人従業員のストライキで生産活動に支障が出るなど大きな影響を被ったと思う。加えて、こうした政治的なリスクのほかにも従業員の賃金水準の上昇による資金的なリスクにもさらされている。中国で生産効率をアップさせるために、もはや従業員の賃金上昇は避けられないからである。そうした苦難に突きあたっている日本企業では、リスクを避け経費を下げるために、中国以外のアジア諸国に製造拠点を設ける動きが広がっている。

日系企業の間ではタイやベトナム、インド、ロシアなど他の新興国にも生産拠点を分散させたり、日本国内での生産に回帰する動きが広がっている。同様に、一般的な商取引においても日本企業と中国企業の間にタイ・ベトナム・台湾などの関連企業や商社を介在させるといった手法で、中国との間にワンクッシヨン以上挟みこむことで、若干のコスト上昇というマイナスよりも、ひと度トラブルが勃発すれば巨額の経済的損失や知的財産の流出を発生させ企業の経営自体を揺るがしかねないリスクやチャイナ・ハラスメントの低減を優先させる動きもある。

私が知っている電機系の某日系メーカーは、早くから中国に進出して複数の製造拠点を築いてきた。しかし尖閣問題などいわゆるチャイナリスクが起こってから中国への集中方針を変えて、ベトナムへの進出を行っている。このメーカーは、人材の活用においてベトナムにおいても中国で培った知識やノウハウを駆使した。すなわち従業員の募集や教育、育成などにおいて当初、想定していた通りの成果を得ているとのことだった。もちろん人件費は中国より安いから、利益が上がっている。

しかし、そのうち問題が発生した。

すなわち工場で使用する部材の調達で、中国のように上手くいかないことが明らかになってきたからである。

中国の工場では、一部の特殊な部材を除いて部材の現地調達率が非常に高かった。もちろん日系の現地工場からの調達分が含まれている。いかに中国と言えども一〇〇％調達は無理だからだ。

しかしベトナムにおいては、部材の現地調達が想定したとおりに進まない。そのため日本を含めた海外からの調達が続いている。それだけでなくベトナムでは副部材でさえままならず苦労している状態である。比較的進んでいるベトナムでさえこの状態であるから、他のアジア諸国の状態はおして知る状態である。国によってはさらにひどい。言うまでもなく「チャイナ・プラス・ワン」は想定を厳しくしてリスク管理をすることがキーポイントであるが、この点を見過ごしてはならない。

中国は他のアジア諸国に比べて製造に欠かせない工業インフラが段違いに整っている。基本メーカーは、「チャンナ・プラス・ワン」を検討する場合、この点をよく理解しておく必要がある。

それだけでなくもっと大事な問題がある。コストの問題である。

例えばベトナムの場合、この一〇年で賃金は、毎年二ケタで上昇してきた。比較的進んでいる沿海部だけでなく内陸部でもほぼ同じである。ちなみにベトナムは中国の約半分、またミャンマーは、約五分の一である。確かに賃金は安いのだが、操業上の手間やコストはかなりの重圧になる。

中国の沿海部の労働者の賃金は、過去一〇年の間で二ケタで伸びてきた。伸びが鈍いとされてきた内陸部でも賃金上昇が急であるが、すでに述べたように中国にはアジア諸国に比べて整備された工業インフラがあるだけでなく、大規模な部品供給システムが整っている。これはくりかえして確認しておいてほしいことである。

さらに中国は、アジア諸国と同じく、可能な限りコストを低く抑えた手法を国家ぐるみで進めてきた。メーカーが必要とする従業員についても多人数の人材需給に敏速に対応できる。現在、中国の製造の流れは、沿海部から内陸部に人材がシフトしている。

場合によっては、大都市に出稼ぎにきている既存の工場の管理者に委託して、従業員の出身地に異動を進める人材異動の方法も考えられる。これがうまく機能すれば、日本メーカーが工場を直接管理しなくても操業が可能になる。人の管理がコストを軽減することができる。

この点、中国以外のアジア諸国には、工場などを管理する人材も十分に育っていない。もし管理の問題や従業員の人材調整を想定に入れれば、日本メーカーが費やすコストは、結果的に中国より高いものについてしまうことになる。ベトナムなどアジア諸国の労働者は、いずれも勤勉でまじめであるが、管理や人材活用を含めたマネジメントに関して広い視野から考えていくことが重要であると思う。

異文化コミュニケーション学会の学会誌の編集長・廣田廣達氏は、「脱中国」を進めた結果を検証している。つまり、中国から逃げ出し、東南アジアに行ったらそのリスクは回避できるのか。廣田氏によると、逃げ出しても状況は変わらないし、一部はむしろ悪化しているという。

その検証結果は、以下の通りである。

・東南アジアに行っても、タイやインドネシアの華僑や財閥が存在するので、中国人から逃げられない。
・腐敗度指数。中国が七五位に対して、タイは八〇位、インドネシア一〇〇位、フィリピン一二九位であり、中国より悪い（CPI二〇一一年）。
・人件費・土地。中間管理職の賃金（月額）で比べると、上海が一四五六米ドル、クアラルンプール一九六六米ドル、バンコク一五七六米ドルで同じランクであり、ジャカルタ一〇五七米ドル、武漢九六八米ドル、マニラ一〇七〇米ドルで同ランクである（JETRO調べ）。中国は、都市によってはジャカルタよりも安い都市が存在する。
・人材採用。中国と比べ東南アジアはマネージャー層の人材の数が不足しており、賃金だけを比較してもあまり意味がない
・土地価格。一平方メートルあたり上海一六七米ドルに対して、ジャカルタは最高値で二八〇米ドルであり、逆に高い。

8……中国市場をいかに見るべきか？

二〇一四年八月二四日、日本の経済産業大臣の記者会見が終わった後、日本の大手新聞社の編集委員に次のような質問をされた。「中国の労働力コストが年々上昇し、日本企業は中国市場から離れざるを得なくなってきましたが、中国経済は打撃を受けませんか？」。

私は次のように答えた。「日本は、中国経済に偏見を持っているようです。確かに中国の労働コストが上昇するのは困ったことです。しかし実際には良いこととも言えます。労働者の収入が増えると日本の家電品やカメラ、高額化粧品など高額商品を買うことも可能です。中国を見るにあたっては両面を見るべきです。加工基地としてみると、労働力コストの上昇によって日本企業の負担が増えます。安価な労働力使用としての魅力は失われます。反対に日本企業が中国を一三億人の市場と考えるなら、労働力コストの上昇を嘆くことはありません。日本製品を大量に購入してくれる市場だからです」。

最近のベトナムにおける反中デモや暴動に関連して、われわれは東南アジアの投資環境に注目している。現在外資企業に勤めるベトナム人の平均月収は二万五〇〇〇円で、外資企業に勤める中国人の半分だ。しかし、ベトナム人の平均月収は五年前に比べて四〇%増加した。マレーシアの平均年収は二五〇万円で、すでに中国人の平均年収の二倍に達し、日本の年収に近づいている。そのためASEANの廉価な労働コストの魅力も失われている。日本企業が次々と東南アジアに移転したが、数年も経たないうちに中国市場と同様、労働コストの上昇という現実に遭っている。しかし東南アジアの人口は六億二〇〇〇万人で中国の半分だ。もし政治的原因で「嫌中」になり、中国から離れて行くなら、損失を受けるのは中国市場でなく日本企業である。

二〇一三年、来日した外国人観光客が一〇〇〇万人を突破した。そこで「たとえ中国人が来なくても、東南アジアの人が来て外国人観光客が増える」と考える人が出てきた。もちろん間違ってはいない。しかし観光庁の調査資料を調べてみると、中国人観光客の日本での平均支出は一七万二〇〇〇円で第一位。次が韓国人で六万六〇〇〇円、東南アジアはわずか二万円である。

九人の東南アジアの観光客の支出がわずか一人の中国人にすぎないのだ。結論は明白だ。中国人観光客の誘致こそ利益を生み出す。しかし日本政府はタイやフィリピンなど「貧しい」国にビザを免除し、中国人にはその待遇を与えていない。しかし日本人は中国ではビザを免除されている。これは日中両国最大の不公平で、日本政府は見直すべきだ。日本政府が中国を敵視しなければ、中国人の来日を望まない訳はない。中国政府が観光という牌を捨てたのではなく、日本政府が中国人に対して観光という牌を捨てたのだ。

どのように日中関係の緊張を緩和するのか？　アメリカの学者ハリスは次のように言っている「中国人を友人と思えば本当に友人になる。しかし敵と思えば本当に敵になってしまう」。これは簡単な道理である。六月上旬、公明党副代表の北側一雄氏の講演会で、私は北側氏に質問をした。「私が海外で取材すると、皆の関心はほとんどが経済と自分の生活のことです。日本に帰ってみれば、社会全体が戦争の空気に満ちています。すべてのテレビ局が集団的自衛権の問題を討論しています。日本は本当に戦争の危機に直面しているのでしょうか。本当に戦争に関わらなければならないのでしょうか」。北側氏は笑っていた。

9……中国人観光客、年間一〇〇〇万人の来日

二〇〇三年、当時の小泉純一郎首相は「観光立国」の方針を掲げ、二〇一〇年までに外国人観光客一〇〇〇万人の実現を宣言した。観光庁を創設して、この計画を推進することにした。一〇〇〇万人の外国人観光客のうち、中国人観光客はその半分、つまり五〇〇万人を目標としていた。

しかし二〇一〇年、外国人観光客はわずか六〇〇万人で、そのうち中国人観光客は九五万人だった。二〇一一年の東日本大震災ののち、日本政府は「外国人観光客倍増計画」を策定し、被災地とその周辺県の観光業の回復を目指した。この計画の中で「観光立国」推進の徹底を明確にしている。二〇二〇年までに外国人観光客を現在の二倍の二〇〇〇万人としている。この目標の実現には、中国人観光客に対する優遇政策が必要であると強調されている。

二〇〇九年から何度も中国大陸観光客へのビザ発行の条件を緩和し、さらに「医療観光」というビザ項目を設けている。二〇一一年七月、日本政府は沖縄を観光する中国人観光客に、期間中何度も入国可能な「数次ビザ」の発行を開始した。一年後の二〇一二年七月、日本政府は、さらに岩手・宮城・福島の三県への中国人観光客にも、数次ビザの発行を決定した。このビザがあれば最長九〇日滞在でき、有効期間は三年である。中国人観光客の誘致は「国家戦略」として、日本政府の政策の最も重要な部分の一つとなっている。

日本政府が中国人観光客に期待する最も大きな理由は、中国人観光客の驚異的な購買力である。日本の観光庁の統計によると、日本滞在中の中国人観光客の平均購買額は韓国人の四・五倍である。

中国人観光客の消費額は、すべての外国人観光客のどれくらいを占めているのだろうか？　二〇一三年九月、三越伊勢丹によると、伊勢丹新宿本店など東京を中心とする三店舗で、中国人観光客の購買額は外国人観光客の五〇％を占めるという。東京秋葉原のヨドバシカメラでは、二〇一三年の外国人観光客は過去最高を記録し、そのうち中国人観光客は四割を占めるという。

また中国銀聯の統計では、二〇一三年九月、日本での決済額は一五〇億円を超え、三か月連続で最高を記録している。平均決済額は三万円前後で、日本人のクレジットカードの三倍である。政治的な原因で、日本を訪れる中国人観光客数字は一一か月連続して下落した。しかし富裕層の消費は衰えることを知らない。二〇一三年四〜六月の中国人観光客数は、外国人観光客数の一〇％以上を占め、外国人観光客の消費額全体の二〇％近くを占める。

中国人観光客の旺盛な購買力は、日本市場に福音をもたらした。しかし中国人観光客の来日には、いまだに多くの不利な要素がある。

まず政治的な要素。二〇一〇年、中国漁船の海上保安庁巡視船衝突事件の発生後、尖閣列島（中国名、

訪日外国人旅行者の国籍別免税品消費額の割合

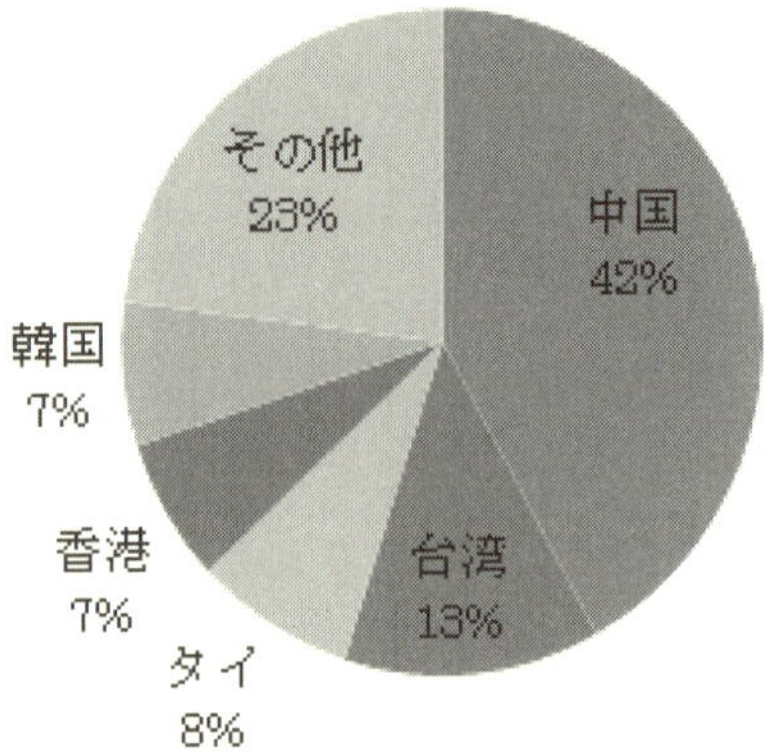

釣魚島）問題は、中国人の日本観光に大きな影響を与えた。二〇一二年九月、野田内閣は尖閣列島の国有化を宣言し、中国人観光客が大幅に減少した。特に政府のビジネス視察団は一切なくなった。二〇一三年一～八月に、外国人観光客数はすでに六八六万四〇〇〇人に達し、過去最高となった。日本政府が掲げた「外国人観光客一〇〇〇万人」の目標は実現可能となった。しかし中国人観光客だけが、二〇一二年同期比で二六％減となったのである。

第二は、環境的要素だ。二〇一一年の福島第一原発事故の発生により、「一人っ子政策」の中国では観光客のキャンセルが相次いだ。同時に日本に留学中の中国人学生は、父母の心配によって日本を離れている。二〇一三年、原発事故は依然として日本観光をためらう原因の一つである。特に二〇一三年下半期の核汚染水漏れの問題が発覚して、日本観光をキャンセルした中国人が少なからずいる。

中国人観光客を誘致するために、日中両国間にある「尖閣列島問題」を解決し、両国関係を改善して変化をもたらすことが重要だ。中国人は、安倍内閣の歴史認識問題と安倍首相の靖国神社参拝の問題に対して批判しているが、実際には多くの中国人が密かに靖国神社を参観し、自分の眼でこの「神秘なる神社」を見たいと考えている。そのため靖国神社は、中国人の観光スポットとなっているのが現状である。

二〇一四年には、日中経済関係が緩和され、円安の効果もあり、中国人観光客は急増し、前年比八三％増の二四〇万人となった。中国人観光客の日本での消費額は、前年比二倍の五五八三億円で、一人あたりの支出額は二三万円（そのうち六五％は買い物である）。米国人の一七万円、台湾人の一三万円、韓国人の八万円を上回っている。今年（二〇一五年）には、二月の「春節」で日本観光に訪れた中国人の「爆買」が主要百貨店の売り上げを軒並み押し上げ、日本でも大きく報道されることになった。

二〇一四年の中国人による海外の消費額は、一兆元（約一九兆円）を超えている。中国を出国する観光客の一％でも来日すれば、一〇〇〇万人が訪日することになり、日本に二・二兆円の経済効果をもたらす。日本政府の掲げる「一〇〇〇万人の外国人観光客」の目標も実現できることになる。

10……中国人観光客が必ず買う日本製品10種

二〇一五年一月七日、約一七〇〇人が乗った中国からのクルーズ船が、長崎港に到着。長崎市内最大の浜市商店街は、化粧品や家電製品を求める中国人客であふれた。浜市商店連合会会長の木田時夫氏は「地元の消費が停滞するなか、訪日客がお金を落としてくれるのは大助かりだ」と話す。また、二〇一五年一月から、日本は中国の富裕層に対して、五年間数次往来できるビザを発給するというビザ発給条件緩和措置を取った。日中関係の改善にともない、二〇一五年に訪日する中国人観光客総数は、四〇〇万人の大台を突破すると予想される。単純計算で、日本の消費市場に一兆円の貢献をすると見られる。

では中国人観光客は、いったい何を買っているのだろうか？　『中国経済新聞』の調査では、ショッピングの目玉商品は、主に以下に大別される。

第一、カメラ。キャノンとニコンは、中国観光客の第一選択肢で、中国の市場に比べ、種類が完全に揃っており、同一商品の価格が、中国市場より約二万～四万円安い。

第二、炊飯器。かつて中国人観光客のほとんどは、中国規格（電圧二四〇ボルト）の炊飯器を買っていたが、中国市場向け炊飯器は仕様が古く種類も少ない。そのうえ日本規格の炊飯器より値段が高いことがわかったため、日本規格の炊飯器を買って、帰国後、変圧器を買って使うようになった。

第三、腕時計。日本では、世界中のブランド時計の種類がすべて揃っていて、同じデザインのものでも、値段は中国より一般的に二〇％以上安い。中国人は皆、日本の時計には偽物がないので安心して買えると認識している。近年、父親への贈り物として、五万円前後の日本製シチズンを買う人が多くなっている。そして若い観光客が最も好むのは、価格一〇万円前後のカシオの電波時計だ。

第四、ノートパソコン。中国のノートパソコンの様式は比較的単調なため、軽量精巧でスマートなデザインの日本メーカー製品に、中国の若い観光客は魅力をおぼえる。同時に、日本市場でのアップル・コンピューターの値段は中国より一割以上安い。最も好まれているブランドはＮＥＣの製品である。ＮＥＣパソコンは、現在では中国の聯想集団の製品だからであり、しかもスタイルは聯想ブランドより良く、デザインもスマートで、価格は一万元（二〇万円）以下なので、中国国内で高級な聯想のノートパソコンを買うより得だ。

第五、化粧品。資生堂は、常に中国観光客の第一選択肢になっている。次にコーセーの「雪肌精」である。三番目がＦＡＮＣＬであり、自然化粧品は、種類が中国よりずっと多いだけでなく、価格も中国より三分の一以上も安い。

第六、温水洗浄トイレ。量販製品より三万八〇〇〇円ほども高価なものだが、抗菌・洗浄作用・瞬間暖房などの機能があり、最大の長所はあらゆる型の便器に取り付け可能であることだ。免税店の日本人販売員はつたない中国語で、中国人のツアー客が来ればすぐ品切れになるとうれしそうに話していた。

第七、健康食品。納豆菌・生酵素などの健康食品やダイエット食品は、中国人の誰もが買っていく商品だ。中国にもマカが売られているが、中国男性観光客は、日本製品は混ざりっけなしの本物だと信じ、価格も中国より安い。現在マカは、中国観光客が最も好む商品の一つだ。

第八、ヘアカラーと痛み止めの貼り薬。ヘアカラーは中国観光客が必ず買う商品であり、値段も中国より安いだけでなく使い勝手がよい。その理由は、日本のヘアカラーは副作用が少なく健康被害がないと認識されていているからだ。そして、日本の貼り薬には、漢方薬が使われていないので、嫌な臭いがなく、良く効くので好まれている。

第九、ストッキング。「日本製」のマークが付いた商品は、破れにくく質がよいというイメージがあるため、近年来、日本製靴下がだんだん流行り始めてきた。睡眠時の着圧ストッキングは、女性観光客イチオシ商品だ。そして、男性観光客に言わせると、日本の防臭靴下が喜ばれる商品だという。

第一〇、日用雑貨。日本製保温コップは保温時間が長く、コップの縁で火傷をしないので、中国人観光客に受けている。また最近、漆塗りの耳かき、ステンレスの耳かきも、土産用として大量に買われている。さらに、文房具のハサミもよく切れるため人気商品になっている。

11……中国ユーザーは日本理解を望んでいる

中国市場は、人も多様で地域が広い。それだけにすぐに理解することが難しい。逆に中国の日本製品ユーザーが、日本をよく理解しているかも疑問がある。まだ相互理解が足りない。

私は、二〇一三年四月、麻生副総理らが靖国神社を参拝した時、上海「復旦大学」の招きで「真実の日本」というテーマで講演する機会があった。また北京では「鳳凰テレビ」の日中関係の討論番組で解放軍の強硬派として知られている「羅援少将」らと討論した。

復旦大学では、大学側は学生が騒ぐのではないかと心配していた。というのは、ネット上で「漢奸の徐静波による復旦での講演に反対」という書き込みがあったからである。しかし講演会場では、聴講に来た学生や教師などが廊下までも満杯になった。そして少しの騒ぎもなく私の話を熱心に聴き、盛んに拍手してくれた。私はこの姿を見て、中国の多くの学生が日本をもっと理解したいと考えていることを実感した。

講演を聞いたある学生は

「徐先生は、日本の良いところばかりを紹介していますが、なぜ日本の批判をしないのですか？」と質問してきた。これに対して私は、

「どの国にも良いところがある。日本の社会制度の建設は、道徳と規範に基づいており、環境保護においては中国よりはるかにすぐれている。今必要なことは、日本という国を理解し、率直な気持ちでこの国の良いところを学ぶことだ」と応えた。さらに、

「日中関係は冷却しているが、日本政府は、中国人の来訪のためのビザを大幅に緩和している。できるだけ多くの中国人に日本へ来てもらって、実際の美しい日本を見てもらうことの方が、日本政府が金を使って宣伝するよりも効果がある。また日本社会にも、日本人にも、『本当の中国』を紹介する人がいればと、心から思っている」とつけ加えた。

復旦大学の講演の後、私は上海近郊の嘉興港区にある日本企業の数社を訪問した。そのうち一社の経理責任者から話を聞いた。

「二〇一二年、多くの都市で反日デモが起こりましたが、ここでは意外に平穏でした」と言った。このコメントが印象的だった。その上で、

「もちろん、日本の本社や家族は心配していました。中国から離れたほうがいいという意見が大半でしたが、あまり気にしていませんでした。日本のマスコミの報道は、あまり扇情的にならず、関係者も騒ぎすぎないほうがいいと思いました。会社は七年前に、ここで操業を始めましたが、当初の年産は五トン余り

でしたが、現在は倍の一〇万トンです。おそらく二年以内に一二万トンになるでしょう」。

さらに、「この会社の生産品は中国では需要が多く、期待できます。ですから中国への投資はコストだけを考えるのではなく、長期的に見て市場の拡大によってもたらされる利益を考えるべきです。日本の本社は、新聞やテレビなどの報道に左右されず、反中国的な世論に引きずられていてはいりません。日本と中国では温度差がかなりあるのではないでしょうか。広い意味で見れば、日中両国の交流は、国民どうしの意思の疎通が足りません。これを促さなければ、事業提携という面での判断に間違いが生まれます」と話してくれた。

その他、多くの企業担当者がこれと似たコメントをしていて、これが非常に強く記憶に残っている。

昨今の尖閣諸島問題によって、両国の関係がこれ以上にこじれれば、双方にとって大きなリスクと不利が生まれる。この地区の中国側管理責任者の石雲良氏は、日本電産を誘致した功労者であるが、以下の意見を言った。

「日中関係が緊張していて政府の責任者や団体が日本を訪問できなくなっているが、関係が冷却すればするほど交流を深めることが大事である。多くの日本側関係者も中国側関係者も望んでいることである。私は一回でも多く日本を訪問して、しかも日本からも中国を訪問していただき、相互に理解し合うことを期待している。私はそのための努力を惜しまない」。

はっきり言って、中国人のすべてが反日ではない。むしろお互いの利益のために日本と親しくしたいという人が多いと考えていただきたい。

12……日本企業にとっての「中国商機」

二〇一四年七月一五日、中国商務部は、上半期の日本から中国への直接投資実行額が、前年同期比四八・八％減の二三億ドル（約二四八四億円）だったと発表した。中国での生産コスト上昇などにともなって、日本企業の中国離れが進んでいることが浮き彫りになった。

中国では労働者の賃金が年一〜二割程度上昇する例も珍しくなく、日本企業は東南アジアなど人件費の安い国に生産拠点を置くケースが増えている。米国や欧州からの対中投資も減った。

円安で日本企業の海外進出意欲が低下したことや日中関係の悪化も、投資額の減少につながったと見られる。「中国から撤退するケースが激増しているわけではないが、新規進出は明らかに減った」（北京の貿易関係者）との見方が強い。

二〇一三年一一月、日本の国際協力銀行が発表した『わが国製造業企業の海外事業展開に関する調査報告――二〇一三年度海外直接投資アンケート結果』によると、中期的（今後三年程度）有望事業展開先国・地域として、中国は調査開始以来ずっと維持してきた第一位から、インドネシア、インド、タイに次ぐ第四位に後退し、得票率（複数回答可）も二〇一二年の六二％から三七％に急落した。

経済学者の関志雄氏の分析によると、日中関係が悪化する中で、多くの日本企業は、リスクの分散化を図るために、中国への投資を行いつつも、あえて集中させず、並行してほかの国へも一定規模の投資を行う「チャイナ・プラス・ワン」という戦略を本格化させている。これを反映して、二〇一三年に、日本の対中投資は、前年比一七・六％減少している（円ベース。財務省『国際収支状況』）。また、二〇〇九年、初めて対米を抜いた対中輸出は二〇一三年に再び逆転されており、世界輸入に占める中国のシェアが増え続けているにもかかわらず、日本の輸出に占める中国のシェアは、二〇一一年の一九・七%をピークに、二〇一三年には一八・五%に低下している（財務省『貿易統計』）。その一方で、中国の日本離れは、日本の中国離れ以上に進んでおり、中国において、日本の存在感は、欧米と比べてますます薄れている。

中国はすでに日本を上回る経済力を持つようになった。しかし、中国は、GDP規模が日本を上回るようになったとは言え、人口が日本の一〇倍に上り、二〇一三年の一人あたりGDPは九〇〇〇ドル未満と、日本の約四万ドルにはまだ遠く及ばない。また、平均寿命、乳児死亡率、第一次産業のGDP比、都市部のエンゲル係数、一人あたり電力消費量といった経済発展を示す指標を見ると、現在の中国の数値はおおむね一九七〇年代前半の日本と同じ水準にあり、日中間の発展段階における格差は四〇年前後と見られる（表）。これは、両国が競合関係というよりも補完関係にあり、互いに協力する余地が十分に残っていることを意味する。

ここで言う補完関係とは、「中国の強い分野において日本は弱いが、逆に中国の弱い分野において日本が強い」ことを指す。これは、「中国の強い分野において日本も強く、中国の弱い分野において日本も弱い」ことを意味する競合関係とは対照的である。実際、「製品間分業」の観点から見ると、日本と中国の得意分野は、それぞれハイテク製品とローテク製品に集中しており、サプライチェーンに沿った「工程間分業」においても、日本が付加価値の高い川上（研究開発やキーパーツの生産）と川下（マーケティング、アフターサービス）の工程において強く、中国の強みは組み立てなどの製造過程に限られている。競合関係は、一方が得すれば、もう一方が損するというゼロサムゲームになるが、補完関係は、双方が得するウィンウィンゲームになり得る。

具体的に、日本企業は、中国のどんな分野において、多くのビジネスチャンスが期待できるのか、『日中経済産業白書二〇一三・二〇一四――速まる中国の構造変化と日中ビジネス再構築』（日中経済協会、二

日中主要経済発展指標の比較：直近の中国 Vs.1970 年前後の日本

	中国（直近）	日本
平均寿命（歳）注1	74.8 （2010 年）	74.8 （1976 年）
乳児死亡率（千分比）	13.1 （2010 年）	13.1 （1970 年）
第一次産業の GDP 比（%）	10.0 （2013 年）	10.1 （1968 年）
都市部のエンゲル係数（%）注2	35.0 （2013 年）	35.1 （1966 年）
1 人当たり電力消費量（kwh）	3967 （2013 年）	4063 （1976 年）

（注）1．平均寿命は男女平均
2．エンゲル係数は家計消費に占める食料費の割合

（出所）中国国家統計局『中国統計摘要』2014、中国衛生部『2013 中国衛生統計年鑑』、『数字でみる日本の 100 年』国勢社（1986 年）、厚生労働省『人口動態統計』、日本経営史研究所『日本電力業史データベース』より作成

○一四年）に、例が挙げられていた。

（1）都市建設とインフラ整備＝スマートコミュニティ、エコシティ、分散型エネルギー、発電設備、都市交通（地下鉄、都市交通制御システム）、鉄鋼、汚水排水処理設備、ごみ処理設備、廃棄物回収・再利用、通信ネットワーク、住宅・事務所・商業施設建設、建設機械

（2）ビルファシリティ＝エレベーター、空調システム、照明、BEMS（ビルエネルギー管理システム）

（3）交通＝電気自動車（EV＝乗用車、バス）、EV用電池・モーター

（4）一般消費財＝住宅内（家具、家電製品など）、事務所内（パソコン、複写機などの事務機）

（5）サービス・流通

（6）ヘルスケア（予防、診断、治療、予後など）

（7）食の安全（植物工場、無農薬・有機栽培、物流システムなど）

（8）介護、養老（施設＝ハードとソフト、高齢者ホーム運営管理、福祉介護サービスなど）

（9）環境保護（大気・水・土壌の汚染対策）、省エネ

（10）娯楽（アニメ、映画など）

（11）その他（飲食関係、人材教育・派遣業、学校、学習塾、病院、アパート・マンション管理、コンビニエンスストア、養殖・畜養、

金融サービスなど）

13……「日中韓ＦＴＡ」は、なぜそんなに難しいのか？

二〇一五年二月二五日、中国と韓国は「中韓自由貿易協定」（ＦＴＡ）の文書に仮調印し、協定の内容が確定した。これにより中韓ＦＴＡをめぐる交渉は終了した。中韓ＦＴＡ交渉は二〇一二年五月にスタートし、二〇一四年一一月には両国首脳が北京で実質的な交渉の終了を共同で宣言した。中韓ＦＴＡは中国にとって国別貿易額の規模が最も大きく、カバーする範囲も最も広いＦＴＡとなる。

規定に基づき、中国はこれから最長二〇年をかけて関税ゼロ製品が税費目全体の九一％、輸入額の八五％に達するようにし、韓国は同製品が税費目の九二％、輸入額の九一％に達するようにする。中国は電器・電子製品分野では、電子炊飯ジャー、洗濯機、冷蔵庫、医療機器、家電部品などの製品でゼロ関税を実現させるとともに、鉄鋼分野では冷延鋼板、ステンレス熱圧鋼板、厚板などの製品で貿易自由化を実現させる予定だ。韓国はモーターと変圧器の関税を撤廃し、一五～二〇年かけてカバン、ゴルフクラブといった中国からの輸入量が多い生活用品の関税を段階的に撤廃する。

製造業分野では、自動車と関連部品は関税減免の対象および中長期的に貿易の自由化を実現する対象には入っていない。農林水産分野では、韓国のコメ、トウガラシ、ニンニク、イカ、太刀魚など二〇品目が関税減免対象に入っていない。

韓国は日本から中国における事業を奪い取る

韓国の朴槿恵大統領は二〇一四年一一月、グローバル経済の復興とアジアの発展にとって中韓ＦＴＡの成立は重要でプラスになるニュースだとの見方を示した。一方、習近平国家主席は、「中韓FTAの建設には一里塚の意味であり、アジア・太平洋地域の一体化を力強く促進する」と述べた。

韓国・延世大学の金成煥教授（国際政治学）は、「中韓FTAは経済を中心とした貿易協定だが、より重要なのはこれが戦略的意義を帯びていることだ」と話す。

両国のFTAへの正式調印が、日本に相当大きな衝撃を与えることは間違いない。日韓の経済構造は質的に似ており、これからは韓国製品が中国市場で日本製品に大量に取って代わるようになり、韓国は日本から中国における事業の多くを奪い取ることになると見られる。

また、米国にとっては、中韓FTAが他に先駆けて成立することは、米国が主導する環太平洋戦略的経済連携協定（TPP）に拮抗するパワーになり得るとともに、韓国は米国のこの地域における中国への潜在的な牽制の影響を弱める上でプラスに作用すると同時に、韓国も中間国として橋渡しの役割を担い、中米の間で仲介の役割を発揮し、アジア・太平洋経済の整備を一層加速させることができると考える学者がいる。

米国の同盟国も、中国とより緊密な経済さらには戦略協力を確立し、朴槿恵大統領の言うアジア諸国は経済面では中国に依存し、安全保障面では米国に依存するという「アジア・パラドックス」から脱却することが完全にできるということだ。

日中韓FTAの行方

日中韓FTAの構築は政治的な問題によって停滞し、中韓FTAの構築が大きく進展するのと対照的となっているが、日中韓FTAというプラットフォームの構築を放棄したことはないし、放棄してはならないと思われる。

日中と中韓の貿易額の差は300億ドルにすぎない

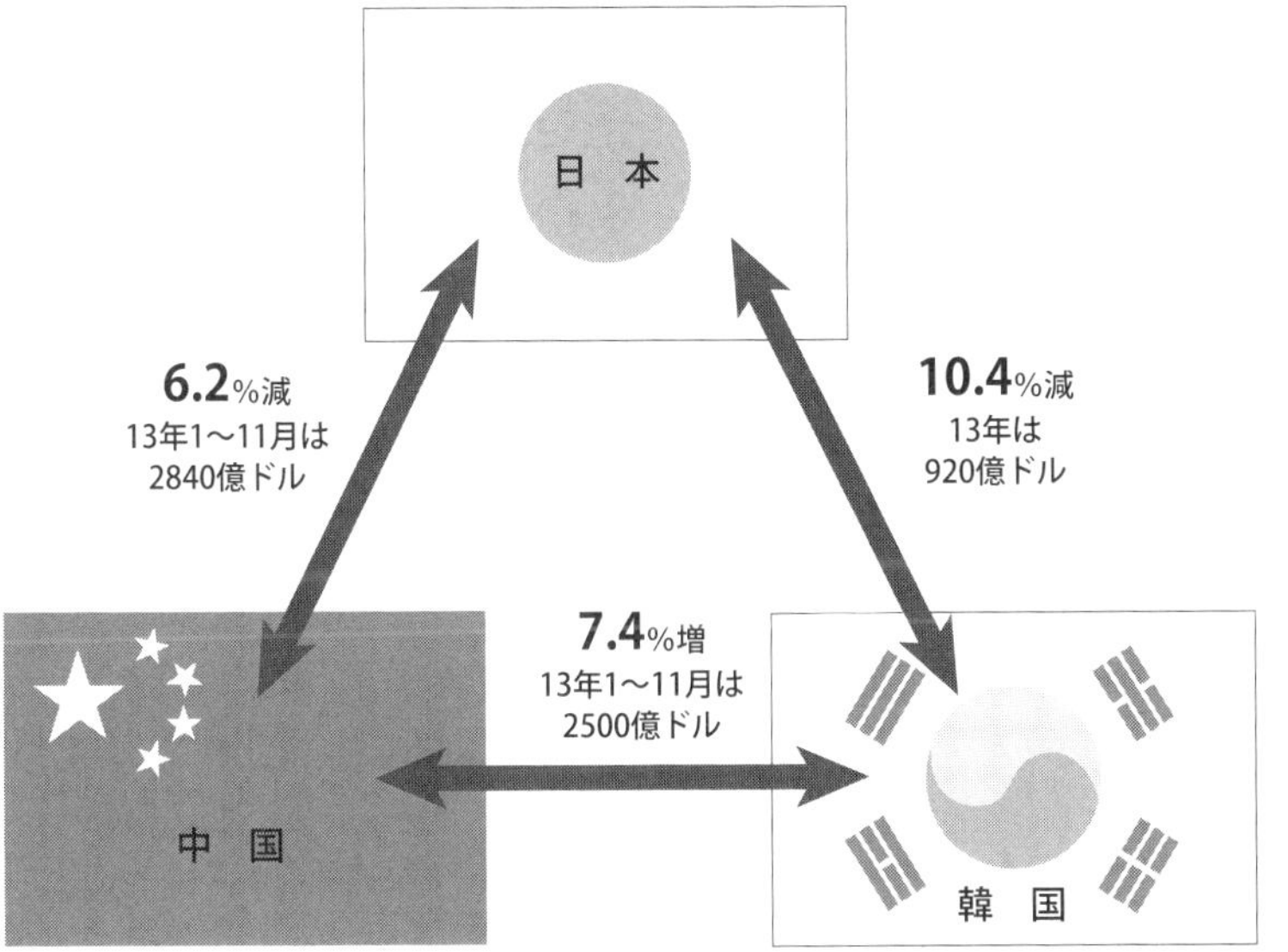

（情報源）CEIC、中国税関総署と韓国産業通商資源省

日中産学官交流機構の特別顧問・福川伸次氏は、二〇一四年三月、東京で開催された第三回日中韓経済貿易フォーラムで、小渕恵三首相時代に提起された日中韓三国自由貿易区建設案は、すでに一〇年以上になるが、いまだに進展が見られないのにはさまざまな原因はあるとしても、各国政府に推進への熱意が足りないことが最大の原因であろうとの考えを明らかにした。氏は言う。三か国のＧＤＰは、世界総量の二一％を占め、その貿易量は、世界総量の一九％を占めている。また、三か国の産業は、すでに分業化・協作化を実現していて、その経済関係はきわめて濃密化しており、いまだ遅々として自由貿易協定（ＦＴＡ）が締結できないというのは、三か国の経済、さらには東アジア経済の健全な発展にとって、非常に大きな影響をもたらしてくる。したがってわれわれは、次の世代にバトンを引き継ぐべく、健全な三か国関係を立派に建設する責任がある。

駐日中国大使館経済参事官の明暁東氏は、日中韓三か国の市場は実に大きいマーケットで、ＦＴＡが調印されれば一五億の人口と一五兆ドルの巨大市場が誕生することになる。このことは、三国経済発展にとって有利なばかりでなく、この地域の経済、ひいては世界経済にとっても積極的な影響をもたらす。彼は言う。一八期三中全会後、中国は、五年以内に一〇兆ドルの商品輸入、対外投資五〇〇〇億ドル、出国者延べ人数四億人という、新しい綜合改革発展目標を明確に打ち出した。したがって、この中国の発展は、日韓にとっても、大きな利益をもたらすものである。日韓両国の多くの技術、特に省エネ環境保護技術は、中国において多大な市場を得ることとなるだろう。

日中韓ＦＴＡが構築されれば、北東アジア地域の経済協力を強化して地域に内在する政治的な問題や歴史的な問題の激しさを和らげ、地域経済の発展に新たな活力を注入し、中日韓三か国に経済と政治と二重のメリットがもたらされるものと期待される。

第4章 世界は中米「G2」時代になっているか?

1……五時間におよんだ「瀛台夜話」

二〇一四年一一月、APEC首脳会議が北京で開催された。この機会を利用して、アメリカ・オバマ大統領は、習近平の招待で中国を公式訪問した。

これは、習近平が中国のトップとなってからの二年間で初めての重要な国際会議であり、大きくクローズアップされた。さらに重要なのは、習近平がこの機会を借りて、オバマとの「サニーランドの会談」を再現したいと考えたことだ。習近平が二〇一三年六月に訪米した際、オバマとともにワシントンを離れ、カリフォルニア州にあるウォルター・アネンバーグ夫妻の旧邸宅サニーランドで、二日間、八時間にわたる会談を行っている。

中米国交三四年の歴史上、前例のないほどの長時間にわたったサニーランドでの個人的会談で、習近平はオバマに対し「太平洋は、中米の二つの大国がすっぽり収まるくらい広大である」と述べ、「新しい大国関係」を築くという双方の合意に繋がった。この「新しい大国関係」は、主に「中米の平等協力関係」と理解されている。

「サニーランドの会談」から一年余りが過ぎ、習近平が北京でオバマを迎えた際、習近平は特別に「中南海瀛台会談」の機会を設けた。時間はＡＰＥＣ首脳会議が終了したその日の夜、一一月一一日である。この夜は、中米の歴史の重要な一ページになると目された。

瀛台《えいだい》は、中南海の南海に位置する皇宮である。明の時代に建てられ、帝王や皇后の執政、避暑、居住のための場所となっていた。四方を水に囲まれた楼閣が海の中の仙島に見えることから「瀛台」と名付けられた。一九四九年九月、毛沢東が中華人民共和国を建国した際、この場所に建国準備委員会の代表を招いて「瀛台宴会」を行った。一九九八年六月にクリントン大統領の中国訪問の際には、江沢民と王冶坪夫人がこの瀛台でクリントン夫妻をもてなした。二〇〇二年二月には、江沢民夫妻が瀛台でブッシュ夫妻と昼食会を行った。このため「瀛台」は、中国の政治・外交史上において特別な意味を持った場所なのである。

この「瀛台夜話」の当初の予定はこうだった。一八時三〇分から中南海瀛台を散歩し、瀛台に到着後は涵元殿で小人数の面会を行う。その後、香扆殿で小さな宴会を催し、最後に薫亭で簡単な茶会を開く。二一時一五分にはすべてを終了する。実際はどうなったか。二人の会談はたいへん弾み、非常に突っ込んだ内容のものとなった。すべての予定が大幅に延長され、三〇分の予定であった最初の面会は九〇分になった。習近平が「お客様のお腹を空かせてはいけないので食事にしましょう」と促すと、オバマは「まだいくつか話したいことがあります」と答えたのだ。九〇分の予定であった宴会は二時間近く、三〇分間とされていた茶会は一時間近く続いた。最終的に二人が別れたのは、深夜二三時を回ってからであった。「瀛台夜話」は予定の三時間から、五時間にまで延びたことになる。

では、この「瀛台夜話」の中で二人はどのような話をしたのか。宴会の前にオバマとともに瀛台を参観した際、習近平はオバマに対しこう語った。

「瀛台は、清の時代には皇帝が返答文の作成、避暑、そして招待に使っていた場所です。清朝の康熙皇帝は、かつてこの場所で内乱を収める方法や、台湾領土回復の国家戦略について考えた。その後、光緒皇帝の時代になると国家は廃れ、彼は百日維新（戊戌の変法）を行い、失敗した後に西太后によってこの場所に幽閉されました」。

オバマはこう応えた。「その点において、中国とアメリカの歴史は似ています。改革は妨害を受ける、これは不変の法則です。私たちは勇気を出す必要がある」。

習近平は続けて、「中国の近代史を理解することは、今の中国人民の理想と進む方向を理解する上で、とても重要です」と述べ、さらに「今のオバマ大統領と私は、一人はアメリカの大統領、一人は中国の国家主席です。昨年はサニーランドで会談し、今日また瀛台で会談しています。私たちの間には以前より多くの共通認識があり、もちろん意見の異なるところもありますが、一緒に討論して、和して同せずを実現できる。これはちょうど中米の新しい大国関係を反映している。つまり、お互いを理解し尊重し、違いをコントロールして衝突や抵抗を避け、相互に利益のある協力関係を築くということです。今後もこのような関係を続けて、多くの会談を行いたい」と語った。

2014年11月、中国を公式訪問したオバマ大統領と習近平

オバマの返答はこうだ。「アメリカと中国は、今では世界最大の経済体です。友好的な協力は全世界に利益があります。サニー

ランドの時のように、成果に富んだ誠意ある交流ができることを期待します」。

宴会とその後の茶会の中で、習近平とオバマは何を語ったのだろうか。中国側の情報によると、歴史から現在、文化から政治、未来の世界情勢から両国の戦略まで多岐にわたり、中米がいかにして手を取り、平和で繁栄した世界を築くことができるかという可能性や希望について語ったという。日中関係と東アジアの情勢は、疑いようもなくこの五時間の会談の重要な内容である。当然、習近平はオバマに対し、中国が直面している困難や、自らの執政の問題点や課題、そして中国を率いて二度目の改革に挑む抱負を、腹を割って説明した。

オバマは習近平に対し、このように発言している。「中国の人民が、なぜ国の統一と安定を大切にするのかがよくわかりました。アメリカは中国の改革開放を支持し、抑制あるいは包囲をするつもりはない。なぜなら、それはアメリカの利益にもならないからだ。アメリカは中国と誠実な意思疎通を図り、相互理解を深め、互いの経験を参考とし、違いをコントロールし、誤解や誤った判断を避けることを望んでいる。中国はアメリカの協力者です。この多極化の時代において、アメリカは中国が国際事業の中で建設的な役割を果たすことを歓迎します。中国側と交流・協力を深め、ともに世界規模の問題に挑戦し、アジア太平洋圏の平和と安全を築きたいと思っています」。

夜色深まった二三時過ぎ、彼らはやっと薫亭を出てきた。初冬の風は冷たく、習近平とオバマのコートを揺らしていた。係員が車で迎えると、二人の元首は異口同音に「乗る必要はない」と答えたという。

そして彼らはコートのボタンを閉め、瀛台橋北まで話しながら歩いた。

習近平は最後にこう言った。「遅くなりましたが、徹夜で語り合うわけにもいきませんね。明日の朝一番でまた会わなければならないのですから」。そして両国の元首は握手で別れの挨拶をした。

オバマは感激した様子でこのように述べた。「今晩、私は、中国共産党の歴史や執政理念、そしてあなたの理想を、一生で最も全面的かつ深く理解しました」。オバマが車に乗ると、彼らは窓越しに手を振って別れた。オバマが瀛台を離れていくのを、習近平は風の中に立って見送っていた。

翌日の朝、習近平とオバマは北京人民大会堂で三時間の公式会談を行った。その中で、習近平が提唱した「中米の新しい大国関係を進めるための六つの重点」は、大局を見通したものであった。オバマ大統領の回答も誠意に満ちており、特に「アメリカは誠意をもって、アジア太平洋圏で中国と競争ではない協力関係を築き、この地区の安全と安定を共に守ることを希望する」の一言には、明朗な政治態度が表われている。

しかし、オバマが北京で発した一言で最も人々を震撼させたのは、首脳会談の中ではなく、その後の記者会見でのことであった。オバマは多くの記者の前でこのように語った。「米中協力関係の発展は、アメリカのアジア戦略の核心である」。

国際的な世論では、日米の関係強化こそがアメリカのアジア戦略の核心であると見られてきた。したがって安倍政権は日米安保協力を推し進め、集団的自衛権の行使を通して、「日米同盟」によって中国に対抗し、日本のアジアでの軍事的・政治的地位の強化を目指してきた。この影響を受けて中国の世論では、アメリカのアジア戦略の目的は、中国を包囲・封鎖することであると目されてきた。そのため、オバマが北京人民大会堂の記者会見で語ったこの一言は爆発的な影響力を持ち、またホワイトハウスのアジア戦略に重大な変化、すなわち米日関係から米中関係への方向転換が起きていることを暗示したのだ。

2……「新型大国関係」構築のための五つの原則

中国とアメリカの関係は、思えば現在まで、いくつかの重要なステップを踏んできた。

両国は、一九七一年、中国の国連加盟を最初に、徐々にではあるが関係を深めていった。一九七九年の中国とアメリカの「国交樹立」、そして同時期に中国と日本の「国交回復」が実現した。

一九八九年、「天安門事件」でアメリカ・日本・西欧諸国などとの関係がこじれて、中国の「WTO」（世界貿易機関）加盟が遅れるという事態になった。しかし実際には、アメリカの当時のブッシュ（父）政権は、中国の孤立化を避けた。貿易では戦略物資以外の規制をしなかったのである。一九九〇年代には、当時のクリントン政権は、中国との「戦略的パートナーシップ」関係を表明している。中米関係の重大な転機は、二〇一三年六月、習近平とオバマの米カリフォルニア州アネンバーグ別荘でのプライベートミーティングにおいて訪れた。この会談で、習近平氏は、以下のような内容を述べている。

「ここは、太平洋からたいへん近い場所ですが、この海洋の向こうは中国です。昨年の訪米の折りに、私は、この広い太平洋には、中米両国を飲み込むに十分な大きな空間が存在するとお話ししましたが、今も変わらず、そのような認識です。私とオバマ大統領はともに、経済のグローバル化が急速に発展し、各国との共同対処という客観的要求に直面し、中米は、衝突対立してきた歴史とは異なる新たな道を歩むべきだ、という認識で一致しました。また、新しい形の大国関係を構築し、相互に尊重協力し、ウィンウィンの関係を図り、両国ならびに世界人民に幸福をもたらすべく、ともに努力することに合意しました。国際社会も、中米関係の継続的改善と発展を期待しています。中・米両国の協力がうまくいけば、世界の安定を保つ〝バラスト〟（船体の安定を保つための重石）となり、世界平和のブースターとなることができます。中米の新しい形の大国関係、その成否は、まさにわれわれのやり方にかかっています」。

この会談で、中米両国は初めて「新型大国関係」の構築を合意した。

中国政府は、中米両国の新型大国関係構築について、今までになく熱を入れている。習近平は二〇一三年六月の訪米から帰国して三か月の間に、中国の外交事務責任者である国務委員・楊潔篪、国防部長・常万全および外交部長・王毅が、相前後して訪米した。そして、アメリカの国務長官ケリーおよび国防長官ヘーゲルも前後して訪中し、双方、近年にない良好な動きが見えた。
では、中米間にどのような新しい大国関係が樹立されるのか。王毅部長は、ブルッキングス研究所での講演の中で、以下に述べる五つの原則を提示した。

《第一の原則》

われわれは、戦略的相互信頼を不断に積み上げ、中米の新しい大国関係を、さらに牢固な基盤の上に構築しなければならない。中国側は終始、以下を強調している。すなわち、中国の発展は平和的発展であり、アメリカのポジションに取って代わるような戦略意図はまったく考えたこともなく、誠心誠意、アメリカを含めた各国とともに平和を護り、ともに発展することを希求している。われわれは、アメリカ側が近年来、くりかえし以下の表明していることに注意を払っている。すなわち、中国を脅威と見なさないということ。中国封じ込めの意図は持たないということ。中国が発展していくのを快く見守っていくということ。安定を保持していくということ。

《第二の原則》

われわれは、中米の新型大国関係を、さらに強く結ばれた互いの利益の絆の上に構築するよう、大いに現実的な協力を推し進めていかねばならない。中米国交開設四十数年来、急速に発展した経済貿易関係は、両国それぞれの発展にとって巨大なメリットをもたらしただけでなく、その間、中米関係は風雪にも遭遇したが、常に波浪の前のバラストの役割を担ってきた。

《第三の原則》

われわれは、積極的に人的・文化的交流往来を強化し、中米の新型大国関係を、より堅実な民意の基盤の上に築かねばならない。われわれは、両国の各分野、各階層の民衆、つまり家庭・コミュニティー・学校・民間団体などを含めた社会の基層にある民衆間の相互往来を推し進め、民衆どうしの理解と友情を深めるようにしなければならない。すなわち、われわれは文化交流を深化させることによって、交流と衝突の中から、お互いの包容と融合を育んでいかねばならない。

《第四の原則》

われわれは、国際的な危険地域やグローバルな問題における協力を絶えず強化し、中米の新型大国関係を、より緊密な共同責任の上に構築していく。アメリカは世界最大の成熟国家であり、中国は世界最大の発展途上国家である。中米が手を結べば、世界の平和安定、人類の文明進歩のために貢献でき、国際社会の中米両国に対する期待に合致するだけでなく、これは当然、中米の新型大国関係のしかるべき形でもある。中国はすでに、アメリカと地域ないし世界レベルのさまざまな局面で全方位的な協力を準備しているが、いわゆる〝二国共治〟をやろうというのではなく、お互い得意分野を分け合い、補完し合い、中国は己の国力と国情に相応しい国際的責任を担い、アメリカとともに、国際社会のため、より質の高い大衆商品を提供していく。中米は、いかなる問題においても、協力し、たとえわれわれは時に立場が違っても、これは、われわれの意思疎通と対話に影響することはなく、われわれが真に両国の共通した利益から出発し、地域ならびに世界の安定と繁栄のためという観点から出発したものならば、中米間の立場は、必ずより狭まっていき、戦略的相互信頼も必ず絶えず深化していくだろう。

《第五の原則》

われわれは、アジア太平洋の事柄に関する協力を重点的に強化し、中米の新型大国関係の構築をアジア太平洋地域から立ち上げたい。アジア太平洋は今、世界で最も発展スピードが速く、潜在力が最も大きい地域であり、また問題点が最も多い地域でもある。中米両国のアジア太平洋における利益交錯は最も密で、交流も最も激しい。つまり、中米の新型大国関係構築は、アジア太平洋から始めるべきである。もし、中米がアジア太平洋で衝突もなく、対立もなければ、他地域でも平和共存が可能である。すなわち、もし中米がアジア太平洋の問題で相互に尊重し、ウィンウィンの協力ができれば、その他の問題でも協力展開が可能である。

以上が、王毅部長がアメリカに提示した中国側の五つの原則である。これを守ることによって、アジア太平洋を「新型大国関係」の〝テストケース〟とできるのか？　それが、二一世紀世界の安定と平和、そして経済発展を大きく決定づけることになるだろう。

3……中米「新型の大国関係」と日本

新しい大国関係は、大雑把に言えば、アメリカと中国が世界をリードするという考え方である。そして、おそらく習は、以前、発言したように、オバマに以下の言葉を語ったと観測されている。

「太平洋には、両国を受け入れる十分な空間がある」。

これを、オバマがどう受け取ったのかが気になるところである。習としては、太平洋をアメリカと共同管理したいという意思表明をしたと想定されるが、外交上の駆け引きからして、私としては、そんなに突っ込んだ話には進まなかったと考えている。もちろん言いたいことは、お互いに知っていただろうが……。

それよりも、今回の会談の重要な目的は、首都のワシントンから遠く離れた西海岸のリゾート地で、二人が差し向かいになって食事をしながら、八時間以上という長い時間をかけ、お互いの心の壁を除くことだったと思われる。推測の域は出ないが、ほかに話されたであろう話題としては、北朝鮮問題で非核化に同意したことは考えられると思う。また、日中間の「尖閣問題」への言及もあり得るかもしれない。

これからの世界は、アメリカを除けば、間違いなく中国の存在を抜きにして、何も動かないだろうし、解決策が生まれてこないだろう。だからと言って、もちろん中国の独走が許されるということではない。

日本が最も心配しているのは、アメリカが中国に、日本の利益を売り渡すことである。しかしこの心配は大きく危惧することはないと思う。すでに、五月下旬、菅義偉内閣官房長官が、アメリカの国家安全保障担当大統領次席補佐官のトーマス・Ｅ・ドニロン氏と電話会談を行い、日本政府の立場をアメリカ政府に伝えている。

アメリカは、一方で、尖閣諸島問題では「日米安全保障条約」に則って、日本の支援を約束しているが、いたずらに中国を刺激しないよう、日本に対して注意している。

全世界の関心は、習主席とオバマ大統領が「新型の大国関係」を構築することで一致したことだ。この「新型の大国関係」とは、いったい何なのか？

北京の消息筋によれば、習近平氏が提唱した中米の「新型の大国関係」とは、両国の戦略関係を、一九四五年の同盟関係に戻すものだという。中米は、六八年前、同盟国として、第二次大戦後の国際新秩序を創った。六八年の間、両国は、対立や対抗をくりかえしたが、今や全面的な協力関係へと変化し、両国の同盟関係が回復したのだという。

中国政府は、「アメリカは中国の敵ではなく、パートナーだ」と考えを変えた。半年前、中国のすべての人が、日本の尖閣諸島「国有化」は、アメリカが、日本にやらせたものと考えていた。アメリカがアジアに回帰するのは、中国の発展を牽制するためだと考えていた。

習近平は会談の中で、オバマに対して、二度も「広大な太平洋は、米中両大国を受け入れるに十分な空間がある」と念を押した。

二一世紀の超大国として、中米は冷戦の道を歩んで、世界を冷戦の戦局に引き込むのか、「米中同盟によって共同で世界を操る」夢を実現しようとしているのか？　これは、習主席が訪米して、オバマ大統領と最終的なコンセンサスの一致をみて初めて実現できることである。

もし、中米が新たな同盟関係を樹立した場合、二一世紀は、平和な世紀となり、米中が互いに潰し合うようなことはなくなる。しかし、日本の立場で言えば、日米軍事同盟関係は、一夜にして何の価値もなくなってしまう。そして、中米が、共同で日本をコントロールする時代が到来するという、日本にとっては正に悪夢が現実のものとなる。

習近平は、会談の中で、オバマに対し、

「中米関係は、新たな歴史のスタートラインに立っている」と述べている。

これに対しオバマは、

「今はまたとないチャンスで、米中関係を新たなレベルに上げることができる」と応じた。

中米が「新型の大国関係」を築くということは、「米中同盟関係」を回復し、再度、その同盟を締結するということである。

アメリカ副大統領バイデンは、二〇一三年八月シンガポールで安倍首相に会見した後、CNNのインタビューに答えて、明確に、「米中は、将来のG2時代を構築する」という観点を提唱した。米中に、このような関係ができれば、日本はいったいどうするのだろうか。

4……中米による「G2」時代とは？

二〇一三年九月二〇日、米国訪問中の中国外交部長である王毅氏は、ブルッキングス研究所での講演の中で、中米両国関係について非常に現実的な数値を示した。

「現在、中米貿易額はすでに五〇〇〇億米ドルになろうとしているが、相互の投資は八〇〇億米ドルを超えているだけでなく、中米交流基金会の最新の研究報告では、一〇年後には、つまり二〇二二年には、中米両国は、お互い最大の貿易相手国となり、アメリカの対中輸出額は四五〇〇億米ドルに達し、アメリカに二五〇万以上の就業機会を生み出し、アメリカ観光をする中国人は二〇一二年の一五〇万人から、一〇〇〇万人に増加するものと予測している」。

これは、中米両国の共同研究によって得られた結果であり、中米が新しい大国関係を形作っていく歴史過程の中で、絶え間なく注がれる強靭な原動力となっている。

王毅は、かつて長期間にわたり駐日中国大使館に務めたが、特に大使の就任期間、彼のスマートな容姿と流暢な日本語によって、日本社会の信頼と評価を勝ち得たと言われる。二〇一三年三月の全国人民代表大会で、彼は高得票で外交部長に選ばれた。これにより、二〇年来で初の駐米大使出身ではない外交部長が誕生したのである。

ある北京の外交関係筋は、王毅の外交部長就任について論評し、「これは、中国外交の一大重要転換。中米関係は、すでに安定期に入っており、今後一〇年、最も矛盾の起こりやすい地域は、まさにアジア地区である。そのため、長い間、外交部アジア局を担当してきた王毅を、外交部長に据え、今後の中国外交は、アジアに、特に南シナ海地域に重点を移すことを明らかにしたのだ」と語った。

王毅の外交部長就任後、初訪問したのは東南アジアだったが、逆に、最初に外交官としての個人的魅力を発揮したのは、この二〇一三年九月の訪米だった。『ニューヨーク・タイムズ』は、王毅の訪米前、こう論評している。

「中国の経済的指標は、今後一〇年でアメリカを追い越すことは間違いなく、三〇年後には、すべてにおいて、アメリカを追い越しているだろう。世界に躍進する新しい盟主に対して、アメリカは敵対するのか、それとも盟友となるのか。これは、オバマ政権だけが考えるべき課題ではなく、今後、アメリカ歴代大統領たちが直面しなければならない課題となる」。

米国債の保有国（地域）のシェア（13年９月）

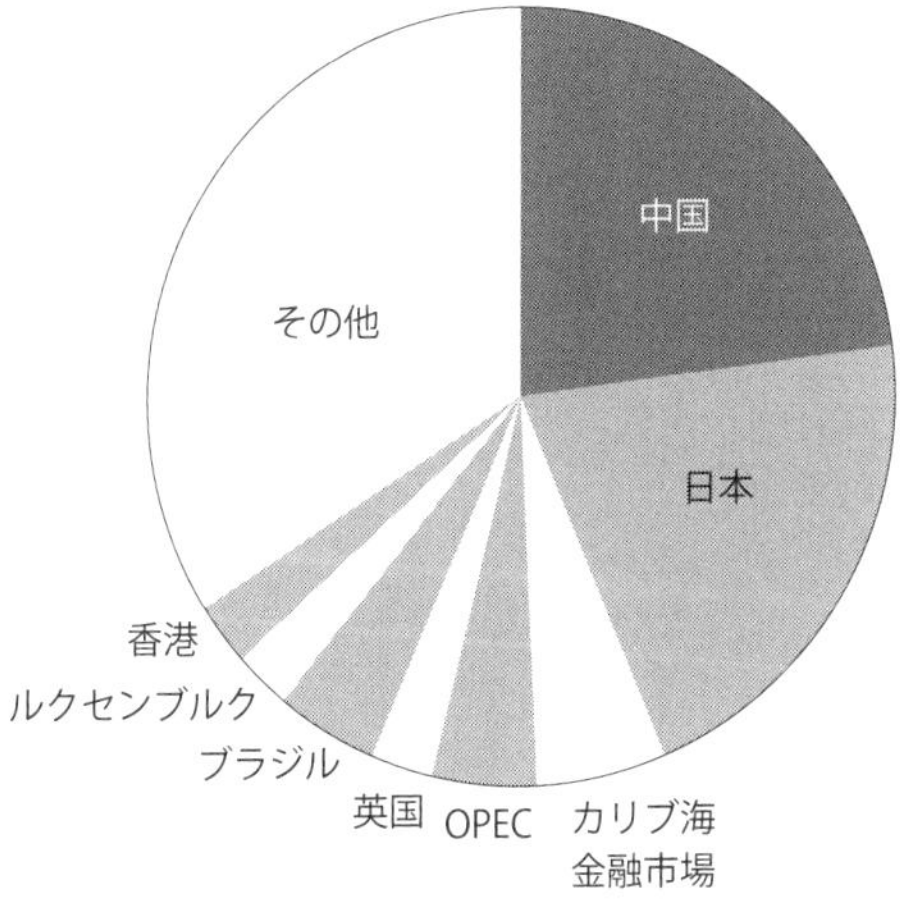

（アメリカ財務省より作成）

アメリカは、躍進する中国の指導者が、本当にアメリカに取って代わって「アジア・ナンバーワン」ないしは「世界ナンバーワン」になろうとしているのかと、ずっと懸念してきた。中国は、はるか昔の一〇〇〇年以上前には世界の最強国で、世界の三分の一のＧＤＰを占めていたが、中国人はいまだに「中華帝国」思想を放棄していないのではないかと。中国人の夢と抱負は、どんどん大きくなっている。中国人は皆、中国がアメリカ・ヨーロッパ・日本のように豊かで、繁栄し、技術競争力を備えた国になることを渇望している。中国は、アメリカに続いて宇宙空間に人を送り込むことができるし、ロケットで衛星を打ち上げることもできる。中国は、四〇〇〇年の文化、一三億の人口、そして優秀な人材を擁している。中国は、五〇年前には想

中国の外貨準備高に占める米国債の推移

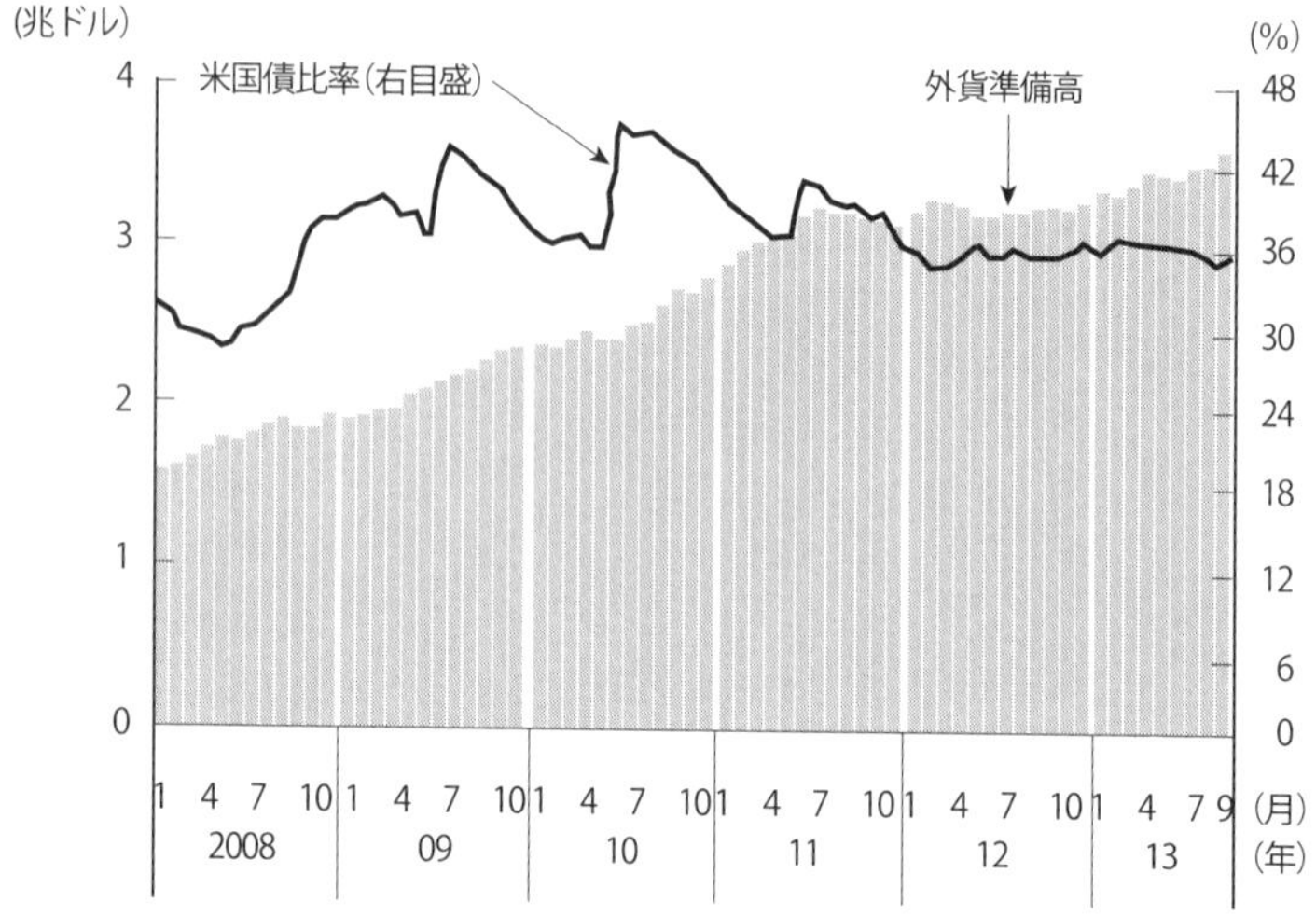

（アメリカ財務省、中国人民銀行より作成）

像もつかない速さで発展しており、この急激な進展は誰にも予測できない。中華帝国の復活への使命感こそが、あらゆるすべての力を圧倒しているのだ。どうして中国が、アジア第一、世界第一を望まないはずがあるだろうか、というわけである。

しかし、シンガポールの前首相リー・クアンユーは、訓戒を込めて述べている。「他の新興国と違って、中国は中国たることを考え、世界に対して、世界に受け入れられることのみを望んでいるので、決して、西側の名誉会員になりたがったりしていない。中国は、二一世紀にはアメリカと対等に付き合うようになることを望んでいるのだ」と。

王毅部長は、講演の中で、アメリカ社会に対して、親しみを込め、「中国は、アメリカのアジア太平洋における伝統的影響と現実的利益を尊重し、アメリカをアジア太平洋から排斥しようなどと考えたことはなく、アメリカがアジア太平洋の平和的安定的発展を維持し、積極的かつ建設的役割を発揮されんことを望んでいる」と述べた。

王毅の演説のこの一節は、参席していたアメリカ各界人士から賞賛の拍手を浴びた。王毅のこの言葉は、実際に中国の対米外交のベースラインであり、中国政府はアメリカのアジア回帰を歓迎しており、それは世界の平和をもたらす回帰であり、中国の一部の軍部が懸念するような対中封鎖の実施ではない、との公式な見解を表明するものだった。同時にまた、中国は、アメリカのアジア太平洋地区におけるボスの地位に取って代わることは決してないので、「アメリカよ、どうぞ安心されたい」ということを示したのだった。

中米間に「G2時代」を開くには、アメリカ人の精神状態の調整が必要となるだろう。戦後一貫として「世界ナンバーワン」のスーパー大国であったアメリカ人は、そのポジションを中国に引き渡し、共同で世界の利益を分け合うというのには抵抗があるからだ。

一方で、中国側もこのような懸念を抱いている。アメリカ政府は、全力で日本との同盟関係を強化し、新防衛指針の日米軍事協力を「切れ目のない」協力関係にレベルアップして、協力範囲を「グローバル」にまで拡大し、日本の自衛隊を、事実上、米軍の一部隊に編入しようとしている。その目的は、明らかに、「日米連合軍」を編成し中国に軍事的に対抗することであり、それによって中国に対してアメリカが決めたゲームのルールに従わせることである。それによってアメリカ単独で中国に立ち向かわなくともすむのだ。しかし、こうした方向性は、「G2時代」の順調な幕開けに、どれだけ不安定要素を醞醸するだろうか。

5……アメリカは、最大の「経済大国」の座を中国に明け渡すか？

二〇一四年四月二九日、世界銀行が公表した二〇一一年時点の購買力平価換算の国内総生産（GDP）を基にした推計で、中国が二〇一四年にも米国を抜いて一位になる見通しが明らかになった。通常使われる名目GDPでは米国はなお中国の二倍の規模だが、実質的にモノを買う力で見た新興国の存在感が高まっている。

通常、GDPの国際比較は名目為替レートを基準にしている。世銀が推計した購買力平価換算のGDPは変動の大きい為替相場の影響を除くため各国の物価格差を調整し、その国のモノを買う力の実態を示すとされる。世銀が公表した二〇一一年時点の推計では、一位は米国で、世界経済の一七・一％を占めた。二位が中国（一四・九％）、三位がインド（六・四％）、四位が日本（四・八％）だった。

英紙『フィナンシャル・タイムズ』によると、二〇一二年米国の国内総生産（GDP）規模は一六兆二〇〇〇億ドルだ。当時、中国のGDPは八兆二〇〇〇億ドルで、米国の半分の水準にとどまった。しかし、ICPが購買力平価（PPP）基準を活用して試算した結果、それより七年前の二〇〇五年の中国のGDPがすでに米国の半分の水準に増えたものと集計された。

二〇〇五年、中国のGDPは米国の四三％であり、二〇一一年には、米国の八七％水準に急増した。二〇一一年の結果についてICP報告書は「米国は世界最大経済にとどまっている」と述べながらも、「しかし、PPPを利用して算定すると、中国がすぐ後ろに追撃している」と指摘した。

さらに『フィナンシャル・タイムズ』は、二〇一一年から一四年まで中国GDPが二四％の増加率を記録するものと予想される反面、米国は七・六％成長に止まるだろうというIMFの見通しをもとに、中国経済規模が米国を追い抜くだろうと展望した。つまり、一八七二年、英国を追い越して世界一位になってから一四二年の間その地位に座り続けた米国が、二〇一四年に世界最大の経済大国の地位を中国に奪われる。

このように、中国と米国の経済規模の順位が後先になったことにより、世界経済の地形図は大激変を強いられるだろうと予測される。

購買力平価換算を考えずに、中国のGDPの規模だけを見ると、二〇〇八年には、四・五二兆ドルと、米国の三〇・七％、日本の九三・二％しかなかったが、二〇一〇年に日本を抜いて米国に次ぐ世界第二位

急拡大する中国のGDP規模

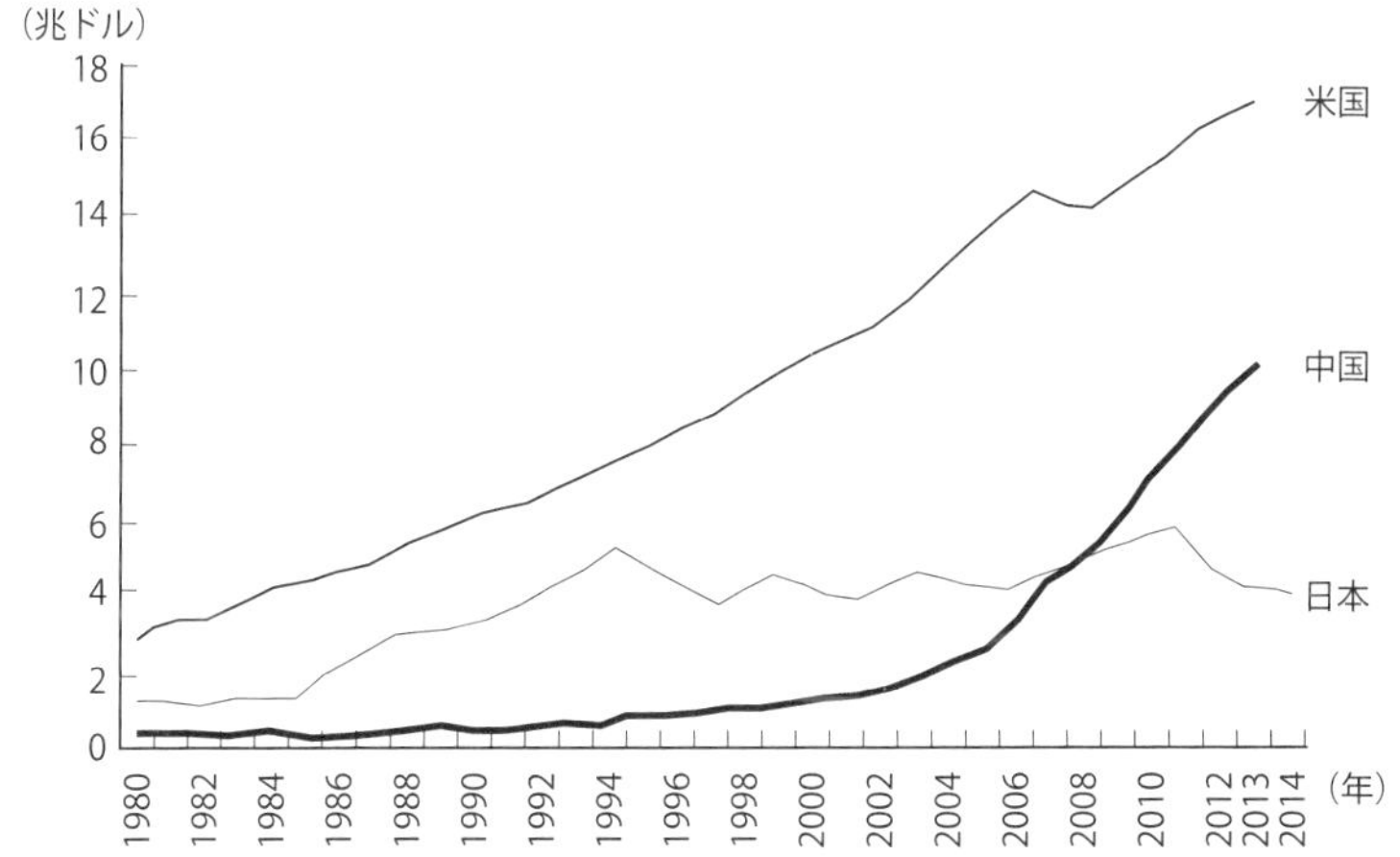

（出所）IMF, World Economic Outlook Database, 2014年10月版より作成
（2014年度は予測）

となり、二〇一三年には、日本の一・八七倍、米国の五四・六％にあたる九・一八兆ドルに上昇した。その背景には、中国の経済成長率が、近年、低下しているとはいえ、依然として米国と日本など、主要国を大幅に上回っていることがある。これに加え、人民元のドルと円に対する上昇も、中国のＧＤＰ規模が相対的に拡大していることに寄与している。

二〇一三年の中国と米国のＧＤＰをベースに、中国と米国の成長率と人民元の対ドルの為替レート（厳密に言うと、物価の変動を考慮した実質為替レート）の変化をあわせて考慮し、「楽観」「標準」「悲観」という三つのシナリオに分けて試算すると、米中のＧＤＰ逆転の時期は、楽観シナリオでは、二〇二一年、標準シナリオでは二〇二四年、最も遅い時期を示した悲観シナリオでも、二〇七七年となる。

米中のＧＤＰ逆転も待たずに、中国による世界経済成長率への寄与度はすでに米国を大きく上回っており、二〇一三年には世界全体（三・〇％）の三六・七％にあたる一・一％に上っている。ある国の世界経済成長率への寄与度は、その国の「成長率」と「世界ＧＤＰ総額に占

中日米 EU の貨物輸入が世界全体に占める割合　(単位：%)

	1950 年	1980 年	2000 年	2010 年	2020 年	2030 年
中国	0.9	1	3.3	9.1	19	27
日本	1.5	6.8	5.6	4.5	4	3.5
米国	15	12.4	18.7	12.8	10.5	9.5
EU	——	——	38.4	34.7	30	25

情報源：胡鞍鋼など「2030 年の中国」(中国人民大学 2011 年)

める割合(購買力平価ベース)」の積によって計算される。中国は、成長率が従来と比べて低下しているが、世界GDP総額に占める割合が逆に高まっているため、比較的高い寄与度が維持されているのである。

産業のレベルで見ても、二〇一三年に中国の粗鋼生産量は、七・七九億トンに達し、一九九六年以来、首位の座を守っており、第二位の日本(一・一億トン)を大きく引き離している。また、二〇一三年の中国の自動車の生産台数は二二一二万台と、第二位の米国(一一〇五万台)の倍になっている。二〇一三年の中国における自動車販売台数は二〇一八万台に達しており、世界一の規模となっている。乗用車に限ってみると、一七九二万台に上り、そのうち、米国系企業によるものは一九〇万台に上っている(中国汽車工業協会データによる)。

中長期的な傾向として中国の貿易は次第に高度化しており、今後も輸出産品について高付加価値化が進められることが予想されるため、アメリカなど先進国を中心に競合関係が生じることも予想される。

まず、中国の最大の輸出相手国であるアメリカの輸入に占める中国のシェアの推移を見てみると、拡大していることが確認できる。アメリカの輸入シェアは、八〇年代は日本が約二〇%を占めていたものの、九〇年代以降は中国および韓国のシェアがやや拡大し、特に二〇一〇年以降は中国のシェアが二〇%近くにまで拡大している。

ただし、付加価値ベースの輸出を見てみると、中国の総輸出に対する国内付加価値の割合は、二〇〇九年時点で七〇%を切っている。国内付加価値の割合は、鉱物資源を保有する国や先進国が高い傾向にあるが、中国は、メキシコ、タイ、韓国などの工業国に近い割合である。このことから、中国が世界的なサプライチェーンの一部として組み込まれていることがうかがえる。
中国という竜が翼を広げつつあることは否めない。最近では経済成長のペースが変わったと報じられているが、それでもなお不完全な超大国にすぎない。この大国の台頭をかじ取りすることが、現世代と次世代の責務となる。だが今のところ、多くの尺度に基づけば、アメリカに追いつくにはほど遠い。

6……TPPに対抗、アジア太平洋自由貿易区を提唱

中米両国では、水面下での競争が激しくなっている。二一世紀の世界経済の主導権は、誰が握るのか。日米間ではTPP（環太平洋戦略的経済連携協定）交渉が大詰めに入っているが、中国国務院の李克強総理も「アジア太平洋自由貿易圏構想」を提案している。もしこれが実現すれば、アジア太平洋地区最大の自由貿易圏となり、中国が主導権を握ることとなる。

中国国務院の李克強総理は、二〇一四年四月一〇日、海南の「ボアオ・アジアフォーラム」の開幕式の基調演説で、FTAAP（アジア太平洋自由貿易圏）の可能性を研究し、アジア地区の貿易投資最大の利益を実現すると語った。中国の指導者が初めてFTAAP構想を提案したことになる。

李克強総理のこの構想は、アジア太平洋地区にRCEP（域内包括的経済連携協定）とTPPという二大自由貿易体が出現したことによるものである。この二つの自由貿易体はある期間は両立が可能で、互いに促進し合った後、共同でFTAAPに発展することができる。

RCEPは、東南アジア諸国連合（ASEAN）加盟一〇か国に、日本、中国、韓国、インド、オーストラリア、ニュージーランドの六か国を含めた計一六か国でFTAを進める構想。二〇一一年、日中が共同提案し、ASEAN関連首脳会議で一致した。

李克強総理によると、今後十数年間でアジア区域内の貿易は一兆ドルから三兆ドルに拡大し、域内各国の貿易シェアは三〇％から五〇％に上昇する。しかしＥＵに比べると差は大きい。そのため東アジア区域経済の一体化は地区内の各国の共同の利益となり、一致協力して貿易の自由化と投資の便利化を促進することで、合作のレベルを上がることができる。ＲＣＥＰは東アジア地区で最も多くが参加し、規模も最大の貿易協定であって、成熟した自由貿易区の集まりである。また比較的大きな寛容性を持ち、アジアの産業構造、経済モデル、社会の伝統の現実に合っている。順序に従って漸進する方式を取り、参加国の異なる発展レベルに配慮し、またほかの区域の貿易の働きかけも排除しない。中国は積極的に交渉を行い、二〇一五年の合意を目指している。

李総理は、アメリカ主導のＴＰＰに対して、中国は開放的な態度を保ち、世界貿易の発展や公平で開放的な貿易環境のためになることを祈っているという。ＴＰＰに対して排斥も反対もしない中立な態度を取るが、中国はＴＰＰに加盟申請する立場は取らないことを表明した。

中国社会科学院アジア・世界戦略研究院の李向陽院長は、私の取材に対し、中国はただちにＴＰＰに加盟する条件にはないという。というのは、ＲＣＥＰに比べＴＰＰの敷居は高く、より高度な自由貿易区であるからだ。そのため中国は本国の経済環境と市場環境の調整が必要で、二つの段階を経て条件を整えるという。一つは上海に自由貿易区を建設し、それを成功例とする。部分的な地区で自由貿易区域を作り、中国に適した自由貿易区の経験と環境を育てる。もう一つはＲＣＥＰに加盟し、モデル区域で自由貿易の能力を育てる。数年を経て、ＲＥＣＰとＴＰＰが一つになって、アメリカと共同でＦＴＡＡＰを作ることになる。

李向陽院長によれば、中国は世界最大の経済国として将来的にはアメリカを超える。そのため中国は、必然的に区域の自由貿易区の主導的役割を考えなければならない。条件が成熟しない状況下で、中国は安易にアメリカが主導するTPPに加盟することはできない。そのため包容性のあるRCEPが、中国の最も積極的に推進する自由貿易区となるだろうという。

7……リー・クアンユーの中米関係への見解

シンガポール前大統領リー・クアンユーは、二〇一三年三月、アメリカの『アトランティック・マンスリー』の取材で、中米関係の将来について以下のような独自の見解を述べている。

アメリカが中国を受け入れたということは、中国が将来的には力を増し、アメリカの敵となり得る国だと認識しているからだ。「われわれはそのうちに対等となり、最終的にはそちらの方が強大になるだろうが、われわれはお互い手を携えていかねばならない。さあ座って、世界の問題について語り合おう」という具合に、アメリカは中国と対話すべきだ。

これは、アメリカがなすべき基本的選択である。〔……〕アメリカは毎年、数千名の中国の学生を受け入れており、その中には、中国最高の能力を持った学者や科学者がいる。彼らは将来、中国を変える最大の力となる。アメリカは、これらの中国人留学生を通じて、中国に対して最大の長期にわたる影響を与えることになる。

中国は、世界の地域的な問題に介入できるだけの力を持つに至るまで発展した時に、重大な選択をすることになる。それは、経済力と軍事力によって勢力の及ぶ範囲の覇権国となるのか、国際的な協力関係を維持し続けるのか、という選択である。その時期が来る前に、中国が万人の利益に合致する国際的協力を選択するべく全力で押し動かせば、さらに中国を五〇～一〇〇年という長い期間、建設的なさまざまな方面へ力を結集する国家に誘導することができる。それは、中国が平和的に発展する経済機会を持ち、石油のような資源、その他の商品・サービス業のために、市場参入権を得られ、そうしたものから排除されることがないようにしなければならないということを意味している。もし、このような道が中国に開放されなければ、世界はいずれ強硬な中国と共存しなければならなくなる。中国との対話と協力を通じてこそ、アメリカも発展の道を確保でき、中国が二〇年もしくは三〇年後に一大強国になっても対応することができるのだ。

さらにリー・クアンユーは、以下のように述べる。

中米は競争することは避けがたいが、衝突は避けられる。現在は冷戦期ではないが、当時のソ連は、世界の覇権のためにアメリカと争った。しかし今、中国はただ自国の利益のためだけに事を運び、世界を変えるなどということには、まったく興味を持っていない。

中米双方は、影響力を競いあっている、しかし中国はアメリカが必要である。アメリカの市場と技術が必要である。アメリカの中国人留学生に、より進歩したビジネスのやり方を学ばせる必要があるので、このような局面はだんだん緩和されていくものと思われる。それは一〇年あるいは二〇年ないし三〇年の期間だろう。もし中国とアメリカが争って、食うか食われるかの関係に変化したら、中国のあらゆる情報と技術発展能力は、すべて断ち切られてしまう。したがって中米間の競争は、これからも中国にアメリカのビジネス資源を利用させるという関係の中で行われなければならない。

中米関係の安定と発展は、双方に協力と良質な競争を必要としている。中米両国に軍事衝突が突発する可能性は小さい。中国の指導者は現在、アメリカの圧倒的な軍事的優勢をはっきり理解しており、この優勢はさらに数十年は維持される。中国が軍事近代化を推し進めているのは、アメリカに挑戦するためでなく、必要な時に軍事封鎖やその他の方法で台湾に圧力をかけ、台湾の経済を動揺させるためである。中国の軍備拡張がアメリカの強大な情報力にキャッチされているが、これはつまり、中国は台湾を絶対に放棄しないということである。そして中国人は、いかなる相手とも、少なくとも今後一五〜二〇年の間は衝突したがらない。しかし中国は、三〇年後には軍事力でアメリカと対抗できると信じている。そうした段階になれば、両国とも自分たちが戦闘能力で不利であるとは認めなくなるだろう。

中国は長い間、軽蔑され、排斥され、頽廃・脆弱・腐敗・無能な国とされてきた。もしもアメリカの太平洋地域（全世界ではない）における地位が、中国に取って代わられれば、西側諸国は感情的に受け入れがたいだろう。アメリカの「文化的覇権」意識は、この種の感情面での調整を行うのがたいへん難しい。アメリカ人は、自分たちの思想には普遍性があり、言論の自由は至高無上だと信じている。しかしながら実際には、アメリカはそれを実行していないし、これまでもそうだった。アメリカの長期にわたる成功の理由は、これらの思想や原則によるものではなく、特殊な地政的条件がもたらした富によるものである。すなわち、豊富な資源と大量の移民、欧州からの大量の資本と技術、そして、二つの大海洋によって、世界的な軍事衝突からアメリカを隔離してきたことなどである。

アメリカは、中国の抬頭を阻止できない。強大になっていく中国といかに平和共存するかである。世界中にアメリカの地位に挑戦できるほど強大になった国はほかにないので、これはアメリカにとってまったくの新しい挑戦である。そして、中国は二〇年あるいは三〇年後には、この段階に達することになり、最終的には、アメリカは中国と主導的地位を分け合わないわけにはいかないのである。

これは、アジアからの一つの視点であろう。いずれにしても、アメリカも（そして日本も）、二〇年、三〇年後の中国を想定して、その関係を構築していかなければならないという指摘は、間違いない現実だ。

8……ホワイトハウスと中南海の「恩讐」

習近平・オバマ「北京会談」は、「新型大国関係樹立とは、地域の安全保障と世界経済、気候などの問題における協力強化」という共通認識の加速推進の達成にあると結論づけた。しかしながら、東シナ海および南シナ海問題は、ますます複雑化し、米日によるグローバルな集団的自衛権発動という状況の中で、はたして中米両国関係がスムーズに発展し得るだろうか？　ホワイトハウスと中南海には、お互いにとってともに多くの未知数が存在している。

アメリカのシンクタンクのケイトー研究所は、二〇一四年八月五日付の『米中関係――急務を定めて、選択すべし』（*U.S.-C−hina Relations:Setting Priorities, Making Choices*）という表題のレポートで、こう指摘している。以前に比べると、オバマは中国との付き合い方を改善したようだが、まだ充分だとは言えない。米中間には、表向きの衝突はないものの、現在の両国関係は「乾いた薪とマッチ」の緊張状態を続けており、一触即発である。

そのレポートは、さらに次のように指摘する。南シナ海および東シナ海の領土紛争は火薬庫であり、一方、北朝鮮は以前にも増して、破壊性を秘めている。そして、これらの不安要素の背後には、もろもろの地下水脈が潜伏している。アメリカと中国は、これらの問題で対立があるのは、別に奇とするには足らないが、両国は是非とも協力して、これらの問題を解決しなければならない。ただ不幸なことに、アメリカは、解決案を論議するよりも、要求を出すほうが得意だということだ。アメリカは、特に相互依存という問題をゆるがせにしている。アメリカのある地域における姿勢が、他国の反応に影響を与えているのである。

アメリカは「アジア太平洋に再復帰」あるいは「アジア太平洋におけるリバランス」戦略を掲げたが、これは、中国に照準を合わせたものでないことを、一度ならず強調している。アメリカの前統合参謀本部議長のリチャード・マイヤーズ空軍大将（二〇〇五年退任）と、マイケル・マレン海軍大将（二〇一一年退任）の二人が、二〇一四年七月に東京で記者会見し、中国問題について、マレン氏は「私は二〇一一年中国を訪問し、きわめて良好な交流を行った。中国を封じ込めてはいけないと、われわれも理解した。実際問題として、いかなる国と言えど、中国を封じ込めることはできない」と述べた。マイヤーズ氏も、こう指摘した。アメリカが二度と昔の冷戦時代に戻ることはあり得ない。なぜなら、環境はすでにまったく変化しているから。昔は米ソ間に緊密な経済関係がなかったから、冷戦構造を維持できた。しかし現在の米中間には、きわめて緊密な経済関係が存在し、日本も同様なように、経済は二国間関係の基礎である。したがって、アメリカは中国に対して封じ込めを行い、中国と敵対することはあり得ない。アメリカにもまったくこのような発想はない。アメリカは中国の勃興を歓迎しているが、中国がもっと多くの大国的責任を担うことを希望している。アメリカと中国の軍事関係はますます深まり、少し前に、アメリカの司法部門は、中国の軍関係筋のハッカー三名を起訴したが、中国艦隊のパンパシフィック合同演習参加には影響していない。米中間のささいな問題は、交流と対話によって解決でき、対立する必要はないということを、このことは説明している。

しかしアメリカが、北京の裏庭で軍事同盟や軍隊駐留を強化するのは、中国に対峙するという以外、ほかに理由があり得るのか。「アジア太平洋に再復帰」政策の推進と同時に、オバマ政府は中国に対して、北朝鮮の核プロジェクトおよび挑発的行動停止について強力な圧力をかけている。すなわちホワイトハウスは「平壌の喉笛を踏みつけて、北朝鮮を投降させる」ことを中国に要求している。

ホワイトハウスにとっては、中国にちょっと手伝ってくれというパフォーマンスだが、北朝鮮がどんな反応を示すかは、誰にもわからない。最も重大な地政学的結果は、朝鮮半島の最終的統一であり、米軍は鴨緑江河畔に「会合」するだろう。たとえアメリカが「アジア太平洋再復帰」しなくても、この結果は、あまりにも北京を笑顔にさせがたいものがある。

オバマは、日中領土紛争の緩和の試みの中で、同じような問題に遭遇した。アメリカは「円満解決」という立場を強調したが、ホワイトハウスは、一方で紛争を調停しつつも、他方で日本を含む同盟国との防衛義務を確認するとともに、さらには兵力を増強し、協定を締結するという姿勢を見せてきた。

そして、南シナ海問題では、オバマは公式に干渉し、大量の艦船と軍用機を南シナ海に派遣し、中国海軍と対峙させ、習近平とオバマのカリフォルニア会談で合意した「新型大国関係樹立」の共通認識に、きわめて大きな損害を与えた。これにより、中国はアメリカに対し不信をおぼえ始めた。

米中間に、多くの対立と誤解が生じていることは明らかであり、両国はこれらの論争にうまく対処しなければならない。善後処理の前提は、これらの問題はすべて単独なものではないということである。アメリカは、中国がアジアの地政学的利益に反した行動をしないよう説得したいなら、中国に対して、少なくとも「遏華聯盟」（中国抑え込み連盟）を主導していると思わせないことである。もしもアメリカが、一貫して中国抑え込み戦略を進めるなら、「新型大国関係」は樹立できないだけでなく、さらに新たな冷戦構造が形成される可能性が大となる。

中国社会科学院アメリカ研究所は、二〇一四年八月六日、北京で「当面のアメリカ内政外交政策の行方と中米関係の先行き」と題する国際学術フォーラムを開催し、そこで、二〇一四年版『アメリカン・ブルーブック』を披露した。フォーラムにおいて、中国人大外事委員会主任委員の傅莹氏は、当面の中米関係発展について基調報告を行った。その主旨を、以下にまとめてみる。

中国という最大の発展途上国と、アメリカという最強の先進国が、いかにして付き合っていくか？　これは、すでに国際関係研究界において興味津々の話題の一つとなっている。そして、中米間に、絶え間ない摩擦が生じている最大の原因は、アメリカがますます衰退していって、中国が世界の覇権を奪い取るのではないかという焦慮に陥っているからである。二一世紀に入ってからの十数年、中国は高速発展の歩調を維持し、重大な内乱もなく、大規模な外部の紛争にも巻き込まれていない。二〇一三年のＧＤＰは九・四兆ドルを超え、アメリカの半分を超えた。

世界に存在する問題の矛盾と対立の処理にあたって、アメリカの習慣的思考は、その他の国々に対して「俺についてこい。俺の手伝いをしろ」であり、これは中国を含む多くの発展途上国に困惑と受け入れがたい思いを抱かせている。中国とアメリカの政治・文化の違いは非常に大きく、経済発展水準も開きがたいへん大きいので、国際問題に対する政治的思考の上で多くの相違点を持っている。と同時に、中米は現在、世界で最も重要な協力パートナーで、われわれの協力範囲の広範さは過去のいかなる時期をも超えている。

中米はともに、世界が平和の維持を願望し、世界経済が着実に発展することを希求し、かつグローバルな自由貿易と投資の原則を支持していることを表明している。国連安保理の常任理事国として、中米はお互いに国連が代表している多角的協力の枠組みを尊重し支持している。アメリカは、多くの現行の国際規則の制定に関与し、そしてまた、その受益者でもある。中国も現行国際体系の構成員であり、またその受益者である。同時に、国際的計略と規則の改革は、今や中国とアメリカの積極的な後押しがなければ実現しがたいのである。

新型大国関係樹立は、中米双方にとって、ともに新しい課題である。アメリカの国際協力の経験はたいへん豊かだが、中国はアメリカの旧知の伝統的パートナーとは、かなり異質である。二一世紀の太平洋をまたぐ中米の協力関係は、平等で、かつ、双方ともに相求め、双方がともに主導的に推進するというだけでなく、さらに双方がともに妥協でき、相手をおもんぱかることができなければならない。大事なことは、片一方だけでなく、常に別の一方も自らが求めるところが満たされることを要求し、お互い前進も後退もあり得る、真の平等な協力でなければならない。特に、双方は、さらに素晴らしい交流、相互理解を深めるために、戦略的側面からのみならず、彼我の一般市民間を含めた交流を促し、国際的問題における協力意識と能力を育成しなければならない。

西側の伝統の「国強必覇」のロジック、すなわち国が強盛になると、必ず世界の覇権を再分割し、現存する強国の地位に取って代わろうとする、との意であるが、このロジックは、中国には当てはまらないのであって、中国の発展と勃興は平和的なもので、決して覇を称えることはなく、アメリカと覇を争うこともあり得ない。

以上の傅瑩氏の報告は、中国政府の対米関係における最もリアルな考え方を代表している。当然、習近平は、北京でオバマと会見する時には、そんなに直截的かつ明確には話さないだろう。習近平は、オバマに対してこう述べるだろう。地域の問題について、アメリカは中国と一緒に協力してホットスポットと焦点となっている問題を適切に処理し、決して中国の対立面に立ち、これらの問題を激化させるべきではない。中国はアメリカの利益とセンスを尊重し、アメリカに取って代わって、世界の兄貴分になろうなどと考えたことはないと。そして習は、オバマがアメリカ政府を説得して、中国抑え込み戦略を放棄させ、ともに新型大国関係樹立を追求し、中米両国の友好交流と誠実な協力によって、中米友好がやがて世界平和に連なることを希求している。

北京のある習近平政権のブレーンの一人が言った。中国は今後五〇年、一貫してアメリカを世界の兄貴分と見なし、その世界ナンバーワンの地位に取って代わろうなどと望むはずがない。中国の最終目的は、「Ｇ2時代」を樹立して、アメリカと一緒に世界を差配することが望みである。極端な話、中国は、そこにロシアも加え、中米ソ「Ｇ3時代」を構築し、永久の世界平和と発展を希望している。

第5章　中国経済・社会の現状と課題

1……胡錦濤政権から引き渡された〝四つの課題〟

二〇一三年三月、北京で行われた全国人代会において、「習近平－李克強」指導体制が誕生した。「習近平－李克強」指導体制は、毛沢東、鄧小平、江沢民－朱鎔基、胡錦濤－温家宝以来の「中国共産党第四世代指導グループ」で、二期一〇年、二〇二三年まで、中国政権を握ることになった。そして二年を経て、「習近平－李克強」指導体制は、「習近平体制」に変貌している。

習近平の側近は、習近平と胡錦濤との個性の違いをこのように述べている。

胡錦濤は、重要な決定を行う時、周囲の人たちから五つの案を出させ、その中から一つを採る。そして、習近平も重要な決定を行う時には、周辺のブレーンたちから五つの案を出させる。しかし、彼は、そのいずれをも採択しない。

というのは、彼の頭の中には自らの六番目の案を持っているからである。彼は、ブレーンたちが提起する五案の中から、最も適切なアイデアを使って、自らの六番目の案をつくるのである。

習近平は、見るからに篤実な性格に見えるが、実際には、きわめて頑固に信念を曲げない、言い換えれば独断的でもあり、強い決断力を持った指導者である。

では、習近平が引き継いだ後、胡錦濤が彼に投げ与えたものは、どんな問題だったのか？　もちろん問題は山積していたが。

胡－温時代は、ほとんど制御不能に近いというべき時代で、二人ともに経済音痴だったことから、いろいろな利益集団が溢れかえり、部（省）、委員会ならびに地方政府の手中にある権力をほしいままに利用して、利益収奪の実現を図った。中央政府のいかなる政策も、役人たちの豪華な饗宴となり、なおかつ温家宝自身が言ったように、「中央の決定は、中南海の囲いから出ない」状態だった。

習近平の登壇後、胡錦濤－温家宝時代が先送りした問題整理を進めた結果、四つの大きな課題が鮮明になった。それを以下に示そう。

第一の課題――汚職腐敗

役人の汚職腐敗は、すでに言語に絶するところまで広がっている。鉄道部長・劉志軍の汚職金額は、一〇億人民元（約一六〇億円）にも達していた。平均年収が五万元の中国にとっては、驚天動地の天文学的数字である。劉志軍は、数ある中国貪官汚吏中の一人にすぎない。かつて中国改革の旗手と目された政治局委員、重慶市委書記・薄熙来も、収賄金額は三〇〇〇万元（約四億八〇〇〇万円）に達していた。胡－温政権一〇年における中国官僚の収賄額は、数十倍いや数百倍にも跳ね上がっていたのだ。

第二の課題——金融問題

二〇〇八年、世界金融危機の発生後、胡－温政権はその衝撃を避けるため、四兆元（約六〇兆円）の経済刺激策を実施した。しかし、この巨額のカネは、決して実体経済上に使われることなく、中央の企業と銀行に分配され、一夜にして、中国企業に宝クジが当たったような大量の資金をつかませた。そして、これらの資金は実業に投資されることなく、不動産投機に使われ、中央の企業は軒並み中国の「不動産王」になり、大々的に中国の不動産市場を押し上げ、二〇一〇年および二〇一一年の不動産バブルを招いた。

同時に、政府は、銀行に対外貸出を奨励し、どうにか不良資産をはがさせたが、比較的健全な各大銀行は、またも大量の不良債権をふくらませた。地方政府も、この機に乗じ、金融系統から大量の借金をして、複雑な地方債務問題を造り出した。

その結果、中国の金融市場に「企業は借り入れできず、銀行は銀行にしか貸出をしない」という珍現象が生まれ、高利貸に資金貸出しをして利益を得ることに頼る、大量の「影の銀行」（シャドー・バンク）をはびこらせ、中国の実体経済発展を大きく阻害させることになった。

二〇一三年六月末の中央・地方政府債務残高は二〇兆六九八九億元、二〇一二年の名目GDP比は三九・八％だった。中央・地方政府の偶発債務残高は九兆五七六一億元、GDP比では一八・四％であり、政府債務・偶発債務残高の合計は三〇兆二七五〇億元、GDP比は五八・三％である。

四兆元の投資、無制限の信用貸付、当時はたいへんスマートで、みんな棚から落ちてきたボタ餅だと思っていた。しかし、二〇一二年からその返済期限が始まり、二〇一三年と二〇一四年の二年に、四・六兆元を返済しなければならなくなった。二〇一四年から二〇一六年までの三年間で、満期となる債務が地方政府債務残高総額の半分以上を占めるため、今後、地方政府の債務返済負担は相当に大きいと考えられる。

大規模な集中返済期の到来に、景気後退による収入減が加わり、これが中国の大企業や地方政府に巨大なプレッシャーとなっており、時間の推移につれ、大企業の破産や地方政府の破産の可能性が出てきた。二〇一三年七月には多くの銀行で深刻な流動資金不足の状態となり、現金引き出しができないという問題が発生し、人々を不安にさせる悪い兆しとなっている。

中国国務院は二〇一四年五月に声明で、中国地方政府が資金調達に利用していた「融資平台」（地方政府の傘下に置かれた投資会社で、銀行融資や債券発行を通じて資金調達し、地方政府のインフラ投資をサポートしている）への依存を減らす計画を表明した。当局は地方政府に債券による資金調達へのシフトを促す方向と見られる。

中国政府が、地方政府に債券の直接発行を認める方向となったことで、地方政府は返済の長期化と分散（小口化）により、返済に柔軟な対応ができる可能性もある。地方政府の主な返済原資と見られる土地譲渡収入は地価が下落すると減少するというリスクもあるなか、二〇一六年までに返済期限を迎える債務に目処をつける上でも調達手段の多様化は必須と思われる。

第三の課題――軍の問題

一九九〇年代、朱鎔基総理は、軍が商売をすることを禁じ、軍の経済行動は収斂された。しかし、胡－温時代一〇数年の放縦の結果、軍は再び善悪混交状態で、利益至上のブラックホールとなり、各種各様の商行為に満ち溢れていて、多くの軍人および関連利益集団が巨利を占めていた。

胡錦濤－温家宝時代は、軍問題の正しい解決をまったく図ってこなかったため、軍系統は、大局で胡－温体制に歩調を合わせていただけで、日常の事務においては、きわめて強力な自己活動空間を保持していた。その結果、軍の経済利益活動を日々活発化させ、中央軍事委員会の副主席・徐才厚を含め、大量の高

中国地方政府債務返済情報表（単位：億元）

返済年度	政府返済すべき債務		政府連帯債務	合計
	金額	比率（%）		
2014年	23,826	21.89	11,854	35,681
2015年	18,577	17.06	9,192	27,771
2016年	12,608	11.58	6,815	19,421
2017年	8,477	7.79	5,817	14,295
2018年後	20,419	18.76	28,375	48,795
合計	108,859	100	70,048	178,908

情報源：中国国家審計署

級軍官の「売官」と巨額汚職、それに女性軍人を愛人として共有するというスキャンダルまで生じた。軍用車のナンバープレートを勝手放題に横流し、マオタイ酒を含めた豪奢な酒が軍特別供給用として用意されていた。そして各種の経済的活動は、さらに氾濫し、数十年間戦雲を見ないため、驕奢怠惰の風潮が日に日に強まった。その戦闘力は、真に疑問を呈さざるを得ないものとなった。軍の本来的な使命を放棄し、その特権乱用がますます横暴になり、社会の公憤を引き起こしていた。

これについては、しばらくおくとするが、一つだけ述べると、解放軍は、さまざまな地方で不動産問題で摩擦を起こしている。すなわち軍の及ぶところ、その利益がいかに広範にわたっているかがわかるのだ。かつての海軍副司令官・王守業の汚職は、一億六〇〇〇万元（約二七億円）、囲った愛人五名だが、中央軍事委員会副主席の徐才厚の汚職事件に関連する金額は、数十億元（数百億円）に上っている。中国軍の腐敗は明らかである。

第四の課題――地権問題

土地問題は、地方政府の土地財政の最もキーポイントとなる要素である。地方政府の土地売却による金儲けができたのは、土地資源を独占して供給できたからで、政府に農地を市街化用地に転換させる権能があったからにすぎない。

このために、典型的な二重制度が形成された。すなわち政府は低価格で農地を買収し、農民は不満足な補償しか得られないが、政府はさらに高値でマーケットに売り出せる。政府が唯一の土地供給商のため、巨額の差益を得ることができ、この利益を地方財政に供している。北京市に例を取ると、なんと市財政収入の三分の一が〝土地売却収入〟だったのだ。

二〇一三年以降、中国経済はなぜ発展がこれほど難しく、ＧＤＰ成長が下降しているのか？　この危機を引き起こしている主たる原因は二つある、一つ目は、不動産バブルの破綻である。もう一つの原因は、地方債務危機である。

当然、この二つは相互関連している。中国の地方政府の収入源には、主に二つがあって、一つは工商業税収で、多くの中小企業・民営企業が不景気のため、あちこちの地方政府で税収が減少しているのである。もう一つの収入源の土地売却は、多くの地方政府で大幅に落ち込み、数年前の五〇％、さらには三〇〜四〇％程度となっている。北京市の年間土地備蓄用借入金は、二五〇〇億元（約四兆二五〇〇億円）で、この中の利払い圧力は非常に大きく、朝陽区だけでも、一か月の土地備蓄借入金利払いは千数万元になっている。もし、土地が売れなかったら、収支バランスは面倒なことになってしまう。したがって、工商業税収の減少および土地財政収入の落ち込みは、多くの地方政府にとって、きわめて大きなプレッシャーとなっているのだ。

胡錦濤と温家宝の不動産に狙いを定めた一連の政策は、「土地財政」という根本的な問題にまったく触れることなく、逆に、地方政府の「土地売却」による建設を容認していた。したがって中国全国の地価を押し上げただけでなく、同時に、政府と農民間の矛盾を激化させ、各地に収用土地が原因で発生した農民暴動を絶えず引き起こしてきた。

こうした四つの課題を前にして、習近平といえども、このすべてに対峙することができない。これは明らかであるが、彼は登場して以来、二つのことをした。

一つ目は、役人の大盤振る舞いの宴会参席、また軍の高級将校を含めた副大臣クラスの高級貪官の継続的な逮捕である。すべての役人に対し、廉潔であれとの指示である。もしそうでなければ職を辞せ、との警告を示した。

二〇一二年一一月の中国共産党一八回全国代表大会後から二〇一四年一〇月まで二年間、公式に落馬（地位を失うこと）した副部長クラスの役人は五〇人以上の多きに達していて、四川省省委副書記・李春城、安徽省副省長・霓発科、内蒙古自治区党委常委・王素毅、四川省文聯主席・郭永祥、広西壮族自治区政協副主席・李達球、そして前党政治局常務委員・周永康、前中央軍事委員会副主席・徐才厚などの高官が続々と落馬した。二〇一五年三月一五日の全人代閉会の当日、かつての中国改革の風雲児である雲南省党副書記・仇和、中国最大の国営自動車メーカー「第一汽車集団」会長の徐建一は、会場から中央規律委員会に拘束され、家に帰れない人となった。これは「毎週一人、省部クラスが引きずり落とされる」と形容されている。

習近平は、問題の根絶を図るために、「蝿は打つべし、虎も打つべし」との腐敗懲罰のスローガンを叫んだ。

二つ目は、景気後退の歯止め対策である。習近平は、目前の問題の根源は経済にあって、政治体制の問題ではないとないと考えている。前任者が残した「四兆元」の後遺症はまだ癒えず、金融爆弾はいつでも引火して、全面的な危機を引き起こす可能性がある。もしこのタイミングで政治改革を進めれば、必然的に危機を誘爆させ、さらなるコントロール不能状態を醸造するだろう。したがって、この局面に対応するために、中央政府によって、手ずから経済問題を取り除かせることができるよう、社会に対する取り締まりをゆるめるのではなく、社会に対してコントロールを強化するのだ。したがって、この理屈から言って、いかなる政治改革の叫びもすべて無視されるだろう。

2……中国政治改革の阻害要因とは？

中国は現在、根本的な政治改革に取り組んでいる。

中国国務院発展研究センター研究員の呉敬璉氏は、中国で最も良識ある経済学者として信頼されている。というのは、呉氏は公人でありながら「自由学者」だからである。年齢は八四歳と高齢だが、中国発展の節目には必ず登場して忌憚のない意見を述べてきたからである。

二〇〇三年、呉氏は、中国経済の改革に関する理論と実践を総括した著書『自選集』を出版した。これを読むと、呉氏が政府の高官として多くの法案策定に参加していたことが理解できる。

一〇年後の現在、呉氏はさらに鋭い舌鋒を駆使する評論家として、「法治的市場経済」を呼びかけ、同時に「官僚権力による資本主義」に強い警鐘を鳴らし、さらに「改革しなければ破滅が待っている」とまで断言している。そして改めて、『新たな改革の日程』と題した著作を発表した。私は、二〇一三年七月、北京で呉氏に会って、中国の将来について意見をうかがった。呉氏はまず、今の中国には二つの大きな問題があると指摘した。以下、そのキーポイントを述べよう。

一つ目は、経済の成長モデルの転換が求められていること。中国は、一〇年いや二〇数年にわたって古い成長モデルから抜け出していない。呉氏は、「問題はますます深刻化している」と指摘している。資源不足や環境破壊を引き起こし、労働者の収入が思うように伸びない。通貨の供給量を増やして成長を支えてきたが、不動産バブルを出現させてしまった。通貨膨張がさらに続いて、通貨流通量はＧＤＰの二〇〇％に達してしまった。世界でも一〇〇％を超える国は稀であるにもかかわらずである。

二つ目は、権力が経済運営に介入して、腐敗がますますひどくなっていることであり、どうしようもない状態に陥っていることである。

呉氏は、この二つの問題を解決しなければ、中国経済に致命的で破滅的な問題が起こる危険性があると指摘する。経済のみならず社会的にも問題が起きて、社会的矛盾が限界に達してしまう。もし政治改革を行わなければ、さらに巨大な問題にエスカレートすることが確実である。

中国は、長年にわたって「政治改革」を叫んできた。にもかかわらず、なぜ政治改革ができないのか。これは政治改革を阻もうとする「既得権益集団」の存在があるからである。では「既得権益集団」とは、どのような人々なのか。

この疑問に対して、呉氏は、以下のように分析した。


政治改革は、直接的に権力やその利益に関わることが多いが、特に中国には特殊な既得利益を得ている人物や権力を利用して私財を増やす人が存在する。こうした人は当然、政治改革に反対する。例えば中国環境保護部は、北京の大気汚染について、アメリカ大使館からの汚染測定の要求に対して、内政干渉として拒否し反対する。その理由は、アメリカ大使館の測定値が、中国環境保護部の利益や政治的な成果を侵害すると考えるからである。環境保護部部長の執務室には、空気清浄機が備えられているが、一般の家庭にはそうしたものは備えられていない。担当する官僚は、自分たちのために仕事をするのであって、一般国民のために仕事をするわけではない。

もし中国が、こうした既得利益者に対して改革を行わなければ、一般国民は永久的に公平・公正な利益を享受できない。結果として国家自体も発展の力を削がれることになりかねない。


私は、呉氏を心から尊敬している。国家発展の力を削ぐこの事態を避けなければならないと思う。呉氏

中国の三つの産業の割合予測（2010 ～ 25 年）（単位：%）

	2010 年	2015 年	2020 年	2025 年
第一次産業	10.2	8.31	6.98	5.93
第二次産業	46.9	44.93	41.47	37.37
第三次産業	43	46.86	51.55	56.7

情報源：中国国家統計局

は、現実を直視し、直言を憚らず、ほかからの攻撃にめげない。

現在、中国の高官たちは、避暑地の北戴河でも会議を開き、これからの改革案を論議している。私は、呉氏と同様、政治改革が習近平の改革の計画に組み込まれ、実施されることを心から望んでいる。さもなければ中国に希望はない。

3……解決すべき三つの経済課題

現在、世界経済は大きな曲がり角にさしかかっている。もちろん曲がり角は経済だけの問題ではないのだが、特に中国の急激な経済発展によって、その印象がひときわ高くなっている。

しかし、中国は一九八〇年代まで年率一一％をキープしていたが、その後、成長が鈍ってきて、最近では七％まで落ちている。とりわけ二〇〇八年秋に起こったリーマンショック以後、中国の経済成長の減速が進んだ。その誘因は、国際的にはアメリカや日本、欧州の輸入が減ったこと、国内的には、この三〇年ほどにわたって産業構造の改革が進まなかったことで、企業活動が加速しなかったことである。

現在、中国の経済成長は年率七％くらいをキープしている。七％の成長率は、大きな理由がある。それは、国内の失業率が下がらないために必要だったのである。前述したが、新卒者たちの雇用を守る上で欠かせない数字だからである。習政権は三つの大きな解決課題を抱えている。

一つ目は、貿易などを中心とした「規制緩和」である。

都市世帯における収入別の家計数の各国比較：中国は富裕層も増加

（万世帯）

	中国（10年）	20年見通し					
		中国	アメリカ	日本	ドイツ	ブラジル	インド
富裕層（34,000ドル超）	426	2,093	8,213	2,539	1,437	597	1,386
主流層（16,000〜34,000ドル）	1,369	16,657	3,308	2,359	1,914	973	5,299
中流層（6,000〜16,000ドル）	18,390	11,645	872	54	413	2,176	12,485
貧困層（6,000ドル未満）	2,366	2,408	217	0	59	2,193	7,101

（備考）McKinsey (2012) "Meet the 2020 Chinese Consumer" より作成。

二つ目は、民間企業の支援である。中国では江沢民主席時代に朱鎔基首相の手で、二〇〇〇年ころから国営企業の民営化が進められた。国営企業の九五％が民間企業になった。結果、国営企業として残ったのは、二七〇社になった。大方は大企業で、業種は、石油・ガス・電力・航空・鉄道・食料・通信・資源といった分野で、いずれも採算性の良い点が特徴だった。しかし民営化されて以降の民間企業の多くは、採算性が悪く、財務状態が悪い。企業規模の拡大もできず技術改革もできなかった。赤字に陥った企業は、民間金融機関からの融資に頼ることになる。しかし依然として厳しい状態であるから、習政権は支援策を実施に移そうとしている。

三つ目は、減税策の実行である。中国では民間企業の法人税が、一律三〇％である。これに増殖税（日本の消費税に相当）が五〜一八％加算される。比率は商品によってさまざまである。これは価格に組み込まれている。

4……経済成長の決め手は、中間層の拡大

年率七％から八％の経済成長を続けてきた中国は、さまざまな分野で大国への道を進んできた。その決め手になるデータは、これから五年で少なくとも五億人を超すと試算される中間層の存在である。中間層というのは年収一〇万元（日本円で一七〇万円）を超す豊かな所得層のことである。彼らの消費マインドは、中国が消費大国への道を進む姿を確実に導いてい

る。

中国国内の消費額は、二〇一〇年段階で二・七兆ドル（日本円二九一兆円）だったが、二〇一五年には二・五倍の七兆ドル（日本円で七五六兆円）に達する見込みである。さらにこの数字は、二〇二〇年には一四・五兆ドル、そして二〇二五年には少なくとも四〇兆ドル（約四三二〇兆円）に達して、アメリカを抜いて世界最大の消費大国になる。

これを支えるのは人口の都市集中である。現在、中国では急速な都市化が進行している。全人口の七〇％以上が都市生活者となり、人口は一〇億人を超える。これは、アメリカ総人口の約三倍である。都市生活者だけを考えても、その需要に応えるためには国内生産では間に合わず、輸入拡大が避けられない。ちなみに二〇一三年の輸入額は、一・三九兆ドルで、世界貿易総額の九％以上に相当する。これだけ見ても中国の貿易額がいかに大きいかが理解できる。こうした輸入は、中国の国内消費に応える必須条件でもあるから、中国の消費市場の懐の深さを充分理解できるのである。

中国市場の可能性は測りしれないが、具体的にこの数字の裏づけとなる製品は、自動車であり、家電であり、不動産である。同時にビジネスを発展させる知識やノウハウ、そして何よりも中国人との人間的なつながりである。もっと言えば、中国でビジネスで苦闘している中国人企業家への理解である。広く言えば、できれば中国の文化や伝統などへの理解と知識でもある。

以下に、これからの中国市場の未来的な展望を考えるために、主なヒントともなる自動車市場に焦点をあてて、その一端を考えてみたい。

5……中国市場、主なヒントは自動車市場

中国乗用車市場の国別の占有率

	中国系	日本系	独系	米国系	韓国系	仏系
2005 年	23.5	29.08	——	12.5	11.8	——
2008 年	24.95	30.62	20.61	12.76	7.24	3.79
2009 年	29.3	24.8	19.1	13.1	10.2	3.7
2012 年	42.72	12.16	19.28	12.78	9.71	3.25
2013 年	38.19	17.45	19.29	12.99	8.54	2.93
2014 年	38.44	15.71	20	12.82	8.96	3.69

情報源：中国自動車工業協会

中国への自動車輸出と販売は、個別企業の将来にとどまらず、日本経済全体にとって実に重要な問題である。日本車の販売は、この数年、低落傾向にあったが、今年になって復調の兆しを見せている。この兆しは当面続くのではないかと考えられる。私は、最悪の時期を脱したと考えている。

もちろん一部、専門アナリストたちは、「日本の自動車メーカーは、中国市場における激しい競争のほか、中国の消費者の急激なニーズの変化に直面していて、この打開が難題になっている」としている。激しい競争とは、具体的には韓国車・アメリカ車・欧州車との競争である。しかし、アメリカの『ウォールストリート・ジャーナル』は、日産に関して「二〇一三年四月、日産車は、中国における新車販売台数が二・七％増加、前月（三月）の一七％減から復調した」と述べている。またトヨタは、三月の一二％減から六・五％改善された報じた。ただしマツダは、三月に一二％減だったが、四月には六・五％に改善されているとしている。

日本車の市場シェアに関しては、二〇一三年二月時点で日本車全体で一二・五％だったが、三月になってから一五％に改善している。この復調の理由として、日産やトヨタならびにホンダが中国人消費者により有利な保障を提供したためではないかと思われる。中国人アナリストの呉晶輝は、「日本車に関しては、尖閣諸島の領土問題よりも、日本メーカーの中国戦略が問題になる。というのは、中国の自動車市場では、若いユーザーの間で大きな変化が現われているからだ。具体的には、スポーティなボディーやSUVのニーズが高まっているからだ」と述べている。

現在、中国でもSUVに人気が集中し、カラーも派出で鮮やかなものが主流にな

2014年上半期、日系車の販売ランキング

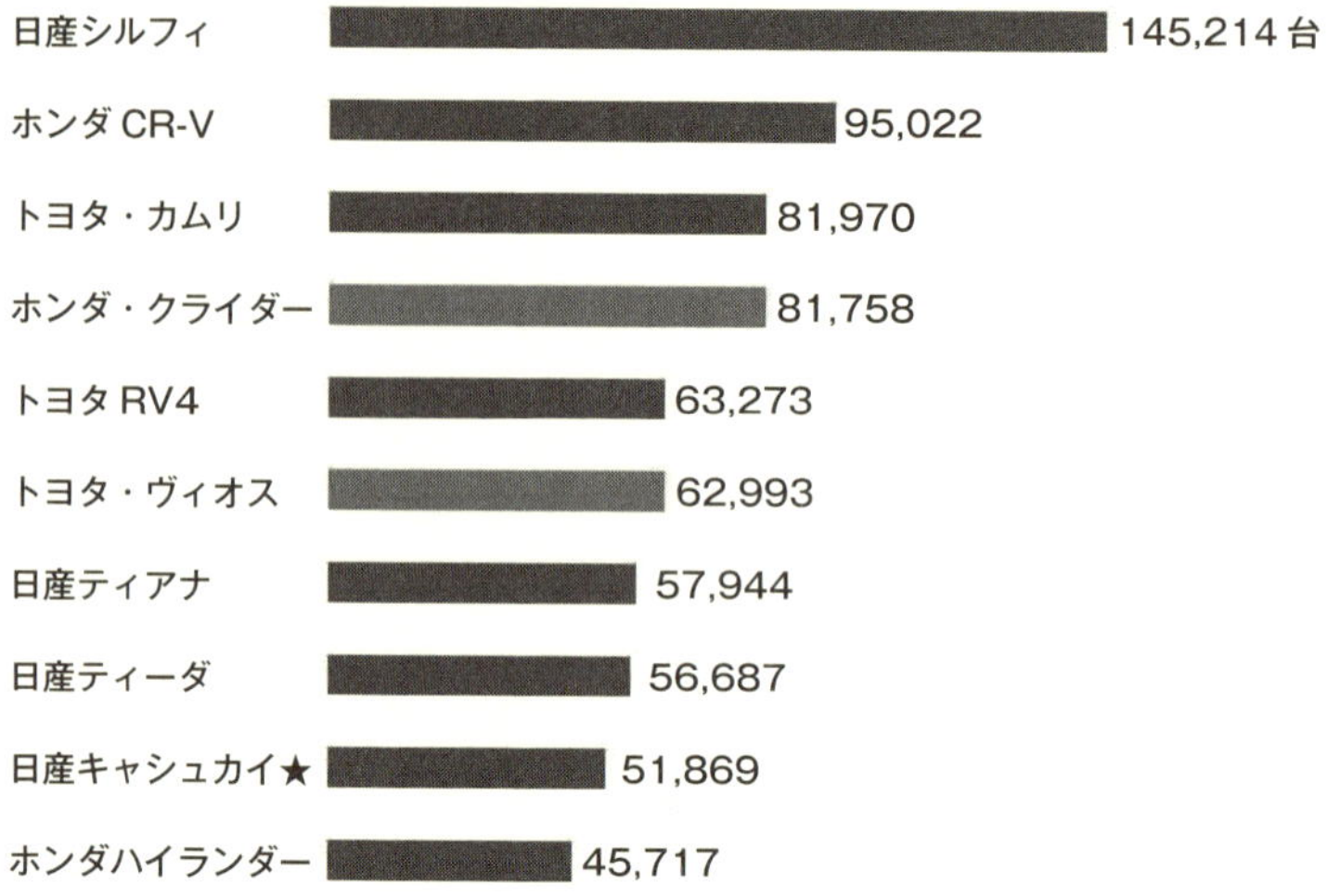

★キャシュカイ：デュアリスの派生車（情報源：盖世自動車サイト）

りつつある。この点で日本自動車メーカーは、アメリカやドイツのクルマに比べて地味であり、市場へのアプローチが出遅れている。

香港の英字紙『南華早報』（サウス・チャイナ・モーニング・ポスト）によれば、中国の自動車メーカーは、売れ筋の有力候補としてSUVに注目していると報じている。これは日本自動車メーカーも注目していいだろう。二〇一二年度のSUV販売台数は対前年比で二〇％増（二〇一三年の統計時点）、市場シェアは一八％になった。さらに二〇一三年には二五％に増える。今や、多くの外国メーカーがSUVが主流になると考えている。一般的にSUVは利益率が高い。そのため中国自動車メーカーの経営上の柱になっている。とはいっても、残念ながらSUV人気は、環境保護の流れには逆らうことになる。中国政府は、激しい大気汚染や石油依存を緩和させ、石油輸入を抑えるために、EV（電気自動車）の拡大を促している。しかしSUVブームは止む気配はない。これは外国メーカーにとって無視できない。思案のしどころである。というのは多くの中国人中間層にとって、購買可能な価格であり安全性の面で信頼度が高いからである。

中国自動車工業協会の発表によると、二〇一四年の中国の自動車販売台数は、二三四九万一九〇〇台に上り、前年の二一九八万台に比べて六・九％増加し、六年連続で世界一になった。ＳＵＶの生産は三七・七％増加（四一六万大）、販売は三六・四％増加した（四〇七万大）。市場シェアはなんと二三％を占めた。多くの業界関係者は、この数年のうちにシェアが三五％アップすると断言している。

　そして今やユーザーに好まれるクルマはＳＵＶが主流であると自信を深めている。

日本メーカーはメッセージ不足

もう一つの不安材料としては、日本車の製品力に問題が生まれていることである。二〇一三年『日本経済新聞』は、中国人消費者（二〇〇人）を対象にアンケート調査を実施した。結果として被調査者のおよそ六〇％が日本車を購入する予定はないと応えた。例えばある回答者は、「日本車のボディーは鉄板が薄いので、事故の時、車体が壊れやすい」と指摘している。これは日本車が軽量化されていて、燃費性能が優れている反面であるが、逆に安全性への不安につながっている。この点、鉄板が厚く頑丈でデザイン性に優れたドイツ者に人気が集まっている。

　一方で、アンケートを実施した調査会社は、「日本車は鉄板が薄く、しかも強靭な造りとなっている。これは日本の製造技術によるもので、自動車軽量化技術の成果である。その設計の考え方は、事故の際の衝撃を吸収することで、乗員の安全を守るというものだ。しかし日本の自動車メーカーは、こうした設計の考え方を正しく伝えていないのではないか。これが中国の消費者の誤解を生んでいる。この問題の背後にある問題は、日本自動車メーカーが中国市場で不利をかぶっていることを示している」とコメントをしている。

「トヨタ86」でリベンジか

二〇一三年、日本の元レーシング・ドライバー「土屋圭市」は、トヨタとの合弁企業「一汽トヨタ」が製造したスポーツカー「トヨタ８６」を運転し、北京のサーキット場で見事な「ドリフト走行」を披露した。ドリフト走行というのは、カーブを高速で曲がるために、タイヤをスリップさせる運転テクニックだ。これによって、トヨタが中国のスポーツカー市場に戻ってくることを意図した新製品として注目された。トヨタは、「トヨタ８６」を起点とした高級車種の開発を中国での将来的な戦略としている。これを受けて中国のユーザーの間では、トヨタ車のイメージが変化しつつある。

合弁会社・一汽トヨタの広報責任者・馬春平は、「トヨタは現在、自動車の総合的なモデルチェンジに取り組んでいる。トヨタ８６は若者をメイン・ターゲットとしている。加えてクラウンやカローラなど既存の車種に関しても、モデルチェンジを行い、若々しい活気に満ちたイメージをメッセージしていく予定だ」。さらに「一汽トヨタは、全車種のモデルチェンジを通して、わが社へのユーザーの注目度を高め、特に若者をターゲットにブランド・イメージの変革を進める」と将来的な可能性を語っている。

一方、日産も奮闘している。しかし二〇一三年二月、中国での販売台数が前年同期比で四六％減と大幅ダウン。台数は一〇万八六八五台、同三月は一〇万九九七九台と前年比で一六・六％減となった。現在、日産は中国との合弁企業「東風日産」の再編成を行っている。この再編で一部車種が合弁企業に取り込まれるため、日産の販売統計に入らない。同時に、中国市場に多数の新車を投入していて、販売回復を促している。例えば二〇一四年二月には、新型セダン「ティアナ」を投入、発売を開始している。日本経済新聞のデータでは、中国における同車の販売台数は、四月時点で一万三〇〇〇台を突破している。この数字は、二〇一二年九月の反日デモ以来、初めての回復である。

日産のアンディ・パーマー副社長は、テレビ（ブルームバーク・テレビ）の取材に対して、「尖閣問題にともなう反日運動」は、日産の販売戦略に影響を与えていないとし、続けて「二〇一三年三月の販売台数は、前年同期比で増加すると考えている」と自信をのぞかせている。ちなみに、日産が明らかにした販売台数はディーラーに引き渡した台数であり、卸販売と小売販売には最高一〇〇日ほどの誤差がある。

カローラか、フォーカスか

高級車とは言えないが、中国市場では、トヨタのカローラとフォードのフォーカスとが、激しい販売競争を繰り広げている。アメリカの自動車コンサルティング会社として著名な「R・L・ポーク社」の発表によれば、フォーカスは二〇一二年の販売台数は、一〇二万〇四〇一台、世界一になった。対してカローラは、八七万二七七四台で二位だった。

しかしトヨタは、同年のカローラの販売台数を一一六万七六四台としている。すでにトヨタは、この数字を前出のコンサルティング会社に連絡し、疑問を伝えている。いずれのデータが信用できるのか結論が出ていない。こうしたケースはほかにもあるが、少なからぬケースで「統計方法の違いにあるのではないか」という声が多い。中国では、「上海汽車とGEの合弁会社である中国五菱の「光」は、カローラやフォーカスと同じタイプのミニバンが世界第四位になっている。ちなみに「光」の世界全体の販売台数は、七六万八八七〇台。これは中国国内でトップである。このタイプで販売上位車種は、「トヨタ・カムリ」「フォード・フィエスタ」「フォルクスワーゲン・ゴルフ」「シボレー・クルーズ」などである。

これから中国では高級車が売れるか？

アメリカ有力ビジネス雑誌『フォーブス』（二〇一四年新年号）によれば、これから七年以内で中国が世界最大の高級車市場に成長すると報じている。これは、アメリカを抜く数字である。すでに中国は二〇〇九年段階で、自動車販売台数がアメリカを抜いている。中国の急激な経済成長を考えれば、妥当な予測であるが、これに関連して、アメリカの研究機関であるマッキンゼー・アンド・カンパニー社の自動車販売研究の専門家は、高級車に関して以下のコメントを明らかにしている。「アメリカでは、高級車と言えば装備が整ったフォード・エクスプローラを指すが、中国における高級車はベンツやＢＭＷ、アウディなどを指すようである。中国市場で高級車が売れていることは間違いないが、アメリカとの基準が違う点を考慮すべきである」。

この条件を考慮した上で、目下、中国に占める高級車の比率は約九％、アメリカでは一四％である。マッキンゼーの基準で言えば、高級車とは、二〇万元（約三四〇万円以上）以上の価格の自動車を意味する。マッキンゼーの予測では、二〇二〇年時点の中国における高級車販売台数は三〇〇万台に達するとしている。これに対してアメリカは二三〇万台になるが、中国の高級車販売台数はこれを大きく超えている。

アメリカの雑誌『フォーブス』は、中国が高級車市場として成長する要因として、若い人の所得増加を指摘している。それを担う世代は、中国の一人っ子世代である。彼らは多く結婚していて安定した仕事を得ている。多くのチャンスに恵まれていて、親の世代から多額の金を相続する可能性もある。そのため消費能力が大きいのである。彼らの多くが購入している車種がドイツのベンツである。こうした流れは、世界の自動車メーカーにとって無視できない。もし日本の自動車メーカーが、中国での高級車市場への販売を考えるのなら、変化が激しい中国人の趣味や嗜好に至るまで、変化を敏感に感知して、今までとは違うセールス対応が求められる。その上でボディーデザインなど、新しいスタイルや機能を備えた高級車を開発する必要があるだろう。

反腐敗の一環として、高級車や高級品販売にブレーキ

長期的には中国の高級品市場は拡大していくことが予想されるが、その一方で近年、意外な原因で中国の高級品市場の成長にブレーキがかかっている。それは、二〇一二年一二月から始まった習近平政権の反腐敗運動である。官僚の高級車の使用が禁止され、さらに官僚自身も高級時計などの受け取りを控えている。そのため二〇一四年の第1四半期には、高級車や高級時計の売れ行きが全面的に暴落したのだ。高級車の売り上げは八〇％減だった。

二〇一三年以降、何人かの官僚が高級ブランド時計を付けていることをネット上で暴露され、「表哥」（「時計兄貴」といった意味。「表」は腕時計を、「哥」は兄貴を表わす）と揶揄されている。そして彼らは調査を受け、大部分が収賄であったことが明らかにされた。反腐敗調査部門は、すでに摘発専門の窓口をサイト上に設けている。スイスの時計連合会のデータによると、二〇一四年第1四半期の中国向け輸出は、前年に比べ二六％減少している。スイスの有名ブランド、オーデマピゲ社のCEOであるヘンリー氏は「今後、中国市場の減少が予測され、より一層の注意が必要だ」と語った。オーデマピゲ社は、中国で二二店舗を展開していたが、そのうち六店舗は閉店に追い込まれた。「海外旅行でショッピングする富裕層がますます増え、中国人の贅沢品の半分は海外で購入されている。五〇平米程度の規模の店なら、中国に出店するより、パリの方が中国人客が狙える」とヘンリー氏は言う。

北京と上海では、ルイヴィトンのような高級ブランドも最近は低調だ。『北京京華時報』の報道によると、このようなブランドのバッグや服を買うのは、一部の富裕層の婦人を除けば、大部分は官僚や企業家で、愛人に貢ぐために購入されているという。習近平の反腐敗運動が、高級ブランド市場に影響を与えているのかもしれない。

中国市場では、高級腕時計やブランド品が売れなくなったと同時に、高級車も売れなくなっている。中国で最も経済が活発な浙江地区は、高級車の主要な消費地である。最近、「杭州の高級車ディーラーの八〇％が欠損を出した」という情報が注目を集めている。ＢＭＷは、中国高級車市場の減速に対し、早くも警告を発している。二〇一三年、ＢＭＷは三二万六四〇〇台のＢＭＷと「ミニ」ブランドの乗用車を販売、前期比で四〇％も増加していた。これは「ＡＤＤ」）（アウディ、ＢＭＷ、ベンツ）という言葉によく表われている。しかし、二〇一四年の四月には九％にまで落ち、第１四半期では七％に落ち込んだ。

中国自動車工業会のデータでは、二〇〇四年の第１四半期には高級車市場の増加率はわずか四％、二〇一三年同期比の販売高では八〇％も減少している。これは予想をはるかに上回る減少だ。ＢＭＷの大中華地区の副総裁・呉燕彦氏は『中国経済新聞』のインタビューに対し「われわれは、中国の贅沢品市場が奇跡的な急成長をした時代はすでに過ぎ去り、将来は緩やかに増加すると考えている」と語った。呉氏の分析によると、政府と軍は反腐敗キャンペーンで不正・腐敗に反対し清廉を提唱、高級車の購入を制限しており、これがＢＭＷの販売量の大幅な減少の最大の要因であるとしている。同時に社会的に高級車を乗り回している人に対し敵意を持つ心情が生まれているというのも一つの原因だ。そして当然ながら、中国経済が減速していることが、高級車の販売激減の原因を作っている。

習近平主席が「幹部は国産車に乗るべき」と提唱して以来、政府と国有企業幹部の公用車は輸入車から国産車に転じ始めている。そのため、日系を含む自動車メーカーは、中国市場での販売を維持するため、中国で製造する「国産化」を始めている。日産自動車は、高級車のインフィニティを二〇一五年より中国国産化する計画だ。ホンダのアコードも三年後には国産化する計画である。トヨタのレクサスの中国国産化については曖昧だったが、最近は「中期的」に国産化の問題を解決するとしている。

北京のある高官は『中国経済新聞』に対し、習近平は今年（二〇一四年）、さらに厳しい共産党の是正運

大型旅客機〈C-919〉の完成予想図

動を実施して、公費で高級車や高級品を買ったり、幹部が高級ホテルで飲食することを禁止することを明らかにした。さらに消費市場が長期にわたって打撃を受けるに違いない。

中国製大型旅客機、2015年末に初飛行する

ここで中国の航空機製造の話をしよう。

中国工程院院士で、中国国務院大型機専門家委員会主任の張彦仲氏は、二〇一三年八月五日「雲南科学大フォーラム」において「中国大型機プロジェクト」と題するスピーチを行った。このスピーチで張氏は、「中国が独自に開発した初の大型旅客機『C－919』は、二〇一五年末、初飛行を実施する。この機は経済性・環境保護性・安全性・快適性の面で航空機業界をリードする」と語った。C－919機は、中国が二〇〇八年から独自に開発を進めてきたもので、一五〇座席ナローボディ機。現在、世界で最も売れているナローボディ機の「ボーイング737」や「エアバス320」と同じクラスである。C－919機は、世界最先端のエンジンと飛行システムを採用、スタンダードタイプは全席エコノミー仕様一六八席、ミックスタイプで一五六席である。標準飛行距離は四〇七五キロ、飛行速度は時速八二八キロになる。

機種のタイプに関して、張氏は「C－919には、スタンダードタイプのほかに、ロングタイプ、ショートタイプ、飛行距離延長タイプ、貨

物輸送タイプなどのバリエーションをそろえ、経済性や快適性、環境保護性など世界トップ水準を実現して多様なニーズに対応したい」と述べた。特に燃費性能に関して「一キロの飛行で、世界の同クラスに比べて最大一五％節減できる。世界で大型旅客機製造能力を持つ国は、アメリカとEUならびにロシアで、しかも国際市場で認知されているのはボーイング機とエアバスのみである。C－919機の登場で『三社鼎立』の時代が始まると考えている。ちなみにC－919機は、現在、国内ならびに海外からすでに三八〇機の注文を受けている。会社としては、中国国際航空、中国東方航空、中国南方航空、海南空港の国内四大航空会社のほか、アメリカや東南アジア諸国の航空会社から注文が来ている」とコメントしている。

6……これからの中国ビジネスの注目点

中国の企業家が直面する壁を頭に入れておく。

中国では、江沢民主席と朱鎔基首相の時代に企業の民営化が行われ、今や九五％以上が民間企業である。だからほとんどの企業経営者は、事業展開に非常に苦労し、難関に直面している。この難関を解決することは、日本の企業家が中国での事業を成功させるために、中国の実情を把握しておくことがきわめて大事だと考える。

二〇一四年六月、海南省博鰲（ボアオ）で「ボアオ・アジアフォーラム」が開催された。このフォーラムでは数々の分科会が持たれ、多くの中国の企業家が直面する難題を披露している。大方の意見としては、ビジネスの改善と効果的な経営管理が可能になるようにとの希望を述べている。この希望は当然であるが、具体的な難問について報告しよう。

主な議題としては、（1）資金調達の難しさ、（2）人件費や仕入れなどのコスト上昇、（3）事業モデルの改善などがあげられた。中でも資金調達が最大の課題だった。資金調達の苦労は、どこの国でも同じだが、中国で特に問題になっているのはミクロ企業（小規模企業）にとってきわめて深刻である。これは日本でも同じ事情である。二〇一二年の世界経済の低迷が響いていていることが大きい。ミクロ企業は、事業をグレードアップする意欲は旺盛だが、一方の金融機関はリスク回避に走っていて、資金融通をしない場合が多い。中でも起業から三年以内の新規企業は信用がないため、社長の親族や友人からの借り入れが大半である。わずかな可能性としては、小規模な地方銀行であるが、それでも駄目なら俗に言うヤミ金融に流れる。そして融資が焦げ付いて金融トラブルが頻発し、経営者の夜逃げが増加している。

中でも、中小企業が比較的多い浙江省温州市では、ヤミ金融が幅を利かせていて、大きな銀行は、ヤミ金融業者に融資して利益を得ることが多くなった。要するに汚れ役をヤミ金にかぶせて、利ザヤを稼ぐマネーゲームが激増した。これは社会不安の一因になっている。この難題を解決する方法は、担保条件の緩和・改善を整備することだが、ミクロ企業には整備された担保メカニズムがない。担保メカニズムは「プライベート・エクイティティ・ファンド」というが、こうした担保メカニズムに詳しい「春華資本」の胡祖六会長によれば、現状の担保メカニズムは効果を失っていると指摘している。イギリスのロイター通信は、ミクロ企業一〇〇〇社を調査したが、このうち担保メカニズムを整備して、金融機関から資金調達できる会社は四〇％にとどまっているという。中国金融当局は、国内経済を活性化するために、この状態を改善する必要に迫られている。

もう一つ考慮すべき信用の壁である。これは資金調達の意味で重要である。台湾の高名な思想家で仏教の大家である星雲法師は、信用を得るために企業家のなすべきこととして、三つの項目を挙げている。

（1）企業家は稼ぎたければイノベーションをする。

（2）慈善事業を行う。

（3）次世代や後継者を育て、将来的な社会に還元する。

中国には、人の信用に関して確かなシステムが整っていない。それだけでなく、政府と市場の境界をどこに引くかが整っていない。政府としてなすべきことは、企業管理や行政上の審査を緩和することである。こうすることで市場にさらに大きな役割を持たせることができる。二〇一三年、習主席が就任した第一八回党大会で、企業と市場に関する議題が多く取り上げられた。例えば、自動車市場の社会的な意味、経済のモデル転換、加熱する不動産市場の調整、さらに食品の安全性といった問題である。これらの課題が解決に進めば、中国市場はさらに広く、大きく門戸が開放されるだろう。

7……中国でビジネスをするためのキーポイントとは？

中国で日本人ビジネスマンがぶつかる困難

中国とのビジネス展開にあたって、多くの日本企業が、多くの社員を中国各地に派遣している。中には自ら進んで有望な中国ビジネスにチャレンジしたいという若者も少なくない。現在、中国には一七万人の日本人がビジネスや留学で滞在している。この数字は中国経済の発展によって、さらに増加すると考えられる。しかしその一方で、中国市場の実情に関する認識や知識不足のために、上手くいっていない場合も多い。

日本と中国は長い歴史と文化的なつながりがあり、同じアジアの国として理解しやすいと思われている日本人も多いかもしれない。しかし実際には、日中には文化的に大きな相違が見られる。ましてビジネスに関しては、無視できない違いがあり、その差をわきまえておくことが不可欠だ。中国に来た日本人ビジネスマンがよく口にするのは、「思いもよらないトラブルに遭遇し、心身ともに疲れて眠れない。できれば日本に戻りたいと思う」という愚痴や不満である。こうした中国生活における基本的なストレスの解決方法は何か。その決め手は、中国の実情とビジネスの実際をできる限り理解しておくことであり、中国への過剰な期待を持たないことである。そこで、これから誰でもが遭遇する基本的なストレスについて、その一端を述べておきたいと思う。

（1）環境と気候の差

中国に着任した時は、中国という新しい天地への期待と興奮であまり感じないかもしれないが、最初に遭遇する違いは気候の差だ。一般的に日本に比べて乾燥している。黄砂などのほか、都市部では経済発展にともなう大気汚染やクルマの排気ガスがひどく、騒音が大きい。これが駐在員にとってストレスになる。特に大気汚染に対する健康への配慮が、想像以上に大事である。

（2）イノベーションの壁

中国と取引している日本企業は、多くの中国企業が技術開発の壁に突きあたっていることを知っている。中国石油化学集団主席の孫玉超は、「中国の化学者は、残念ながら集中して研究できる環境に置かれていません。それは期待される目標や要求が非常に高いこと。その一方で、資金に関しては、商品販売と同程度くらいにしか考えられていない。さらに化学者の失敗が許されていない」。言うまでもないことだが、技術開発は商品販売に比べて多額の資金を必要とする。これがままならない。

その上、中国の場合、旧ソビエトとの提携が多かったが、日本やヨーロッパとの提携はほとんどない。しかし旧ソビエトもその後のロシアも、二〇世紀を通じて技術大国になった経験がない。その上、イノベーションについては大きく出遅れている。中国にとってこの影響が大きい。

もちろん欧米や日本には、非常に優れた中国人研究者がいて、彼らは学術レベルや開発能力が高い。しかしその多くが教員や研究専門職の道を望んでいる。また中国には、アメリカのナスダックのような真の意味で企業のイノベーションを支援する資本市場が存在していない。それゆえに意欲ある企業家が多い民間企業では厳しい状態である。日本からの駐在員は、こうした不利な条件があることを深く理解する必要がある。くれぐれもこの点に関して、中国企業と提携する日本企業は前もって考えておいたほうがいいだろう。

社員を送り出す日本企業が考えるべき三つのこと

中国市場での活性を促すために、日本企業は社員を中国に送り出す際には、主に以下の三つの課題に注意すべだと思う。

一つ目は、駐在員と日本本社とのコミュニケーションの課題だ。日本から来た駐在員で多い悩みは、中国現地顧客と日本本社との板挟み状態になることである。日本本社は大きな成果を早く求めるが、駐在員は中国での商習慣が日本とはかなり違うため悩むことになる。中国ですぐに結果を出すことは難しい場面が多い。そして駐在員と中国の取引先とのコミュニケーション不足が加わると、駐在員の頭はパニックになりやすい。中には本社が聞く耳を持っていないと不満を感じることになる。そして「赴任してみなければわからない」と思い込む。これでは、意思疎通が遠のくだけである。

二つ目は、お金の回収の問題である。中国で商品を販売する場合、日本的に売り上げを上げることだけを考えていればいいのではない。売ったお金の回収が大問題である。当たり前に聞こえるかもしれないが、日本の場合は、ほとんどが回収可能であろうが、中国では買い手に資金があったとしても、その資金を運用に投資したいと考える人が多いので、できるだけ支払いを遅らせようとする。したがって販売と同じく、回収もまったく手を抜くことができない。これは中国人に払うべきお金を支払う気がないのではなく、こうしたビジネス上の悪癖があるためである。これを無視すれば、顧客との関係が壊れてしまう。そこが知恵の出しどころでもある。

三つ目は、日本では考えられない特別な費用も発生する。例えば「賄賂」などがこの例である。これは日本にもあるバックマージンに相当するもので、中国のビジネスでも悪しき習慣とされているが、依然として存在しており、現実問題としてはビジネスを円滑に運ぶ上での「必要悪」と心得て対応する必要が否定できない。

8……中国の社会的危機を知る

近年の中国社会には、深刻な「社会病」が出現し「落ち着きのない」状況となっている。どのような年齢層にも、どのような階層にも、金銭的に豊かかどうか関係なく、みんなが落ち着かない状態にある。話し合いがなされないまま、すぐに殴ったり蹴ったりする人も多い。どんな些細なことも、すぐに大ごとになったりする。一見関係のないことも、すぐにコントロールできないデモへと発展する。社会全体が深刻な危機に陥っている。中国に社会的危機を引き起こしている原因は、主に次の三つである。

中国の社会的危機を引き起こしている三つの原因

（1）官僚や公務員の利益集団が、公共の財産を搾取し、環境悪化、資源の枯渇、バブル経済の崩壊、インフレなどのツケを国民に払わせている。国民は極端に困窮し、苦境に陥っているにもかかわらず、官僚は蓄財し、限りない浪費に走っている。

（2）中央政府は、官僚や公務員たちが生み出したさまざまな弊害に対処するために、多くの公共の財産を使い、医療や教育、社会保障、環境保護などをないがしろにしている。

（3）深刻な富の不公平が生じている。

中国国務院発展研究センターの資源と環境政策研究所・李佐軍副所長は、中国の社会的危機を「中国社会は発病し、高熱の状態にある」と表現している。

第一、「公務員熱」

世界で最も競争率の高いのは、中国の公務員である。大学は二、三人に一人が合格する。博士課程には一〇～二〇人に一人だ。しかし中国の公務員は数千人に一人。なぜ、このような狭き門に挑むのか。公務員になれば金も権力も保障される。そのため中国政府はますます富を集め、権力を集中し、多くの資産をコントロールできる。土地も政府のものだ。いろいろな鉱山の採掘権も政府のものだし、徴税の権利も政府が持つ。生殺与奪の権利も握り、重要な業種も独占している。したがって、みんな公務員になりたがる。「公務員熱」は改革の後退を意味する。

第二、「国有企業熱」

「央企（大型国有企業）熱」によって、国が主導権を持ち、民間は後退する。現在、大型国有企業の一年間の収入は、中小民営企業トップ五〇〇社の総額に相当する。大型国有企業は独占の特権を持つ。例えば、土地資源の独占、融資資源の独占、価格の独占などで、巨額の利益を得る。これでは改革など夢の夢だ。

第三、「不動産熱」

多少でも余裕のある企業は、すべて不動産に関わっている。ハイアール、海信、TCLといった民営大企業は不動産開発を行い、企業によっては営業収入の七〇～八〇％を占めることもある。これらの企業は、なぜ本業に専念せず不動産開発をするのか。理由は「不動産開発は、本業の数倍以上の利益を得られるからだ」。中小企業は不動産に関わって本業が空洞化し、資金のすべてを不動産につぎ込んでいる。温州から杭州、杭州から上海、上海から北京、北京から海南まで、全土にわたる。実力のある個人は、数十というマンションを買う。マンションを買えない個人は、いつ不動産が値上がりするか、いつ値下がりするかを噂する。中国国民みんなが「不動産熱」に罹っている。

第四、「投機熱」

不動産でなければ株、株でなければ商品取引、つまり「投機熱」である。農産物は利益にならない。現在、資金を高利貸しに回し、投機が流行り、シャドー・バンキングや地下銀行が至る所にはびこり、きわめて大きな金融危機が生じている。

第五、「海外流出熱」

現在、官僚たちは次々と妻子を海外に出して、一人で国内にとどまっている。少しでも余裕のある企業家は次々と移民し、あるいは外国籍を取得し、中国社会の現状や将来の不安に備えている。これは目下、中国社会の真実である。

第六、「格差熱」

中国では、貧富の極端な差が社会の不安定要因となっている。なぜ貧富の差がこんなに大きくなったのか。まず、税収である。一九九〇年代中ごろから、中国政府は経済へのコントロールを強めるために徴税を強化し、まず国税を確保した。政府の税収は年間二〇～三〇％以上ずつ増加し、住民の収入増加の二、三倍に相当する。多くの地方政府はこの実績に嬉々としている。中国のGDPには水増しの可能性がある。しかし財政収入はまさに本物である。そのため政府と国民の利潤争いは、もはや修復できない程度に達している。財政収入の差は各階層の差をさらに拡大するばかりでなく、政府と企業、国民の収入の差をも拡大している。

次に、投資と融資の偏向である。四兆元もの投資、貸出が一体どこへ行ったのか。主には大型企業であり、中小企業や民営企業、多くの起業家には少ない。これが富を作り、特に財産と収入の差が拡大した。

加えて、業種の独占だ。独占による収入の格差は拡大するばかりだ。電信、電力、石油、石油化学、金融などは独占によって生ずる特権によって莫大な利益を得る。業種によっては独占による収入が競争のある業種の一〇数倍になっている。

さらに、土地の収入の分配が不合理なことだ。中国には二種類の土地所有制がある。一つは国や都市の所有、もう一つは農村集団の所有だ。農村集団の所有とは憲法で規定されたものだが、実際には存在しない。農産物を生産する時は集団が所有するが、土地を現金化するためには開発が必要となり、その過程で多額の土地増値税が発生し、農村集団にはわずか一〇～二〇％しか入らず、七〇～八〇％は地方政府や開発企業に持っていかれる。都市で貧富の差がなぜ大きいのか、農民はなぜ貧しいのかの答えである。

その解決の鍵

中国政府が本当に「三農問題」(農業・農村・農民という三つの問題)を解決しようとしているのか。鍵は次の二点だ。

第一の鍵は、農民に土地の所有権を与えるか否かである。

第二の鍵は、農民に農会の成立を許可するか否かである。

前者は農民の最大の経済利益であり、後者は農民の最大の政治利益である。この二つを中国政府は認めない。もし土地所有権を農民や農民集団に与えるなら、中国政府の土地財政は破綻し、地方政府の半分以上を占めている収入はなくなってしまうからだ。

第三の鍵は、高価な不動産価格が貧富の差を拡大していることである。

多くの庶民は一生かけて貯金して家を買おうとする。不動産価格の高騰で三世代の貯金は空になる。高騰した金は地方政府や銀行、開発企業へ流れるのだ。

第四の鍵は、中国の株である。

中国の著名な経済学者、呉敬璉氏の言葉を借りれば、賭博よりひどいという。では中国の株式市場では誰が儲けるのか。有利な情報を握った方が儲けるのだ。ではいったい誰が情報を得るのか。上場した企業、証券会、基金企業の幹部だ。情報のない多くの人が儲けるというのは普通ではない。八〇~九〇%は損をしている。

庶民は金があれば銀行に預ける。しかし通貨が膨張して実質的に損をすることになる。通貨の膨張はつまり通貨が多すぎるためで、通貨を発行する権利は政府にある。紙幣を多く刷ることで金の価値が下がる。

第五の鍵は実質的に生活水準が下がっている点である。

二〇〇〇年代、一か月二〇〇〇元だった給料が、現在は四〇〇〇元だが、現在の四〇〇〇元は過去の二〇〇〇元の価値はない。二〇〇〇年代にはなかった三つの壁がある。「家が買えない」、「病院にいけない」、

「学校にいけない」といった点である。結果として、人々の生活水準はますます低くなっている。

この一〇年で中国経済は確かに安定、発展している。ではなぜ多くの人が不満を持っているのか。ある人はネット上で内容は見ず表題を見ただけで罵声を浴びせる。彼らが罵るのは社会が不公平だと思っているからだ。

中国は、社会的危機が爆発寸前だ。経済危機によって社会的危機を誘発し、あるいは経済危機と社会危機が同時に爆発する可能性もある。習近平氏はどのようにこのダブル爆発に対処するのか。これからの一〇年、頭の痛い問題だが解決しなければならない問題でもある。

9……気になる大気汚染の行方

中国で大気汚染が深刻になっている。一部には中国北部のゴビ砂漠などから飛来する細かい砂の粒子が元であるという話がある。もちろん根拠のないことではないが、もっと大きな問題がある。それは、中国の急速な経済成長によって所得が増えた中間層が出現し、誰も彼もがクルマを持つことになり、膨大な量の排気ガスが空中に飛散するという事実である。その結果が北京などの大都市に見られる大気汚染の原因である。原因はクルマだけではない。発電などに使われる石油、石炭を燃やすことによる煤煙がそれ以上に大きい要因でもある。

これが今後克服すべき問題で、これからの一〇年を考える大きな課題である。

もちろん政府も環境規制に関心を向けている。同時に民間からの風当たりが強くなっている。しかし、現状では主要業種においてさえ環境対策が進んでいるとは言えない。一部で対応が先送りされているという話もある。

その背景としては環境対策への投資が直近の事業収益や税収を減らして、責任者ないし責任部署の業績評価を下げるのではないかと考えられているからだ。特に、地元当局の人事評価基準に悪い影響を与えてきたのである。

先の政権で、温家宝首相は、環境問題の解決に取り組む姿勢を明らかにしているが、とりわけ注目すべき問題は微細な粒状の新物質「ＰＭ二・五」である。北京ではすでに一日間で、一立法メートルあたり二五〇マイクログラムを超える濃度に達しているという。これは人間の身体にとって健康に被害を及ぼす可能性がある。

発生源は先に述べたクルマの排気ガスで全体の六〇％を占める。中国のクルマの台数は二〇一二年の統計で一億二〇〇〇万台、この数字は五年前のほぼ五倍である。このため中国ではＥＵ（欧州連合）の基準と同じ基準の導入を計画している。しかし、実際の運用はこれからである。

習近平主席としては、この基準を実施する予定である。

中国がこれから名実ともに環境における先進国を目指すために取り組みを迫られている。

具体的には日本における経験と知識を活用して環境大国への基盤を固めたいところである。日中関係はぎくしゃくしているが、もちろんこうした地球規模の課題には大いに協力したいとの意向を示している。

二〇一三年、上海市では、大気汚染発生に対する緊急対応として、旧型のクルマ（公用車）三〇％を禁止する指示を公布した。その代わり、汚染のレベルによって学校や託児所などの施設を休みにして、交通規制を行うことにした。ただし上海市全域で汚染の程度（ＡＱＩ）

世界10大、大気汚染都市

1	太原（中国）
2	ミラノ（イタリア）
3	北京（中国）
4	ウルムチ（中国）
5	メキシコシティ（メキシコ）
6	蘭州（中国）
7	重慶（中国）
8	済南（中国）
9	石家荘（中国）
10	テヘラン（イラン）

（情報源）中国環境保全省

が一定レベル（二〇一〜三〇〇）を超えた場合、大気汚染警戒警報を出すとしている。市はこの情報をテレビやラジオ、ウェブで知らせることができる。市内の小中学校や託児所は、市当局に汚染状況の確認をするよう注意することが指示された。緊急対応の規制の中には、主な工業施設や交通機関のほか生活上の汚染源、農業における汚染源などに対して規制する。

程度が激しい汚染が発生した場合に備えて、上海市は「クリーン発電」や施設の「エコ管理」を強めるとしている。例えば火力発電所なら燃料として純度が高い石炭を使用する。石油化学工場や鉄鋼、セメントなどの工場で生産規制を行う。さらに揮発性の有機化合物工場について、揮発性物質の大気中への排出を禁止する。加えて、建築中の廃材などの運搬車は交通を禁止するほか、取り壊し中のビルや家屋などでは、粉塵が発生する危険があるので散水などで飛散を抑える措置をとるとしている。

環境問題で対外的イメージアップをめざす

中央政府は大気汚染による対外的イメージダウンを警戒している。

中国の気象局は、二〇一三年初め、大気汚染のデータを発表した。

それによると過去一〇〇日あたり、北京市内ではスモッグが四六日間発生したという。この数字はこれまでの六年間で最多である。

さらに中国の環境NGO（自然の友）が二〇一三年四月に「中国環境発展報告書」を発表した。この文書で、同NGOは、全国の省都と直轄市の大気汚染状況（二〇一二年統計）に基づいて、ランキングを行った。

その結果、甘粛省蘭州市が最下位となったが、北京市がワースト二になった。このほか四川省成都市、河北省、天津市などが汚染の程度がひどかった。その他の大都市でも悪い結果が報告されている。その理由として、各都市における大規模なインフラ整備や工業化の加速が大きな原因と指摘されている。

特に報告者の執筆者が大きな話題として指摘した問題は、

「外国人が綺麗な空気を求めている」ということである。

私も特に北京に関して独自に取材してみた。

北京在住の外国人たちは、大気汚染の進行で自分自身は言うまでもなく家族の健康が損なわれることを非常に気にしていた。例えば、北京にある在中国日本大使館の環境問題の専門家である岡崎雄太一等書記官は、夫人と二人の子供をともなって北京で生活している。彼は、

「住居に空気清浄機を取り付けたが、大気汚染問題を考慮して、外出を控えることが多い」と述べている。

中国では外国人のみならず多くの子供が大気汚染の影響による健康障害で、病院の診断や治療を受けている。岡崎氏も親として非常に心配……と指摘している。

またプライス氏（イギリスの幹部人材紹介会社、Antal International中国法人コンサルタント）は、

「今、多くのイギリス人が中国の都市での勤務を希望している。その交渉で鍵になる問題が大気汚染だ」と指摘している。

二〇一三年の半年ほどの間で、一部の外国人は雇用契約の際に、北京での勤務の条件として大気汚染にともなう「危険手当」を求めている。

この「危険手当」は、企業が従業員に対して例えばアフリカのアンゴラやナイジェリアなど政治情勢が不安定な国に派遣する時に支給するものである。金額としては一般的に給与全体の一〇%ほどだが、ある外資系企業では、北京駐在員については、給与全体の一〇%、金額として一五万元（約二五五万円）になるという話がある。

これは中国が将来を考えて解決すべき大事な課題である。それでも多くの外国人は、大気汚染を理由に

中国を離れるケースが少ないと言える。

その理由は、これからの中国が国内市場が急激に拡大し、巨大なビジネスチャンスがあるからである。もう一つ見過ごせない点は、中国に来た多くの外国人が中国の文化や社会生活、人的な関係を深めていることがあげられる。

この点で、注意すべきことは、中国が北京などの大気汚染をこのまま放置すれば、海外的にイメージダウンを招いてしまうということだ。これは良い結果につながらない。中国に関心を持つ多くの外国人が訪中を控える可能性が高くなるからだ。中国政府は、この点を深く心得ていて対応を急いでいる。

例えば、米国の大手国際法律事務所（ジョーンズ・デイ）の北京事務所のハライト氏は、「海外の多くの企業で社員が中国勤務を希望している。この流れはまだ衰えていないが、グローバルなビジネス展開をしている企業の中には、中国勤務を人材募集のキーポイントとしてアピールできなくなっている。理由は、大気汚染など環境対応の遅れにあると考えられる」とのコメントをしている。

北京のイギリス大使館が公表したデータで、「ここ数年、訪中したイギリス人は一年平均で約三七万人ほどであるが、そのうち中国に住んで継続的に勤務を希望している人が一万七〇〇〇人に上るとしている。しかし、観光客として訪中した外国人について見ると、二〇一四年初めの時点で対前年比で三七％減、人数として一六万五〇〇〇人になった。これは大気汚染が影響していると考えられる。その結果は海外における中国のイメージの低下である」とコメントしている。

前出の岡崎一等書記官は

「かつて日本も環境問題を抱えていた。その時に得た汚染処理の知識や教訓さらに技術と経験を活かせば、中国の環境問題解決に貢献できると思う。私自身かつて、大気汚染の当事者として訴訟に関わった。これは今考えても困難な問題だった。私はどの国でも経済発展のマイナスの面として決して見過ごしてはならないと確信している」。

ここで気になる話をしよう。

中国国家自然科学基金助成関連プロジェクトチームによれば、中国の冬季における暖房用の大量の石炭燃料により、准河北岸（略称・北方）の大気汚染物質・浮遊粒子状物質の総料は、南岸（略称・南方）よりも大幅に多く、一立法メートルあたり二〇〇マイクログラムという高い数値となっている。これにより、北方に住む住民一人あたりの平均寿命は南方に住む住民よりも五・五年短くなることがわかった。このことが中国の労働市場にもたらす損失は、一〇〇兆元（約一七〇〇兆円）に上るという。

中国数量経済学会副理事長を務める李宏彬氏は、以下のように説明している。

——北方の労働力人口は、約五億人、二〇一二年の中国の一人あたりの平均所得は約七〇〇〇米ドル、これに北方に住む住民の平均寿命が五年ほど短いことを合わせて計算すると、一人あたりの平均寿命を七〇年とした場合、大気汚染が中国の労働市場に与える損失は一〇〇兆元（約一七〇〇兆円）に上るということである。

社会全体が一年あたり少なくとも国内総生産（ＧＤＰ）の二％を占める支出を拠出し、大気中の浮遊粒子状物質の濃度を一立法メートルあたり一〇〇マイクログラム減らすことに費やすことができれば、北方に住む住民の平均寿命を五年延ばすことができる、という計算が成り立つ。

10……国有企業、第二次私有化へ

中国最大の国有企業の一つである光大控股有限公司（EVERBRIGHT）は、二〇一四年八月三日、譲渡・増資による会社再建で株価が一一％も上昇した。これは、中国が国有企業の第二次私有化を開始したことを示している。光大に関して、中国政府により「国有独資企業の株式会社化」が批准された。新たな企業は、中国財政部と国有基金匯金公司が共同で設立したものである。光大集団は金融集団の一つで、傘下にはすでに上場した光大銀行と光大証券がある。光大集団の再建は中国国有部門の改革の最も新しい例で、習近平政府の金融体制改編の一部である。先月、中国国務院国有資産監督管理委員会は大型国有企業六社の私有化の試案を発表した。

二〇年前、初めて施行された私有化計画と比べて、今回は地方政府が莫大な負債を抱える国有企業に投資を呼び込むことを狙ったもので、困難が予想される。北京に本部を置く経済研究公司龍洲経訊の試算によると、二〇〇八年の世界的金融危機以来、国有企業と民営企業の生産率の差はますます大きくなり、国有企業の平均ＲＯＡ（資産利益率）が四・六％なのに対し、民営企業は九・一％である。国有企業の収益率低迷の主な原因は、これら国有企業が金融、エネルギー、通信などの領域で寡占的地位を占めていることである。わずか三％の国有企業が非農業部門の三〇％の資産を占め、このことが浪費と腐敗の風潮を生んでいる。習近平国家主席の反腐敗運動で、数十名の中央企業のトップたちが地位を追われたのが良い例である。

国有企業改革の重点は競争力の向上にある。七月、中国政府は大型国有企業二社に個人投資を呼び込む試案を発表した。この計画には注目すべき点がある。国有企業の三分の二（国有企業は全国で一五万五〇〇〇社）に関わっている地方政府が、私有化の過程で率先した役割を果たすことである。中央政府の試案発表前に、上海、北京、広東、重慶を含む地方政府が、多くの国有企業で部分的にも私有化する計画があることを宣言している。上海では六〇％以上の国有企業で個人投資を呼び込む計画がある。

現在までに、増資による再建案で最も大胆なのは中信集団で、傘下に石炭からサッカーチームまで多業種の資産を擁する。二〇一四年四月、中信集団は香港で上場した中信泰富に三七〇億ドルの資金を投入すると発表した。Och-ZiffやＡＩＡ、Tencentなどが株を取得し、中信泰富に六〇億ドルをもたらした。問題だらけの採鉱企業が、四〇〇億ドルの資産を持つ広範な業種をカバーする企業集団となり、成功の典型とされている。

この一連の国有企業改革は、管理を改善し特定業種の国家寡占を減少することにより、最大規模の企業に民間資本を呼び込むことを目的としている。現在、地方政府の債務が新たな私有化のプロセスを推進している。国有企業の株の売却は二兆九〇〇〇億ドルを超す政府の債務償還の助けとなるが、この数字は国内総生産（ＧＤＰ）の五八％にも達する。しかし世界銀行前中国業務局局長であった黄育川氏によると、中央政府であろうと地方政府であろうと、国有企業の数少ない株の売却が国有企業の経営活性化に大きな意義を持つことはないという。中国のすべての改革には政治権力と経済利益の抵抗があり、この抵抗は国有企業の改革の中で集中的に出現している。数十兆元にも達する国有資産は最大の「美味しい」利益となっている。官僚にとってみれば、国有企業をコントロールすることは権利を掌握することに等しい。中国石油集団のケースは典型的な例だ。国有企業の経営者の選出は官僚と同じであってはならない。ビジネスの観点から優秀な企業経営者を選び、国有企業を市場競争に送り出さなければならない。こうして初めて国有企業は活力を持ち、中国経済は希望を持つことができるのだ。

第6章　李克強の経済学（リコノミクス）は、中国経済を救えるか？

1……四兆元投資の負の遺産

二〇〇八年、世界金融危機が起こって、温家宝内閣は四兆元（約六八兆円）に及ぶ景気刺激政策を行った。この政策は一種の強心剤のようなもので、経済の急速な冷え込みを阻止し、その結果、中国が危機に落ち込むことは免れた。しかし四兆元の投資により、中国経済が進化する歩みを緩めることとなった。

二〇〇八年のアメリカのサブプライム危機が起こる前に、中国経済は二〇〇五年の人民元改革（管理フロート制への移行と通貨バスケット制の導入）によって、すでに産業構造調整の圧力が蓄積し始めていた。長期的成長の潜在能力を持つ経済体に対し、外部からの攻撃が、往々にして政府や企業が、産業のレベルアップや構造の転換をするための触媒となる。そして為替相場の値上がりも、この役割を果たすことがある。しかし不幸なことに、人民元の切り上げによって進んだ構造調整プロセスは、始まって間もなく四兆元の刺激策によって終止符が打たれてしまった。政府の大規模な固定資産投資の支出（二〇〇九年の投資増加率は三一％に達する）で、産業構造調整の方向がねじ曲げられたばかりでなく、構造調整の中で徐々に削減・淘汰されてきた生産能力が、ここにきて強化・拡張されることになった。

四兆元の刺激政策はある程度、銀行の融資の欲望を助長してきた。しかし中国経済の成長が鈍化するにしたがって、その副作用が現われ始めた。

中国銀行監督管理委員会によると、二〇一四年末、中国の都市銀行の不良債権の総額は八四二六億元に達し、二〇一四年一月比でさらに二五〇六億元増加している。都市銀行ではいずれも不良債権が増えている、中でも興業銀行の二〇一四年上半期の不良債権は一三八億円、二〇一三年に比べ四六％も増加している。

不良債権の続出、資産の質の低下が、銀行の自己資産規制比率に大きなプレッシャーを与えている。さらに悪いことに、二〇一八年末まで新たな銀行資本管理にバーゼル合意の基準を取り入れたことで、銀行の自己資本規制比率の監督基準は年々高くなる。二〇一三年六月、中国の各銀行では「現金不足」が大きな問題となったが、それまでの問題がここにきて明らかになったものである。

多くの中国国民にとって四兆元の投資によって起こる直接的な問題は、不動産価格の暴騰、生活物資や食料品の大幅な値上げなどによってわずかな収入の増加ではまかないきれず、生活の質が落ちることである。長年、中国の学会は温家宝内閣の四兆元の経済刺激策に対し批判的であった。温家宝政権の最後の数か月には批判が最高潮に達していた。経済学者たちは、温家宝を庶民派の政治改革の理想の指導者と見なしてきたが、この四兆元の投入に対しては「飲酖止渇」（目先のことだけを考えて後の結果を省みないこと）にすぎないと非難した。つまり、このような救済策は中国経済のバブルをさらに悪化させ、実体経済の成長には何の助けにならないとの考えだ。これらの大量の資金は株式市場や不動産市場など投機的な場所に大量に流入した。資金は実体経済の外を空回りし、中国経済は一瞬輝いたような錯覚にとらわれたのであるが、実際には社会の貧富の差やインフレのリスクがさらに激化したのが現実である。「習近平‐李克強」新政府は、中国経済が直面する多くの問題により二者択一の決断を迫られている。一つ目は、バブルを受け入れて用心深く維持するとすれば、いったいいつまで維持することができるか。二〇一五年あるいは二〇一六年まで続くとすれば、いつさらなる危機が来るのか。その危機の責任を負うのは誰なのか。それは誰にもわからない。

二つ目は、このバブルを受け入れないとすれば、なるべく早くこのバブルを解消しなければならない。一時的には苦痛をともなうが新指導部とって悪いことではない。責任の所在がはっきりしている。責任は前指導部であって、現指導部ではない。バブル時の浮いた感覚とは違ってしっかり地に足がついた感覚だ。政治的な結果は比較的楽に出るだろう。というのは出発点を低くするからで、出発点が高いと効果ができにくいからだ。

2……貧富の差が急激に拡大、六つの大課題

「胡錦濤‐温家宝」政府は、習近平と李克強に一つの「お土産」を残した。社会の不安定、貧富の差の拡大を原因とする、共産党と政府に対する国民の不満である。

ではこの数年間、貧富の差はどのように拡大したのか。

第一の課題は、税収

一九九〇年代中ごろ以降、中国は政府の経済的コントロールを強化し徴税を強化した。特に国税だ。政府の税収は年々二〇~三〇%増という驚異的な数字である。GDPと住民の収入の増加の二~三倍に達し、

政府もこの結果に満足している。GDPには水増しがあるが、財政収入に嘘はない。しかし政府と国民の争いはもはや修復できない程度にまで達し、減税は避けられない状況だ。財政収入の差は各階層のみならず、政府と企業、国民の間にまで拡大している。現在政府が管理している額は巨額だ。

第二の課題は、投資と融資の偏り

この危機対策の過程で、四兆元という破格の投資はいったいどこへなされたのか。主要な投入先は地方政府傘下の投資会社や大型企業であり、多くの中小企業や民営企業、企業家にはあまりゆきわたらなかった。そのため多くの富が生まれたが、財産と収入の差はさらに拡大した。

第三の課題は、一〇〇兆元の通貨発行

これは、過去にGDPの年成長率八%を確約したため、中国ではケインズ主義を多用して需給の管理をし、四兆元の過剰な融資で鉄道・道路・空港などのインフラの建設を行い、一〇〇兆元超の通貨発行を行って世界一となったことである。

第四の課題は、ミクロの視点に立ったために経済の活力が衰えたこと

ケインズ主義によって中国政府の権力はますます強大になり、経済の独占も進んだ。政府の企業に対する関与も多くなり、企業の活力はますます弱まる。典型的な「国進民退」(国有企業は発展し、民営企業は衰える)状況となり、民営企業は次々と海外に資産を移転させ、民営企業の経営者はさらに移転のために金を使い、ついには政府によって「共産」化するのではないかと心配する。

第五の課題は、国有企業が業種を独占したこと

中央政府直属の国有企業が主となって、電信・電力・石油・石油化学・金融を独占し、この権利を行使して破格の利潤を手にしている。ある独占業種の収入は、一般の業種に比べ十数倍にも達するという。国有企業と民間企業の従業員の収入と福利厚生の格差は開くばかりである。

第六の課題は、土地収入の分配の不合理

中国の土地所有制は二種類ある。一つは国や都市の所有であり、もう一つは農村集団の所有である。農村集団の所有は憲法で規定されている。しかしこれは実際には存在せず、その土地は作物を生産するために使用された時のみ集団の所有となり、別の用途や開発が行われると、この過程で多額の土地増値税が発生し、しかもその際農村集団が得る利益は一〇～二〇％に対し、七〇～八〇％は地方政府や開発業者のものとなる。なぜ郊外の貧富の差がこのように拡大するのか、なぜ中国の農民はいつも貧しいのかの答えがここにある。

3……李克強内閣は、なぜ低成長を容認するのか？

二〇一五年三月の全人代会で、中国政府はＧＤＰ成長率を七％に下げた。

李克強総理は政府活動報告の中に、このように書いている。

「七％前後という経済成長率の所期目標は、必要性と可能性を考慮した結果であり、小康社会の全面的完成という目標とかみ合い、経済規模の拡大と構造の高度化の要請に適い、発展の法則に合致し、客観的実情に即したものである。七％前後の成長率で比較的長期にわたる発展を維持していけば、現代化の実現を

支える物質的基盤がより厚みを増やす。また、安定成長は雇用の確保のためでもある。サービス業の割合が高まり、小企業・零細企業が増え、経済規模が増大しているため、七％前後の経済成長率なら比較的十分な雇用を確保できる」。

この所期目標に当たる部分は、二〇一四年の七・五％（実際には七・四％）より、〇・五％減少していた。中国政府が成長目標を下げるのは三年ぶりだ。景気の減速で一四年の実質成長率は七・四％と二四年ぶりの低い伸びとなり、政府目標に届かなかった。

李克強

李総理は「七％前後」の目標について、「中国経済は『新常態』（ニューノーマル）に入った」と強調し、年二ケタの伸びを続けるような高速成長が終わり、七％前後の中高度成長の時代に入ったとの認識を示した。

中国の経済と社会の深刻な諸問題に対し、習近平政権は新たな刺激政策を打ち出すわけでもなく、通貨の緊縮や低成長を容認し、経済の転換と構造の調整に力を入れている。通貨を緊縮して実体経済の真の発展を促すことが、習近平政権が直面する最大の課題である。

ここ数年、中央政府は、過剰な量の通貨を市場に供給し経済の成長を促してきたが、これは初期には確かに効果があった。しかし実際には、資金は決して効果的に実体経済に流れず、不動産市場や地方政府の債務に充てられたり、銀行の理財商品などに蓄積されたりしていることを中国共産党の新指導部は知った。すなわち、引き続き通貨供給量を増大する政策を行っても、資金は有効利用されないことがわかったのである。それどころかインフレを招き、最終的にはスタグフレーションを引き起こす。もし通貨による刺激策を継続するなら同じ間違いを犯すことは避けられない。また同じ道を歩くなら、さらに中国経済の構造のゆがみを加速し、生産過剰や貧富の二極化を引き起こすことは必定だ。

通貨供給によって市場を救済することは逆効果だ。多くの学者がこの政策に反対を唱え、市場の問題は市場に任せるべきだと考えている。多くの場合、政府が関与することで事情をさらに複雑にする。市場に対し我慢して時機をうかがっていることは、李克強の管理経済の知恵と中央の通貨緊縮の決心の表われである。

中央政府のこのような通貨緊縮に対し、市場では今もって混乱している状況だ。二〇〇八年以前、投資の規模は年々二五％以上増加してきたが、現在では二〇％を下回っている。しかも東部地区は全国平均の半分にも達していない。固定資産投資の下落によって工業の成長率の下落が早まる。これまで工業は年平均で二五％の成長率を維持していたが、二〇一〇〜二〇一二年には一〇％未満まで下落している。二〇一四年の第1四半期には七・八％にまで落ち込んでいる。これは疑いなく経済停滞を引き起こした直接的な原因である。というのは中国のＧＤＰの中で、工業の増加が半分を占めている。

このように考えると、答えはきわめて明確だ。もし固定資産投資が二五％のレベルまで回復したとしても、中国経済はすぐに制止や方向転換に向かうだろう。なぜなら二〇〇八年の四兆元の刺激策で拡大した生産能力がある。そのためいったん中央政府が再度新たな刺激策を投入すれば、この生産能力がすぐに利用でき、中国経済の成長率が九％に達することは決して難しいことではない。

ところが市場の「現金不足」という経済の大局面に直面しても、李克強総理は動かず、市場は見殺しの状況だ。李克強はなぜ動かないのか。二〇一四年七月になって習主席はカナダでオバマと会見し、この理由が明らかになった。経済を速やかに成長させることは可能だが、成長目標を低くして、低成長の中で経済の転換のレベルを上げることを目指していると習主席は語った。さらに、現在の経済減速に対して中国の最高指導部がどのように考えているか、この経済減速の状況にもなぜ沈黙と容認を続けているのかを明らかにした。

習主席のこの考えは、中国最高指導者の共通の認識だ。これは中国経済の問題を本当に解決しようとしているからで、過去のように通貨を供給して問題を隠そうとしていないことがわかる。市場を救済したり対抗したりするのではなく、市場に順応し畏敬しているのだ。習主席は通貨による刺激策を継続することは不可能であり、金融システムの中で大量に通貨を印刷してパンに変えようとすることもできないのだ。

経済学の博士号を持つ李克強の政策は、中国経済の基本を二〇〇八年以前に戻し、中国経済を進化させることである。当然痛みをともなうが、過去五年間の投資によって拡大した負の遺産を清算し、障害となっている過剰な生産能力を圧縮し、歪曲した投資構造を矯正することが必要だ。中央政府は経済の成長の停滞を容認し、緊縮したマクロ政策の基本を維持し、地方政府や企業（特に沿海地区）に勝手な選択をさせず、新たな成長の源泉と成長の方式で、さらなる経済の成長を実現することが必要である。

李克強および政府のメンバーによる金融政策は、次のようなものである。たとえ市場が資金面でくじけても、二〇一三年六月一九日に開かれた国務院常務委員会の会議で「穏健な通貨政策を堅持、執行し、合理的な通貨の総量を保持する」との宣言を実行する。この言葉は、中央銀行の通貨供給という市場の期待を打ち砕いた。しかも中央銀行も通貨の発行を緩めることはないことを表明した。これらのことは「李克強の経済学」（リコノミクス）の金融政策と通貨への考え方の手がかりと見られている。

日本を含む東南アジア諸国の発展の経験を見ると、産業のレベルアップ、企業のモデルチェンジは、多くの場合、外部からの攻撃や内部の圧力によって実現する。人民元の値上がりや人件費の値上がりは、二〇〇八年の外部からの圧力で発生して以来、輸出を中心とする中国沿海部で最大となった。さらに国内の経済の停滞もあり、加工製造業の内陸への移転がさらに加速した。また発展した沿海部はさらに大きな開放政策と市場化の改革によって経済構造の変化と産業のレベルアップを推進した。深圳前海特区計画後、上海自由貿易区の設計計画が、すぐに認可されたことがその例である。

4……李克強経済学（リコノミクス）の初期の効果

中国の近年の急速な発展は、西側国家にさまざまな感情的反応をもたらし、「中国崩壊論」「中国危機論」などが叫ばれている。世界の金融危機の中で、中国は四兆元の経済刺激策を行い、西側では「中国経済バブル」の崩壊は避けられないと考えていた。しかし二〇一三年八月、中国経済のデータが公表されてからというもの、これらの考えはすっかり影をひそめた。八月の中国の輸出総額は前年比七・二％増で、予想の五・五％を上回った。貿易黒字は二八五億ドルで、二〇〇八年以来、単月の最高額である。また八月の工業増加率は一〇・四％で、先月の九・七％も上回って一七か月間で最高となった。小売・投資・輸出も強く、世界第二位の経済体である中国は低迷した上半期に別れを告げた形だ。多くの海外メディアが「復活」という形容詞を使って中国経済の好調を表現した。イギリス金融大手のＨＳＢＣが、九月二三日に発表した中国の景況感を示す九月の製造業の購買担当者指数（ＰＭＩ）速報値は、五一・二と前月の五〇・一から上昇し六か月ぶりの高水準となった。景気判断の節目となる五〇を二か月連続で上回った。

中国経済の復活に対し、多くの国際投資銀行は態度を改めて次々と中国の成長を上方修正し、西側メディアは中国経済の好調さに賛辞を送った。中国は決して「空っぽ」ではなく、また「中身のない」というわけではないことが証明されたのだ。中国経済が復活するにしたがって、西側は再び中国に対する認識を改めたのである。

また、さらに認識すべきことは、経済が大きくなるにつれ、新たな利益は改革のさらなる深化の妨げになるということだ。中国は将来の経済の安定的な安定と成長を維持するため、刷新的な経済学のモデルによる積極的な改革が必要となる。「李克強経済学」（リコノミクス）の概念は、新経済モデルの代名詞となる可能性もある。ウォッチャーたちによれば、中国はすでにこの「モデル移行」の過程にあるが、これを完成させるのは李克強ではないと見なされている。しかし彼の気迫と掌握力をもってすれば、「画龍点睛」の「点睛」、つまり活性化する役割を担うと見られている。

5……朱鎔基の経済学から、李克強の経済学へ

朱鎔基時代の改革は、いわゆる「増量改革」（新たに付加される市場経済部門の改革）が主で、「存量改革」（既存の計画部門の改革）は補助である。反対に李克強時代の改革は「存量改革」が主である。つまり通貨の増加によって経済を発展させるのではなく、必要なのは既存の計画部門を維持して経済を成長させることだということである。

経済学上で「市場強化型政府」と呼ばれる思想がある。政府に十分な権力があり、個人の財産の権利を創造、保護し、また各種の契約を強制執行し、同時に個人の権利を剥奪侵犯しないことを約束する。これが市場強化型政府だ。市場強化の方法においては、政府が市場で主体的に富を創造するのではなく、現代市場経済の運用する外部制度の条件を創建することこそ、政府の根本的な職能である。中国に最も欠乏しているのは、独特の市場経済を運用する制度の条件である。

市場の強化、統制の緩和、供給の改善など、二〇一三年三月の全人代以後、中国にはすでに「市場強化型政府」の片鱗が存在する。

ある統計によると、全人代後の一〇〇日間で、六五項目について行政が審査・認可しているが、取り消したものは含まれていないため、全体の数は把握できていない。この審査・認可とは権力であり、支配であり、利益である。まるで一〇年前に戻ったかのような感覚があるが、政府の権力が強すぎ、市場への関与が多すぎることが原因だ。利率を中央銀行が決定し、物価は発展改革委員会が決めるなら、この市場で企業が決定できることはあるのか。統制を緩和する体制でこそ企業が市場で主体的地位を回復できるのだ。

こうした改革は一種の制度の改革である。朱鎔基の「増量改革」時代には資源の配置によって利益の分配を行ってきたが、李克強の「存量改革」時代はそれとは反対に、利益の分配を突破口として、既得利益集団の非市場化の地位を打破することで、改めて資源を得て配置を最適なものにする。中国の改革はすでに始まっており、良い方向に向かう突破口であり、それにともなう痛みは避けられない。

新浪財経のコラムニスト向小田氏は「リコノミクスとは、西側の経済学の普遍原理と中国の経済改革の実践が結合したものだ。これは李克強博士が中国共産党の中心となって、西側の経済学の立場や観点、方法などを運用したもので、中国の長期的経済改革や建設実践中の独創的経験によって理論が概括され、中国の状況に適した科学的指導思想となっている。それは中国経済学派の新潮流を代表している」と述べている。

6……リコノミクスvsアベノミクス

現在、世界の第二の経済体と第三の経済体に、それぞれ「李克強経済学（リコノミクス）」と「安倍経済学（アベノミクス）」が出現した。日中のこれら経済政策には、どのような違いがあるのか。『フォーブス』誌の中国版で、周健工氏は次のように述べている。「アベノミクスは、後で苦労するもの。リコノミクスは、先に苦労するもの」。

リコノミクスには、中国国民の期待が集まっている。まず李克強はGDP成長率ではなく、電力、鉄道運輸、通貨発行量を見る。李克強の新政策とは「新四化」、つまり農業の現代化、都市化、工業化、情報化であるとされている。二〇一三年六月、中国の銀行間に「資金不足」が発生し、さらに小さな金融危機が起こった。その後、リコノミクスの三本の柱が生まれた。（1）景気刺激策を行わない、（2）レバレッジの抑制、（3）構造改革である。最近になってさらに、構造の調整はインフレの「上限」、および就業と経済成長の「下限」の間で行うことを提案している。

アベノミクスは「三本の矢」と言われる。大胆な金融政策、機動的な財政政策、民間投資を喚起する成長戦略だ。日本銀行の黒田東彦総裁は、量的質的緩和政策や、資産リスクも懸念されるほどの国債の大量買入れ、二％の物価目標の実現によって、短期で株価の上昇、円安、賃上げなどの効果を上げようとしている。

中国と日本は発展の段階が異なる。リコノミクスは日本のかつての誤りを犯すのではなく、日本式の落とし穴を避けるものだ。それに対しアベノミクスは、この落とし穴から脱出するものである。日本はこの一〇年間、長期にわたって通貨の緊縮と低成長を続け、九〇年代初めのバブル崩壊後に「失われた一〇年」を経験した。海外のエコノミストは、中国は一世代前の日本と同じ道を歩んでいると考えている。資産のバブルが崩壊し、高投資、高成長から低投資、低成長へ移行する。この見方からすると、「リコノミクス」と「アベノミクス」はアジアにおける成長モデルの両端で、一つは人口構造の変化と体制の硬化から抜け出し高成長期の終結に導くことが必要であり、もう一つはバブル崩壊後の長期低迷から抜け出して元気を回復することである。日本を中国が教訓化するとすれば、ターニングポイントでの処理が悪くハードランディングすれば、大きな代償を払わなければならないということである。

リコノミクスの挑戦性は、アベノミクスに比べて大きい。中国経済が直面している構造問題は、日本よりはるかに深刻だからだ。国有企業と政府主導の経済は、市場の効率に重大な影響を及ぼしている。民営企業が頼みとしている輸出や国有部門が主導する投資がともに力を失っている。政府が経済の刺激策を打ち出さず経済が下降の状況にあるため、潜在的な成長率も見えない。もし引き続き刺激策を施行していれば、資源の極端の浪費が生じ、さらに深刻な経済と社会の矛盾が蓄積されるだろう。

リコノミクスは支えとなる明確な経済理論はない。基本的には、石橋を叩いて渡るごとく慎重であるが、難度はますます増している。アベノミクス以前、日本の経済が直面している「流動性の罠」（金融緩和により利子率が一定水準以下に低下した場合、投機的動機に基づく通貨需要が無限大となり、通常の金融対策が効力を失うこと）などの問題は、ポール・クルーグマン、アルフレッド・スティグリッツ、ベン・バーナンキら世界の経済学者が長年にわたって研究し、さまざまな検討が行われてきた。現在、安倍首相が大胆な政策を推進することができたのは、まったく政治的な理由である。今後、この改革政策の推進は、安倍総理が長期的に政権にとどまれるかによって、大きく左右されるだろう。中国では二〇二三年まで政権は維持できるが、利益階層の抵抗に遭い、内部矛盾を回避することはできない。

周健工は、リコノミクスはレバレッジを抑制し、アベノミクスはレバレッジを増やすものと考えている。日本と中国の負債のあり方の違いに注目してみたい。中国政府の発表によると政府の負債率（すなわち公共債務とGDPの比）は約四三％で、日本の二三一％よりはるかに低い。しかし企業債務の総額の対GDP比率は、中国は日本より高い（中国一五一％、日本一一三％）。政府の負債の状況を見ると、日本は中央政府が多く、地方は少ない。中国は反対である。二〇一一年度の日本の負債では、政府は八一・五％に対し、地方はわずか一七・二%、対GDP比率は、それぞれ一八八・八%と三九・九%である。中国は、中央政府の負債が三八・八%に対し、地方政府は六一・一四%だ。中国の地方政府の債務は一二・一兆元で、GDPの二三%を占める。しかしIMFの試算によると、中国の地方政府の広義の負債はすでにGDPの五〇%に達し、日本を超える。中国が抱える問題は、地方政府の負債と企業の過剰生産である。日本は、政府の莫大な負債である。

中国では、リコノミクスによって刺激策が行われず、中国経済は今まさに下降状況にある。日本ではさまざまな刺激策が行われてきたが、現在、構造改革の苦痛に直面し、政府は莫大な負債を背負ってしまった。アベノミクス、リコノミクスは、それぞれの経済を改革できるのか。これから一〇年後には一定の結果が出ているだろう。

第7章　中国社会はどう変わっているか?

1……象徴は「烏坎（ウーカイ）村事件」

多くの日本人にとって、中国は共産党の一党独裁なので、民主化は掛け声だけで、絵に描いた餅と考えている人が多いかもしれない。実際、大枠で見れば、その通りである。が、実情は着実に変化が起こっている。その鍵を解くのが、中国におけるネット社会の急激な展開である。

一つの象徴的な事件について紹介しよう。広東省陸豊市に「烏坎（ウーカイ）村」という小さな村落がある。人口は一万人ほど。二〇一一年、この村で市当局と村民との間に、土地収用をめぐるトラブルが発生した。地元政府が農民が耕作していた土地を、無断で開発業者に売買または処分し、その業者が土地を収用しようとした。これに村民の大きな反発を招いたのである。もちろん中国は、社会主義国なので、日本とは違って、農地は個人所有ではない。しかし農民にとっては大事な生活の糧であるから、政府といえども勝手な売買をすれば、トラブルを引き起こす。さらに農地は公共の財産でもあるのだから、勝手な売買は控えなければならない。「烏坎村」の土地トラブルの背景には、地元の共産党支部の横暴と腐敗があった。特に村長による横暴が事件を大きくした。抵抗した村の代表者が逮捕・連行され死亡するという事件も発生。怒った村民が対抗して、村に立てこもった。そして村民自ら自治組織を結成、直接選挙による村長の再選挙を当局に要求した。

当局は軍の出動を要請して、村を包囲する事態に発展した。この間、村長は逃亡してしまった。軍は、村の電気やガス、水道を遮断して兵糧攻めを行ったが、村民は隣村からの支援で電気などの供給を受け、抵抗を続けた。睨みあいは一か月以上も続き、軍による村民の逮捕か、それとも対話か、状況は非常に緊迫した。この事態に、広東省の最高指導者である汪洋・党書記の指示で、広東省から調査団が派遣された。その調査団の調査報告をもとに汪洋氏は記者会見を行い、「村民の主張は間違っていない」として、軍の引き上げを名言した。そして次のような打開案を村民に示した。

(1)事件に関わった村民を一人も逮捕しない。
(2)村民の意見を聞く。
(3)問題を起こした村長を処分する(解任)。
(4)自治会を開くことを許可する。
(5)村議会を再選挙する。

この事件は、日本や欧米などのメディアにも注目されたが、この判断は決して国際的な視線に左右されて出されたわけではない。広東省は三〇年前から経済改革の最前線であり、社会改革の先進地になっていたからである。思えば二〇世紀初頭に革命の先覚者だった孫文が、反清朝の最初の起義(蜂起)を起こしたのも広東省だった。人民の権利意識の向上も背景にあったのではないかと想像される。

汪洋の指示によって、村民は直接選挙で村長を選んだ。こうして紛争は円満に解決した。汪洋の民主意

村議会を再選挙している烏坎村

識とこの事件の処理方法は、習近平に認められた。この一年後の中国共産党第一八回全国代表大会で、汪洋は党政治局委員に抜擢されて、翌年の二〇一三年三月、全人代で経済担当の副総理に就任し、習近平の右腕になった。

2……民主化とネット社会

ツイッターが進める民主化

人々の権利意識の向上は、最近では環境問題にも広がっている。その一つが、江蘇省南通市における日本企業・王子製紙の工場誘致問題に表われている。王子製紙は、この町でアジア最大の製紙工場の建設を進めていた。製紙業には有害な廃液が排出されるため、それを揚子江に流す可能性がある。水質保全の処理が厳密に行われれば問題ないのだが、中国にはその法的整備が進んでいない。これは中国政府の問題でもある。そのため住民による環境保護のため工場誘致反対デモが起こった。二〇一二年七月の事だった。

デモの数は当初は二万人程度だったが、日を追って急増し、やがて市役所に押しかけ占拠するまでに至った。大きな事件として注目されたが、なぜかデモの組織者が見当たらなかった。中心人物も不明だったのである。結果として、南通市は廃液を処理せず揚子江に流すと、一〇〇万人以上の被害者が出ると試算して、工場建設を不許可とした。

こうした動きはこれだけではない。四川省の成都や雲南省の昆明では、大規模な化学工場の建設計画が進められていたが、ツイッターに「もし万が一、爆発が起こったら周辺に対する人々の健康、人的・物的な被害ははかりしれない」という書き込みが広がり、大がかりな抗議行動に発展した。結局、工場建設は中止に追い込まれた。これらは環境保全の動きに対する世論の高まりを示している。環境保全は次世代の健康を守るという大義があり、政府としては強権的に押し切ることが難しくなっている。中国ではインフラに関しては強権的にゴリ押しするケースが少なくなかったが、中国でも、住民への説明、そして「住民との合意」が必要となる時代に突入したと言えるだろう。

こうした社会的課題として民主化への要求は、ネット社会の進展によって、若い世代を中心に爆発的な高まりを見せている。政府高官の汚職などは、既存の新聞・テレビなどのメディアでは規制があり報道されにくかったが、ネットによって暴露されている。例えば、四川省重慶では市長が不動産会社の社長から賄賂を得ていたことがツイッターによって露見した。また、これまで地方の人は、政府に苦情を言うためには北京などに上京する必要があった。こうした人々は「上訪者」と呼ばれた。苦情はさまざまで、土地の問題から、夫の浮気といった話まである。北京には「上訪者村」という地区まであり、何万人もの人が滞在していた。苦情の多くは当局からほとんどが相手にされないため、上訪者の多くは自分の要求が当局に受け入れられるまで諦めずに長期滞在するのが常であった。しかし、ツイッターによって、いつでも自由に、多くの人に苦情を発信することができるようになったのである。中国のツイッターの代表的ネットサイトは、「ウェイボー」（微博）と言われているが、そのほかに多くの情報サイトが生まれている。政府のコントロールではどうにもならないネット社会拡大の勢いは、もう止まりそうもない。

ネット社会の担い手は「九〇後世代」

現在の中国の二〇代の若い世代は、一九九〇年後の生まれである。彼らの世代のことを、中国では「九〇後世代」と呼んでいる。中国では社会の変化が急激なので、五年ごとに新世代が登場する。「九〇後世代」の前は「八五後世代」、その前は「八〇後世代」という。

この「九〇後世代」はネット社会の主要な担い手であり、具体的には「ツイッター」を効果的に活用している。そして彼らの情報活用こそが、前に述べた土地トラブルや環境問題を解決に向かわせている。

前に述べた南通市の製紙工場、成都市や昆明の化学工場への反対運動は、「ツイッター発の反対デモ」だった。ただしツイッターと言っても、発信者を明らかにしている場合もあるが、偽名ないし匿名で発信する者が少なくない。言うまでもなく氏名を明らかにしていれば信頼されるが、偽名の場合、信頼されない。にもかかわらず、ツイッターからの発信は後を絶たず、問題があれば、たちまち噂が広がっていく。私もツイッターを活用しているが、もちろん氏名は公表している。

ツイッターでは、事件やニュースが発信されるのが実に早い。例えば、二〇一三年四月二〇日の四川地震の場合、新華社の公式ニュースで報道されるのに二時間もかかったが、ツイッターではたったの三六秒で発信された。私がネットで知ったのは一五分後だった。また例えば、私のネットで発信するニュースにも二日間で八三四件の書き込みがあり、さらに私のツイッターは少なくとも三五万人が常時アクセスしている。

政府は、情報の扱いにおいて遅れをとっているが、手をこまねいているわけではない。現在行われている政府の規制は、主に二つある。一つは、情報統制部門（約三〇〇〇人の人員）による利用者への「削除通知」である。これは手仕事で手間がかかるため、なかなか手が回らないようである。もう一つは、検索されそうな項目に関わる文字や言葉を「敏感文字」に指定して、もしツイッターに敏感文字があれば、自動的に削除されるという仕組みである。例えば「江沢民」を検索する場合、「江」とか「沢」という言葉を敏感文字に指定して削除してしまう。これに対する「九〇後世代」の抵抗が大きい。彼らの主張は、主に以下の二つである。一つは選挙権の獲得。二つは公務員（役人）の監視システム。後者は、公務員に腐敗があった時の解任権を国民に与えろと主張している。こうした制度がなければ平等・公正な社会は生まれない。習政権が抱える大きな課題である。

3……中国版ツイッターの「限定版民主化」

二〇一五年二月、中国版ツイッター「微博」（ウェイボー）の登録ユーザー数が、八億を突破した。「微博」は「新浪微博」（シナウェイボー、NASDAQ：WB）のことで、中国新浪公司の運営するミニブログサイトだ。ツイッターとフェイスブックの要素をあわせ持ち、中国全体のミニブログ・ユーザーのうちの五七%、投稿数にして八七%を占める。現在、中国で最も人気のあるウェブサイトの一つだ。二〇〇九年八月に発足し、二〇一一年三月に登録ユーザーが一億人を突破。二〇一二年一二月末には五億人を超えた。二〇一四年四月一七日、米国のナスダック市場に上場し、最大三億二八〇〇万ドルを調達した。

「微博」の「微」は「マイクロ」を意味し、「博」は中国語で「ブログ」を意味する「博客」の先頭文字をとっている。中国では、ツイッター、フェイスブック、ユーチューブといった海外のソーシャルメディアは政府が規制しているため、新浪公司の類似のサービスが利用されているのだ。情報が規制される中国において微博（ウェイボー）は、国民どうしが高速かつ気軽に情報を共有できるサービスであり、中国共産党政府を批判する「ゴミ箱」ともなっている。ウェイボーの誕生で、公の場での政府批判が事実上禁じられている人口約一三億人の中国で、国民一人一人が発言権を持てる時代に突入したと言える。

微博は従来、党・政府系の官製メディアから一方的に流される情報を受け取るだけだった中国人の情報環境に、「自ら発信する」という革命的な変化を及ぼした。かつては、中国において意見を発表するには新聞・雑誌・テレビなどメディアを通じて行うことしかできなかった。これらの伝統的なメディアはすべて何らかの形で党と政府の管理下に置かれているので、問題発言を最初から排除してしまえば情報規制は完了するが、微博では当局の対応が後手に回っている間に情報が拡散してしまい、民衆側の優勢が保たれてきたのである。

二〇一三年九月、中国で開かれた元重慶市トップ・薄熙来の汚職事件の裁判の様子が、「微博」で実況中継された。二〇一四年九月には、ある経済紙記者の実名による「微博告訴」により、国家発展改革委員会副主任兼国家エネルギー局局長（エネルギー庁長官）の劉鉄男（大阪総領事館で勤務したことがある）は、賄賂などの罪で逮捕され裁判にかけられた。

中国の情報公開は、微博を通じて前進しているとも言えるが、中国政府は警戒を強めている。微博のユーザーがある日突然、アカウントを無効にされる事態も相次いでいる。中でも「大Ｖ」（大物）と呼ばれる、一〇万人以上のフォロワーを持つ人物には、微博運営会社などから直接・間接的に当局の意向が、警告として告知される。治安当局が、微博に投稿された民主化活動に関する書き込みを削除するなど、規制も強化している。微博運営側の新浪公司の対応は、真っ向から対立して閉鎖されるよりも、当局の意向にできる限り沿って、少しでも表現の自由の機会を提供することが得策と考えているようだ。

政府の検閲もあってウェイボーは勢いを失ってきているが、その一方で勢力を拡大しているのがＬＩＮＥ型のＳＮＳだ。最大手は騰訊（テンセント。本社は深圳市）の微信（WeChat）。基本的には一対一のコミユニケーションツールだが、多数に向けて発信できる公衆アカウントや簡易SNS機能を通じて情報を拡散することができる。クローズドなSNSなので拡散力は弱いが、その分、政府の目につきにくく規制が困難だ。

「微信」は、二〇一一年一月に中国でサービス開始。同年四月、海外向けに「WeChat」として展開された。テンセントが以前より提供していた「インスタントメッセンジャー・テンセントQQ」の発展型として、メッセンジャー機能とソーシャル・ネットワーキング・サービス機能の融合が特徴と評される。海外版のWeChatは、フェイスブックのアカウントでの登録が可能である。テンセントは、豊富な資金力を背景にWeChatの海外展開を進めているとされ、世界各地に遍在する中国人ユーザーからの紹介も普及の一助になっていると言われる。

習近平指導部は、ネット空間を「イデオロギー闘争の主戦場」(中国共産党機関紙)と強く警戒し、世論という挑戦状に対応するため言論の引き締めを強めている。「民草に愛される、古き良き中国共産党の復活」がテーマの習近平体制だが、ネット対策では政府批判的な言論を封じ込め、政府を支持するネット世論のムードを作ることを課題としてる。

二〇一四年八月七日、中国政府はスマホ向けメッセージアプリを念頭に置いた規制を公布し、即日施行した。新華社を通じて発表された規定は「即時通信工具公衆信息服務発展管理暫行規定」という名称。日本語訳すると「メッセージツール・公衆情報サービスの発展管理暫定規定」となる。「メッセージツール・公衆情報サービス」と中黒が入っているのがミソだ。メッセージツール(スマホ向けメッセージアプリを念頭に置いた用語だが、スマホに限定していないので字面を読む限りパソコン限定のサービスも対象になりそうだ)を提供している企業だけではなく、そのサービス上で展開される公衆アカウント(企業アカウントなど多数のユーザーに情報を提供するもの)に対する規制も含まれているのだ。

具体的な規制は以下の通りである。

・メッセージツール提供者も、公衆アカウント提供者も、関連の資格を取得せよ（具体的な規定はなし）。
・メッセージツール提供者は、違法書き込み・不良書き込み削除に対応する専属スタッフを配置せよ。
・メッセージツール登録は実名制が必須。ただし他のユーザーに対して実名を公開するかどうかは、ユーザーが選択する。
・登録時には「法律法規、社会主義制度、国家利益、公民の合法的権益、公共秩序、社会道徳、情報の真実性の遵守」という「七つの守るべき一線」の遵守をユーザーに同意させる。
・公衆アカウントの登録にあたっては審査を実施し、その内容は当局に報告すること。
・報道機関資格を持つ企業の公衆アカウントは、ニュースの掲載を許可する。ネットニュース資格を持つ企業は転載のみ可。その他の公衆アカウントは許可がなければニュースの掲載・転載はできない。
・メッセージツール提供者は、ニュース掲載資格を持つ公衆アカウントに何らかのマークをつけるべきである。

今回の規定では、公衆アカウントの情報発信を規制し、事業者に問題情報削除の専属スタッフ配置を義務づけている。クローズドなＳＮＳの検閲が本格化することを示す規定だと言えるだろう。

4……中国民主化のシナリオとは？

言うまでもなく中国は人口が多く、民族は漢民族のほか五〇を超える少数民族がおり、風俗習慣も多様である。しかも少数民族とは言え、一つの民族で一〇〇〇万以上と人口規模が大きい。こうした多種多様な民族を一つにまとめることは、容易ではなく、かつ民主主義を浸透させることはさらに難しい。

こうした状況下で、しかも民意を聞きながら政策を実行することが社会の混乱を防ぐために必要である。したがって習政権は、民主主義を進めるために行政改革に取り組もうとしている。その目玉が直接選挙の実施である。とは言っても一気に実施するのではなく、段階的に新しい制度の実施を検討している。

制度の骨子は、いうなれば「階段状にレベルアップした選挙制度の展開」である。ちなみに中国の行政制度は、以下のような状態になっている。

《中国の行政単位》
中央政府——北京
省——三六省の首都
市——地域の主要行政単位
県——日本の町にあたる
村（郷、鎮、街道）

《中国共産党と政府の関係》
・党総書記、一人
・党政治局常務委員、七人（以前は九人）
・党政治局委員、二五人

・党中央委員会委員、一五〇〇人
・党地方委員会（省、市、県の党委員会の書記は、地方の最高指導者に）
・支部・村（郷、鎮、街道）および企業（それぞれに書記、委員、党員）

現在、村レベルでは、村民による直接選挙が行われている。これをもとに単位をレベルアップしながら選挙の枠を広げようという仕組みである。当初の計画では、さしあたって「県（日本の町レベル）」の段階まで直接選挙を実施するというものである。これを現実化するには長めの時間がかかるという見方もあるだろうが。

民主化に関しては、大きな問題がある。中国は共産党の一党独裁であり、これが民主化を進める大きなハードルとなっていることは明らかだろう。習主席は、これをどうしようと考えているのだろうか。独裁制は維持しながら、民主化に進める政治改革を実行していくのではないか、というが私の推測だ。そんなことが可能なのかと考える人も多いだろう。例えば、シンガポールの社会体制を参考にするのではないかと考えてもおかしくない。ご承知の方が多いと思うが、シンガポールは民主主義国家であり、選挙も行われている。ところが、常に与党の議席が九五％を占めている。すなわち実質的な「一党独裁状態」が続いている。日本では、総選挙があれば各党の議席数に変化がある。これが正常な状態と考えてもいい。しかしシンガポールでは違う。それにはシンガポールの選挙制度に謎があるからである。

まず、議員任期だが、総選挙後五年とかなり長い。次に、選挙区の問題がある。シンガポール議会は一院制で、選挙区は二つある。一つ目は「単独選挙区」と呼ばれる。二つ目は「集団選挙区」と呼ばれる。単独選挙区とは、一つの選挙区で定数一を争う仕組みである。また集団選挙区とは、一選挙区の定数が五ないし六。しかし、得票数の高かった政党がその選挙区において議席数を総取りする。ここに与党が多数を占める秘密がありそうである。しかも、選挙の時は、参加各党が定数に相当する立候補者を用意する。このため、定数に相当する立候補者の確保が必要であり、議員定数に相当する選挙の供託金が要求される。したがって新政党の新しい参入が難しい。

気になるのは、供託金制度。もちろん日本にも同じ制度があり、立候補者は供託金を払わなければならない。そして、立候補しても一定水準の得票がなければ没収される。中でも、選挙制度の変化が注目される。この選挙制度は一九八八年に導入されたが、その中で、集団選挙区の選出議員が全議員の半分という規定があったが、一九九六年に撤廃されている。そういう事情で、現在では集団選挙区選出議員は全議員の常に九〇％を超えることになっている。

これが民主主義の選挙なのか、という疑問を持つ人も少なくないだろう。選挙という仕組みとその情報が公開されているということ、運用さえ間違えなければ、政策の安定的実行を可能にするかもしれない。もちろん中国とシンガポールでは国の規模や歴史や成り立ちがまったく違うから、一概に良いか否かは言えない。よく指摘されることだが、「民主主義は与えられるものではなく、闘い取るものだ」と言われるが、この点で中国の民主主義も、その道を進んでいるように思える。

5……10年内に言論の自由が解禁されるか？

『南方周末』事件

二〇一三年元旦、中国南方の最大都市・広州市において、メディア記者・編集者の団体抗議事件が発生した。これは新聞『南方周末』（「周末」は週末の意）の新年賀詞に対して、共産党宣伝部から修正の強制

的要請があったことに対する抗議だった。この事件は、たちまち二〇一三年初の中国最大「政治的事件」となり、それは取りも直さず、習近平政権の政治改革ならびに世論開放についてのテストとなった。

『南方周末』は、中国共産党広東省委員会が「指導」する南方報業集団傘下のメディアで、この新聞は週刊だが、しばしば中国政治の重大ニュースの単独報道を行い、かつその観点と立場が政府に対して批判的で、忌憚なく真相を書くために、中国における言論の自由の支持者たちの賞賛を得、多くの国民の尊敬を勝ち得てきた。

一月三日、『南方周末』は、新年第一号の紙上で、恒例通り「新年賀詞」を掲載すべく準備した。この新年賀詞のタイトルは「中国の夢、憲政の夢」だった。「中国の夢」は、習近平が提起した中華民族復興の夢である。「憲政の夢」は、習近平政権の政治改革実行と民主化推進道程に対して、同紙の若い記者・編集者たちの渇望を綴ったものだった。しかし、この版が二日夜に印刷に付される前、中国共産党広東省委宣伝部の審査に引っかかった。宣伝部は編集部の同意と校正を経ないで、勝手にタイトルと記事内容を改変し、削除していた。

編集者の抗議に宣伝部の反応は

新聞社の編集者が抗議と反対をしたにもかかわらず、宣伝部は改変して記事を印刷するよう『南方周末』に強制した。オリジナルの記事は、中国憲法が定めた個人の自由と権利を尊重するよう政府に呼びかけたものだが、しかし同時に政府の改革に対して鼓舞称揚さえしていたのだ。さらに宣伝部が書き加えた内容には、二つの間違いがあった。一つは「二〇〇〇年前の大禹の治水」と称しているが、二〇〇〇年前は漢王朝であって、大禹の治水は四〇〇〇年前である。二つ目は、「衆志成城」という成語（一致団結すれば、何事もできる）の「城」の字を「誠」と間違えていた。

広東省委宣伝部による「新聞検閲制度」と粗暴な新聞編集への干渉は、『南方周末』の記者・編集者たちの強烈な抗議を招いた。編集部は、新聞出版ルールに対する重大な違反、さらに厳重な事実誤認に関わる重大な出版事故に対して、徹底的な調査を行うよう公開要求した。同時にまた、新年賀詞の改変命令を下した広東省委宣伝部部長・庹震の辞任をも要求した。

『南方周末』編集部は、以下のようなコメントを発表した。すなわち、二〇一二年中に、一〇〇〇余篇にのぼる草稿が省委宣伝部によって「銃殺」され、はなはだしい場合には、すでに印刷所に送られている版を省委宣伝部が入れ替え要求をしていたという。編集部にとって、このような粗暴な新聞検閲制度は、実に耐えがたいものであった。

ツイッター（微博）で情報公開

『南方周末』編集部は、ただちに「微博」（ウェイボー）を通じて真相を社会に公開し、国内外の高い関心を引き寄せた。アメリカ国務省スポークスマンまでもが、この件について論評し、中国に新聞報道の自由を保証するよう呼びかけた。しかし、人民日報系列の『環球時報』は、一月七日、「南方周末の〝読者へ〟の記事は、真に憂慮に耐えない」とコメントした。そして社説で、新聞の自由な振る舞いは抑えるべきだとし、中国の政治体制は西側とは違っており、メディアは国家の政治的現実から遊離して、独り勝手な口マンチックな存在であってはならないと主張している。この社説が掲載されたということは、中国上層部の『南方周末』事件に対する態度表明である。中国共産党中央宣伝部は、全国の新聞すべてに対し、『環球時報』のこの社説を転載するよう要求した。

しかし、少なからぬメディアがボイコットしたり、迂回戦術で掲載に抵抗した。全国のメディアに、他所の同じ社説を転載させるなどということは、報道の原則に違背するということを改めて認識させる結果になった。

北京の『新京報』は、『環球時報』の社説を転載しなかっただけでなく、第一面に北京故宮大門の半開きの写真を掲載し、説明文に「故宮、月曜は半日閉館のテスト開始」と記した。これは、役所の保守閉鎖性を読者に連想させるものであった。中国最大のポータルサイトの一つ『捜狐網』は、もっと大胆に『南方周末』発展史の特集を掲載し、同紙が鄧小平・江沢民など指導者に重視されて、南方報業本部の地番である「広州大道二八九号」は、「中国改革開放発祥の地」と形容されていると紹介している。噂によると、上部の意向による『環球時報』社説の転載拒否によって、『新京報』は市委宣伝部副部長に解散を迫られ、同社社長は自ら辞職を申し出たらしい。しかし、新任の中国共産党中央宣伝部部長・劉奇葆は、『新京報』と転載を拒んだ『蕭湘晨報』に対し、必ず掲載するよう厳命した。のみならず政治局常務委員・劉雲山に報告がくると、劉は「必ず掲載させるべし」と指示書を書いた。そこで、宣伝部副部長としても、これをゆるがせにはできず、新聞社に赴き、執行の指導監督をしたため、『新京報』編集部の全編集者・記者による官側の報道強制関与に対する集団抗議事件を惹起した、というのだ。

なぜ『南方周末』の新春賀詞改変事件は、二〇一三年新春の最大の政治事件になったのだろうか？　これは、習近平の二〇一二年一一月政権掌握後初の出張先として、広東が選ばれたからである。彼は広州に近い深圳を訪ね、中国経済改革の父・鄧小平に敬意を払った。二〇年前、鄧小平は深圳から改革の火蓋を切ったのだ。習近平は、自らを鄧小平になぞらえているようだ。鄧小平は大胆な経済改革で名をなしたと同時に、共産党統治に反対する挙動を絶対容認しなかった。最新の形跡では、習近平が一月五日に行われた中央最高幹部学習会でのスピーチの中で、積極的に改革を推進するというシグナルを発している。党内の高級指導幹部に向かい、習近平は、くりかえし鄧小平に触れ、特に「中国的特色を持つ社会主義」という、実用主義政策と一党独裁の結合を意味する短い言葉の堅持を強調している。

しかし、民衆の改革要望の一部は、習近平自身が引き金となった「中国の夢」の希望に由来しているのだ。習近平は憲法使命の履行、役人の不要な奢侈浪費禁止命令のアピールや反腐敗運動の発動によって、大いに賛美され続けてきた。観察するところ、どうも習近平のこれらの行為が、さらなる大胆な改革行動実行の呼びかけの声を激発させていたのだ。とりわけ彼が就任してから、国民の微博を使った腐敗役人の摘発が鼓舞奨励され、多くの高級幹部が、この「微博摘発」で「落馬」させられたことが、人々に中国の世論開放という希望の光を見させた。習近平に対する中国人の期待は非常に強く、彼が今後一〇年の任期内に、もっと開かれた方式で、中国の政治的経済的モデルを作ってほしいと願っている。

報道の自由解禁は可能か？

中国の民衆は言論の自由を渇望し続け、中国政府に対し、政治改革の推進、世論空間の開放を呼びかけてきた。しかし国民に自由な発言をさせると、必ず中国共産党や中国政府の統治に対して批判的な運動が活発化し、「天安門事件」が再発すると党は心配している。したがって世論開放に対して、中国政府はずっと慎重な姿勢である。

香港『陽光』衛星テレビの責任者・陳平は、このように述べている「中国政府について言うと、政治改革をする、しないの問題ではなく、一つの適切な道程図とタイムテーブルが必要なのである」。中でも、報道の自由解禁は、最も差し迫った改革のステップでなければならない。そして、改革はまず報道の自由からであり、すなわち「党禁」（他党派参加の禁）を解く事から始めねばならない。「この中国の夢は、一九八九年に一度夢見て以来、今年まで、ずっと多くのわれわれ中国人が追い求め、今も追い求めている夢である。これは、民主がずっと中国人の心の中に燃えさかる炎であることをも説明している」。陳平はこう考える。「党の宣伝部のやり方も、官側の報道管制の恒常的方法を代表しており、今日のメディアの苦境は、体制的障害であることもはっきりと浮き彫りになっている。これは、単一の事件ではなく、そこに反映しているものは、やはり憲政民主制度のトータル的政治環境が欠乏なのであって、背景のこの制度を改めない限り、この種の事件は、次々に果てしなく起こり、たとえ、今日廣震を追っ払っても、次回には、別の新聞が、また同様な事件を引き起こす。したがって、中国の言論自由化のためには、どうしても、トータルに制度から改革しなければならない」。

しかし、『南方周末』事件に対して、習近平はずっと触れてこなかった。そこで、次のような二種類の憶測が生まれた。一つ目は、習近平は二〇一三年三月の全国人民代表大会で、胡錦濤の手中より「国家主席」の職務を引き継いで、初めて最終的な権力交代が完成するので、彼にはもう少し時間が必要だという見解。二つ目は、党内の保守派勢力は依然として強く、特に前政権の宣伝領域を主管していた高級幹部は地位を保全しているので、習近平は一定時間をかけ、何人かの保守的幹部更迭をも含め、言論報道の自由を解禁した空間を創出しようとしているとの見解。習近平の現実的穏健的性格から、一歩一歩着実に中国政治改革を推し進めていくであろうと考えられるのと同時に、彼は改革が社会の混乱と不安定を引き起こすようなことは望まない。したがって、いかにして政局と国民の期待をバランスよく舵取りしていくかは、今まさに習近平の智慧が試されているのだ。

6……三大不平等の突破

今までの保険制度

中国は、三〇年以上前に一人っ子政策を実施した。約一三億人の世界最大の人口国だけでなく、今や世界最大の高齢化国になりつつある。そのため、中国の社会保障が大きな改革の時代を迎えている。

中国の保険の全体像は、主要なものとして「養老保険（年金）」、「医療保険（公的医療保険）」「失業保険（雇用保険）」「工傷保険（労災保険）」「生育保険（育児保険）」の五つである。加えて、民間企業のサラリーマン向けの保険がある。このほか、若者を中心とした教育の機会均等が大きな課題である。以下、主なものについて述べよう。

《養老保険》

中国の年金制度は、地方自治体（県、日本の町に相当）に管理されている。だから保険料率が異なることが多い。保険料率は、上海市の場合、企業参加は個人負担分が八％、企業負担分が二二％である。また、自営業やフリーターなどは管理する自治体の平均給与の三〇％で、全額自己負担である。支払い期間は一五年。受け取りは、男性は一律六〇歳から、女性は五〇歳からである。

《健康保険》

中国の公的医療保険は、保険料に関しては、企業参加（上海の例）で、個人負担部分が二％、企業負担部分が一二％。このうち、個人負担部分全額と企業負担部分の一部を積み立てている。ちなみに日本には「後期高齢者医療制度」があるが、中国にはそうした制度が設けられてない。

《失業保険》《労災保険》

失業（雇用）保険は、サラリーマンや労働者が失業した時の保険給付で、主旨は日本も中国も同じであるが、中国（上海の例）は、一律、企業負担が一・七％、個人負担が一％である。

また、労災保険は、業務上の原因で、負傷、疾病、障害、さらに死亡した場合の保険給付であるが、日本も中国もほぼ同じであるが、通勤上の災害も労災保険対象と認定される。また保険料は、中国の場合、〇・五％で全額企業負担。加えて仕事の危険度によって、最大三％までとされている。

習政権の課題は、社会的不平等の解消

習政権は、中国をどのような社会に変えようと考えているのだろうか。それは「公正公平社会」の建設である。率直に言って現在の中国社会には、主に三つの不公正で不平等な制度が残されている。これを改革することが重要課題としてが注目されている。

一つ目は「教育の機会の不平等」、

二つ目は「医療を受ける機会の不平等」、

三つ目は「社会保障を受ける機会の不平等」である。

まず、一つ目の教育の機会均等の不平等。昨今、中国では非常に多くの若者が大学への進学を望んでいる。しかし、若者の希望を阻む大きいハードルが存在している。最大のハードルは「戸籍」の問題である。

日本では、個人の内申書の評価と入試の成績また面接などによって大学への合非が決定される。基本的に個人の実力の評価が基準である。これに対して中国では個人の実力評価の前に「戸籍」の問題が立ちふさがっているのである。例えば北京大学の場合、三〇〇〇人の合格枠のうち北京の戸籍を持っている人二〇〇〇人が優先的に合格する。残った一〇〇〇人が北京に戸籍を持っていない地方の若者に振り分けられる。ちなみに浙江省に振り分けられる合格者の枠はたった一〇人にすぎない。

ある若者が北京大学に入学したいと考えた場合、自分の戸籍のある場所の割り当て人数の壁を突破して合格しなければならないから、非常な難関である。成績がかなり優秀でも高倍率になるから、通常の合格点を上回っても合格できない。仮に超難関を突破して合格できただけでは、戸籍を北京に移せない。

卒業後、大企業に就職できて、初めて戸籍を北京に移せる。今、大企業と言ったが、この就職もかなり難しい。募集定員が少ないので応募者が殺到して採用倍率が非常に高いからだ。地方出身の人が唯一、北京の戸籍をとる方法は、北京の大学に入ることだが、この不平等が若者たちの不満をかき立てている。

二〇一四年、中国政府は半世紀以上続けてきた農村戸籍と都市戸籍の差別制度を撤廃したが、以上のような教育の機会の不平等状況は、まだ続いている。

次に二つ目の医療を受ける機会の不平等。まず医療費である。これは戸籍がどこにあるかで負担に大きな違いがある。その内訳を以下に示そう。例えば北京で医療を受ける場合、次のようになる。

一、国営企業の社員は、北京に戸籍があるので一〇〇%国に支払ってもらえる。
二、民間企業の社員ならびに元社員は、北京に戸籍があるという条件で七〇%が国の負担になる。
三、地方の人は、北京に戸籍がなく出稼ぎであるからすべて自己負担になる。

つまり同じ治療を受けても、戸籍がどこにあるかで、医療費の金額に大きな差があるのである。これが患者ならびに家族の不安と不満の理由であり、社会的な問題として浮上している。

そしてさらに、三つ目の社会保障を受ける機会の不平等が加わる。これも戸籍がどこにあるかで扱いが違う。その内訳を以下に示そう。

一、公務員の場合、六〇歳の定年退職後、原則として幹部は現役時代と同じ給与が保障される。また普通の職員は八〇％保障される。

二、民間企業のサラリーマンの場合、企業側は社員の退職後、支払いの義務が課されていない。

なぜ、この深刻な問題がそうなっているかと言えば、江沢民主席と朱鎔基首相の時代、中国では国営企業の民営化が大幅に実施された。ほとんどの国営企業が民営化され、国営企業として残ったのは、たったの二七〇社にすぎなかった。その時政府は、公的機関として「年金機構」を設立して、民間企業のサラリーマンについて、年金積立向けとして給与から天引きする措置を講じ、一〇年前から運用している。現在、サラリーマンはいつから積み立てた年金をもらえるのか心配している。

少子高齢化の中、退職したサラリーマンの生活の糧は年金である。これが機能しないのでは重大事である。そこで民間企業は、退職者を再雇用して対応している。しかし民営化後、企業側に法的な支払い義務の規定がないということが不安の原因となっているわけである。一方、地方からの出稼ぎの人は、年金がない。ではどうするのか。一口で言えば、家族や子供から生活費を支援してもらうほかかない。

これに並行して、高齢者の年金の扱いはどうなっているのだろうか。今まで、政府はリタイアした高齢者に対して、「国家年金」という名目で小遣いレベルのお金を支給している。浙江省の場合、六〇歳以上

1996～2005年、全国大学入試での都市／農村の合格者数比較（単位は万人）

年度	都市出身受験者	農村出身受験者	都市出身合格者	農村出身合格者	受験者総数	合格者総数	農村人口	農村人口の総人口比率
2005	393.85	482.96	269.27	303.81	876.81	573.08	74471	57.01
2004	334.60	396.87	246.64	273.04	731.47	519.68	75705	58.24
2003	295.73	324.56	214.40	213.99	620.29	428.39	76851	59.47
2002	263.41	267.35	181.90	168.14	530.76	350.04	78241	60.91
2001	230.59	227.40	150.55	133.76	457.99	284.31	79563	62.34
2000	193.00	196.00	116.00	106.00	389.00	222.00	80837	63.78
1999	157.02	180.30	84.47	74.40	337.32	158.87	82038	65.22
1998	142.22	173.79	59.82	55.77	316.01	115.59	83153	66.65
1997	123.64	157.05	53.15	52.66	280.69	105.81	84177	68.09
1996	111.75	152.48	52.03	50.75	264.23	102.78	85085	69.52

の高齢者に月あたり九〇元（約一五三〇円）を支給している。以前は七〇元だったから少しは改善されている。これに県（町）単位の「地方年金」という名目で年金が加算される。しかし、金額は財政に余裕がある自治体か否かでかなり違う。だから年金には不平等がともなうが、例えば浙江省のある村では、村民が共同して、企業組織を結成、給与から年金を天引きして予算をやりくりして対応している。結果、平均して一五〇〇元であるが、西北内陸部の甘粛省では三五〇元であるから、四倍以上の差がある。

この格差の解消が社会不安を緩和するために、習政権に求められている。

7……民主主義の原則は法治から

司法の独立と弁護士の存在

改革開放の進行とともに、少しずつではあるが、中国は司法制度の改革を進めてきた。一九八二年、憲法が制定され、同時に司法法院組織に関する法律が制定された。そのもとで、中国人の法のもとの平等と裁判の公開、弁護の保障、司法の独立などの法律上の原則が定められた。

国際的にたびたび問題にされる課題は、中国における司法の独立である。先進国は「行政」「立法」「司法」の三権分立を大原則としている。特に「裁判官の独立」を保障している。これは裁判官が法と裁判官という職業倫理にしたがって、裁判案件を審理し、裁定を下す。

初めに注意すべき問題は、裁判官と弁護士の人材育成が遅れていることである。中国政府は、裁判官、検察官そして弁護士の育成に取り組んできた。二〇〇二年、中国はそれぞれの職分ごとに全国統一試験を実施してきた。受験資格は中国国籍があり、法律専門大学卒（学士）後二年、法律専門学校以外の博士と修士の場合は一年間の実務経験が条件とされている、

二〇〇二年実施された初の試験では全国で三六万人余が受験し、二万四〇〇〇人が合格した。弁護士について言うと、かつて一九七九年には二一二人を数えるのみだったが、二〇一〇年には一九万四〇〇〇人と、驚くほど増加した。この増加は二〇〇二年から急激に増えたからである。特に二〇一〇年には一年で三万人の弁護士が生まれた。これは弁護士資格の合格条件が低かったからという分析もある。しかし法曹界における弁護士の社会的な地位はきわめて低い。小さなことを言えば弁護士が容疑者と接見すると共犯しているのではないかと勘繰られる場合があるらしい。

政法委員会

中国の場合、「裁判の独立」を主張してはいるが、これはあくまで建前で、実際には、法院院長、庭長（裁判長）で構成される裁判委員会が重大案件と認めた場合、同委員会が大きな判定権を持っている。すなわち法院と裁判委員会という二つの判定者が存在する。

しかもこれ以上に重要なことは、中国には「政法委員会」という独自の機関があって、制度上、司法や裁判に対して深く関わっていることである。この委員会は、中国共産党執行部に中にあって、情報・司

法・検察・治安・公安を一手に取り仕切り、権限は絶大である。「政法委員」には、党の政治局常務委員のほか政治局委員（複数）、さらに最高人民検察院の長、軍（人民解放軍）の政治部副主任、武装警察の幹部などのトップクラスが選任されている。

したがって党の執行部は、制度として司法制度の運営と判定に深く関与している。したがって、一九八二年に制定されている憲法で保障されている「裁判の独立」が実現されているとは、胸を張って断言できるものではない。

中国でも司法の独立や法治主義が少しずつ進んでいる。しかし、政法委員会の司法権は中央と地方を問わず、裁判所は言うまでもなく、検察と警察を統括して司法と治安関係の全般的な指導と管理権を握り、具体的な司法に関する実務で深く介入しているのである。

この問題で、習近平政権は「中央政法委員会」の政治的立場のレベルを下げた。もともと政治局常務委員（以前は周永康。汚職で逮捕）が委員会の書記を兼任するのだが、党の一八回全国代表大会後、政治局委員（公安部長の孟建柱氏）が兼任することになった。「司法独立」を主張している習近平政権が、最終的に「政法委員会」を解体する可能性は否定できない。

共産党規律委員会

したがって建前としては司法の独立を推奨しながらも、実際には存在していない。このことが、経済開発の中で多発している幹部の賄賂などの腐敗撲滅にとっても大きな課題となっている。特に根強い問題は、政府が公権力を行使して、幹部などの個人的な利益を図るケースが目立っている。いわゆる政治腐敗である。これは中国の国民の不満をかきたてている。

このため政府ならびに党は中央のみならず地方に至るまで、規律を正すために「規律検査委員会」を設置し、幹部や高官を中心とした腐敗の取り締まりを行ってきた。規律委員会のメンバーは、各地の党の大表大会で選ばれる。また党中央と地方の規律委員会の第一書記（トップ）は中央政治局常務委員と地方党委員会常務委員が選ばれている。したがって疑わしい高級幹部は、自らの人脈を利用して捜査や取り締まりを妨害することができる。規律委員会が、例えば検察局のような捜査公権力を行使することは、言いかえれば、「司法の独立」が保障されていない事実を示している。

さらに、これを逆に見れば、幹部の汚職を規律委員会が調べるとき、容疑者の幹部に対して犯罪事実を強制的に自白させようとすることも考えられる。腐敗は悪いことではあるが、こうした強制的な自白の強要は法の正しい執行という面から見れば、容疑者の権利の侵害だと考えることもできる。これが党内の気に食わない人物や政治的に敵対している人物の抹殺に利用されるかもしれない。いわゆる党内の権力闘争の道具になってしまうということである。

こうしたリスクが考えられる中、司法がどう改革されていくのか。これが課題である。大げさに言えば近代国家の法的なキーポイントは、社会で発生する紛争を解決する上で、誰もが納得する最終的な手段とされている。したがって司法システムを機能させるためには、法と司法機関の権威と信頼が確立され、かつ維持されなければならない。

司法制度改革を進めるために

中国は、以前から「人治」による支配が続いてきた。昨今、この形態に大きな変化が現われている。「人治」の場合、権力者の思想や好み、人脈における利害関係に影響されて、正しい、公正な司法判断が鈍ったり歪められてしまうからである。これを避けるために、多くの国で「人治」から「法治」（rule of law）への流れが強まってきたのである。

中国の法治制度については、以下のような課題を抱えている。

経済成長で社会が進歩し、人々の要求が強まると対立やドラブルが多くなる。しかし、これに対処する法制度が追い付いていない。これに代わるものとして、共産党は政治や行政上の手段を駆使して社会の安定を維持して解決を図ってきた。こうした中で多くの試行錯誤があり、一歩ずつではあるが法治への道を歩んでいる。

よく言われていることだが、中国では、一九八〇年代の後半から法整備を進んできた。例えば行政上の不服に対する申し立て、国家における保障といった一連の法律を制定し、問題があれば、人々に権力に対して公訴する権利を与えてきた。これは法が政治に従属して権力者の利益を守るといったことが行われてきたことへの対抗措置である。こうした法整備は、政治上で発生する弊害を緩和する目的を持っている。

その一部は、実際に効力を生んでいる。例えば、重慶市で、開発のために立ち退きを要求された住民が憲法と物権保護を盾にして抵抗した。この時住民の抵抗は多くの人（世論）の支持を得ている。この時は進歩的な知識人が住民側に立って戦っている。現在、こうした出来事が頻発しているが、その多くは経済開発やインフラ建設に対して当局者による政治介入である。中国の司法制度は確かに遅れており、これが社会的な紛争やトラブルの解決の障害になっている。社会の順調な発展のためには、司法制度の改革は滞らせることはできない。習近平政権はこの事実をよく理解しており、解決に取り組もうとしている。

第8章　習近平政権のブレーンと2023年の中国の主役たち

1……習近平政権の誕生に立ち会う

「強人時代」と中国共産党全国代表大会

中国共産党全国代表大会は、五年に一回開催されることになっている。かつては戦争や政治的理由で定期的に開かれることはなく、いつ開催されるかは、ほとんど毛沢東主席一人の言葉次第だった。毛沢東後は、鄧小平の言葉次第になった。したがって中国は、毛沢東と鄧小平の時代を、「強人時代」もしくは「強人独裁時代」と称している。

中国共産党の全国代表大会は、二〇世紀の八〇年代になってようやく正常化し、五年ごとに招集されることが規定された。しかし、胡耀邦そして趙紫陽はともに長期政権を維持できず、激動する中国政治闘争の中で打倒され、免職軟禁の憂き目に遭った。このため、胡耀邦と趙紫陽という二人の八〇年代における党総書記は、現在に至るまで中国指導部によって正当な評価を受けていない。したがって彼らは、中国共産党党史の指導者名簿中では、いわば「座敷牢」に押し込められている。

「天安門事件」の後、鄧小平の取り立てによって、上海市党委員会書記の江沢民が中国の最高指導者（共産党中央総書記、中央軍事委員会主席、国家主席）に任命され、「党、政、軍」の三権を一手に集中する最高権力者となった。さらに鄧小平がたびたび「安定こそが最優先」であると強調したため、健康ならびに政治的理由のない限り、二期一〇年間、継続して政権を担うことが定められた。帝王思想がまだ中国人の血の中に残っている時に、たびたび国家の指導者が変わることは、必然的に中国社会に激動を引き起こすことになり、その激動は一三億の人口、五六民族の大国にとっては、往々にして災害になるのである。

江沢民は中国共産党の理論家たちから、毛沢東と鄧小平に続く「第三代指導者」と奉られた。このような指導者の時代区分法は、きわめて鮮明に中国の政治文化の特色を示しており、まさに過去の世々相伝の皇帝のようであった。そして、胡錦濤が「第四代指導者」となり、「第五代指導者」の桂冠（栄誉）は、第一八回全国代表大会において習近平の頭上に輝いたのだ。

中国人は、新指導者の誕生を「登基」と呼び習わしている。登基とは、昔の中国皇帝の即位式のことであるが、近代になってから中国は帝制をひっくりかえして、民主制誕生を渇望してすでに一〇〇年経っている。しかしながら中国の人々の骨肉中には、賢明な「君主」が現われて繁栄と富強の国へと導いてくれるなどという観念が潜んでいる。したがって中国新指導者誕生後、一〇年間の「皇帝」となることに対して、異議をはさむ者はいない。過去一〇〇年間、中国人はあまりに多くの外敵入寇、内戦、内乱（文化大革命）を経験してきたため、彼らはどこの国よりも国家の安定を渇望しているのだ。

中国共産党第一八回全国代表大会は、今までのどの代表大会よりも警備が厳重であった。北京に向かう国民すべてが身分証明書の検査を受けることになった。政治的異分子（敵対者）は、北京から排除させられたほか、軟禁の憂き目に遭った。

さらに特別許可証がない地方都市のクルマは、大会期間中、北京入城を禁止された。そのため北京と周辺都市の武装警察、公安および民兵、さらには町内会治安員など総計一〇〇万人が動員されて、二〇〇〇余名の党代表の安全防備を行った。そのためかこの大会にはトラブルは発生しなかった。あるネットユーザーは、これを揶揄して（皮肉って）以下のような書き込みをした。

「一九二一年、中国共産党は第一回全国代表大会成立宣言をした時、国民党政府による逮捕の恐怖が常にある中で挙行された。それから九一年が過ぎ、中国共産党は政権を掌握していながら、党の代表会議を一回開くのに、なぜこんなに厳戒警備が必要なのか？」

その理由はごく単純だ。改革開放三十余年を経て、中国は非常に多くの社会的矛盾と問題を抱え込んでいるからである。貧富の格差、役人の腐敗、社会的不公平、拝金主義の横行……。事態は中国共産党の存亡に及ばんとしている。厳戒体制の中で開かれた全国代表大会で、中国の新しいリーダー習近平を「登基」させたことは、中国現代史において実に一見の価値ある風景であった。

二〇一二年一一月、北京

中国共産党成立九一周年に当たる第一八回全国代表大会が、古都にして近代都市で挙行された。一九九七年の中国共産党第一五回全国代表大会を皮切りとして、私はすでに一六回・一七回代表大会を取材してきたが、今回の一八回全国代表大会のような厳格な資格審査を受けたことはない。最終的には大会の取材許可を得たものの、このために、実に一か月の時間を費やした。

今回の全国代表大会は、「換届大会」（改選大会）と称された。すなわち、胡錦濤政権が習近平に政権を引き渡す大会であった。したがって、大会は党の総書記誕生の選挙を行うだけでなく、さらに党の新しい中央委員会と政治局、および政治局常務委員会を生み出す選挙をも行わねばならなかった。

大会は高度な機密保持工作がなされ、メディアの記者は、代表たちの投宿先ホテルではワイヤレス・マイク・システムを使用したテレビ中継さえも、人事機密の漏洩防止のためとして禁じられた。しかし、中国のツイッターである微博（ウェイボー）は、最もデリケートな中央政治局常務委員名簿を、いち早く流しただけでなく、この名簿は完璧に的中していた。こんなことは、かつての党の代表大会期間にはあり得ないことであり、ネットニュースが、すでに中国世論を主導しており、かつてのような「暗箱作業」的管理方式はもう通じないことがはっきりしたのである。

北京の人民大会堂で行われた開幕式で、胡錦濤および温家宝のほかに、「第三代指導者」江沢民と朱鎔基元総理、李鵬元全人代委員長、九四歳になる元老の宋平（前中央政治局常務委員）など錚々たるメンバーが、開幕式の大会議長壇に居並んでいたので、習近平は明らかにプレッシャーを受けていた。江沢民は胡錦濤のすぐ後から議長壇に登壇し、習近平は六番目に入場してきた。こんなに大勢の「婆婆」（姑）に頭を押さえつけられ、習近平は、いったいどうすれば、好い「嫁」になれるか。また、中国と一三億人民を繁栄に向かって引っ張って行けるのだろうか。会議に出席していた代表たちは、習近平に一抹の不安を覚えたのではないだろうか。

全体会議における習近平

いくつかの全体会議で、習近平は議長壇に座りながら一言も発せず、まったく主人公の継承者という感じが見られなかった。多くの人々は、中国政治の舞台から別れを告げる胡錦濤が、閉幕式で習近平と最後の握手をして、「よろしく頼みます」の一言を言うのを期待したにもかかわらず、一一月一四日の第一八回全国代表大会の閉幕になっても、習近平はまだ党の総書記にはなっていなかった。かくも盛大な大会であったが、寂寞のうちに幕は下ろされた。

　代表たちが次々と会場を後にしているころ、私は北京人民大会堂の二階の記者席で、ある小さな出来事に注目していた。それは、胡錦濤が大会の閉幕を宣し、議長壇上の指導者たちが退場していく時、習近平はずっと自分の席に立ち尽くし動かなかった。最初は、彼が謙虚に老同志を一人一人見送っているものと思われた。しかし老同志が立ち去った後になっても、彼は相変わらず元の場所を動かない。そこでやっと、彼が議長壇の隅からやって来る李克強を待っていたのだと知った。李克強は、二〇一三年三月の全国代表大会で温家宝からバトンタッチして中国の新総理になった。両人は議長壇で握手を交わし並んで議長壇を離れていった。この一幕で、やっと記者たちは「習近平－李克強時代」のエンジン始動を感じたものであった。

　習近平の真の中国政治舞台への登場は、中国共産党第一八回全国代表大会終了後の第二日目だった。一五日午前、中国共産党中央は第一八期中央委員会第一次会議を開き、政治局委員、政治局常務委員ならびに中国共産党中央総書記を選挙した。習近平は順調に総書記と中央軍事委員会主席に選ばれ、正式に中国の新しいリーダーになったことが宣せられた。習近平総書記の「登基」式は、北京人民大会堂の三階にある金色大庁で執り行われた。式典の名称は「中国共産党中央政治局新常務委員記者会見」という。習近平は、新しく選ばれた政治局常務委員の李克強、張徳江、兪正声、劉雲山、王岐山、張高麗の六名の指導者を引き連れて会場に入場し、微笑みをたたえて記者会見に臨んだ。記者席にあった私は、習近平が異常なまでに落ち着き払い、まったく緊張の色が見えないことを見て取った。

　彼は一人ひとり新常務委員を紹介した後、スピーチを発表した。このスピーチは、習近平の「就任演説」と見なされている。習近平は、いつもは演説草稿をストレートに読むのだが、今回の会見では草稿をほとんど見ることなく、平易な言葉で自分の夢をはっきりと詳述した。

「今回の一八期一中全会で新しい中央指導機関が選出され、私が中央委員会総書記に選ばれました。私は、ここに新しい中央指導機関のメンバーを代表して、全党の同志の信任に感謝し、必ず負託に背くことなく使命をまっとうすることを誓います。全党同志の負託、全国各民族人民の期待は、われわれの仕事に対する大きな励みであり、また、われわれの双肩にかかる重大な責務であります」。

「この重大な責務は、取りも直さず、人民に対する責務であります。わが人民は偉大な人民であります。長い歴史の中で、中国人民は、自らの勤労・勇気・叡智により、それぞれの民族が仲良く共存共栄する素晴らしいふるさとを築き、時を経ても古臭くなることのない優れた文化を育ててきました。わが人民は生活を楽しみ、より良い教育を受け、より安定した仕事に就き、より満足できる収入を得、より頼れる社会保障を享受し、より高いレベルの医療衛生サービスを受け、より快適な居住条件を満喫し、より美しい環境を期待し、子供たちが最も素晴らしく成長し、仕事がもっと楽しくなり、生活がもっと向上することを期待しています。人民の素晴らしい生活への憧れこそは、すなわち、われわれの奮闘目標であります」。

習近平のこのスピーチは、国内外のメディアに「チャイナ・ドリーム」として理解されている。まさに中国が、新しいグローバルな視点に立った時代を迎えることを宣言したのである。

2……習近平の政治理念

「人は、誰もがただ一つの運命しか背負っていない」。

これは、アメリカ映画『ゴッドファーザー』中で、マーロン・ブランド扮するマフィアのボス、ドン・コルレオーネのセリフだが、簡潔にして玩味すべき言葉である。「この唯一つの運命を、いかに我々はつかみ取るか」。弱者の運命は他人によって握られ、強者の運命は自分でつかむ。そして、一つの国と民族の運命は、その指導者によって握られるのだ。

映画『ゴッドファーザー』が好きだと周囲に話している習近平は、自分が革命後世代の忠実な一員であることを固く信じ、中国復興および執政党革新という近代化事業が自分の任務と使命であるとの確固たる信念をもっている。ある革命二世が言う。「習近平は本来、自分の任期を気軽にやりすごすこともできたのだが、革命家の後継者としての強烈な責任感が、彼にきわめて艱難な道を選ばせたのだ」。二〇一三年の第一八回党大会で胡錦濤は「裸退」（完全なリタイア）を宣言し、中国共産党党権および軍権を一緒に後任の習近平に渡した。胡錦濤が少し堅苦しく紋切り型の印象であるのとは違って、習は自信とリラックス感に満ち溢れ、すでに登壇二年になるが、艱難も恐れぬ成熟した指導者の気風が垣間見えてきた。かつて習近平をよく知った多くの友人・官僚、さらには身辺の人々も、近ごろの彼をあまりよく理解できないようで、習近平が、このような立ち位置から打ち出してくる斬新な事象や言行は、そばの人たちには想像しがたいようである。しかし彼の一言一動は、その時点では、何も特別なところがないように見えるが、ある一定時間をすぎると、その一言一挙が、中身のない政治的スローガンではなかったことを、すべて彼の計画通りの目的を持ったことだったことを発見することになるだろう。

二〇一二年一一月、就任半月に満たぬ段階で、習近平は中国共産党新政治局七常委をともなって「復興の道」展を見学した際、「道は運命を決める」と声明し、また「中華民族の偉大なる復興」というチャイナ・ドリームの実現を提起し、それこそが歴史的使命であると宣言した。そして、いわゆる「復興」の起点は、もう決して他者に束縛される中国ではなく、ましてや小心翼翼として自己を韜晦する中国でもない。二〇一四年の訪欧中、習近平ははばかることなく、中国文明、中国の道について述べ、「中国という獅子は、今や目覚めた」ことを宣した。習近平は、どのように復興するのか、どのような国家に復興するのか、復興後の世界との関係などについての方策と布石を用意している。この指導者は就任間もなく、自分の言行を通じて、世界に向け、中国はその指導のもとに新しい時代を切り開くであろうことを宣言したのだ。

軍事改革の難しさに関して、習近平は、かつて『為学』中の有名な一節「天下の事は難なるか易なるか？　これを為せば、則ち、難たる者も、亦易たり。為さざれば、則ち、易たる者も、亦難たり」を引用している。実際には、軍事領域の改革にとどまらず、討議テーマを「全面的改革の深化」とした一八期三中全会は、経済体制、政治体制、文化体制、社会体制、生態文明体制および党の建設制度などを含んだ一五領域六〇項の改革任務を決めた。革命家庭に身を起こし、最下層の役人から現在の国家首脳になるまで、習近平は、中国改革の欠点がどこにあるかということをはっきり認識しており、さらには中国の現在の発展が、巨大なチャンスを彼にもたらしているということも充分自覚している。習自身の言葉を用いれば「容易で、皆が大喜びする改革は、もうすでに完成している」、「残ったのものは、囓りにくい石頭なのだ」。

アメリカの中国語ニュースネットワーク『多維ニュース』は、このように論評している。習近平の政権時には、中国経済は近代化が進むが、経済の質および撫民水準（社会保障）はまだ近代化に至らないであろう。最も大事なことは、国の統治理念と方式が、相変わらず「旧時代」に沈淪しており、軍の統治、社会管理、五〇〇〇年の文化の伝承が、すべて系統的・規範的に近代化とリンクしていないことだ。同時に、習が言うところの、近代化は絶対にいわゆる「西側化」であってはならず、「公平、正義、民主、自由」という社会主義の核心的価値を体現するものでなければならない。中国は現代の潮流に回帰しなければならないだけでなく、新理念を構築し、将来の近代化リーダーとならねばならない。これが、習近平の中国改変および統治の理念であり、当初に彼が提唱した「チャイナ・ドリーム」の概念の基調なのである。

習近平はかつて、中国のすべての問題は、相互に関連しているので、単独として見てはいけないと指摘した。そして「人を基本とする」改革は、「経済、政治、社会および生態環境を統合する」と同時に「党の建設」をも強化する。一八期三中全会から今に至る一年に満たない間に、一婦二児制、労働教養制度廃止、新型都市化政策、戸籍制度改正、紀検監察委制度、役所の簡素化と権限放出などの領域の改革が、検討され実施されている。司法・財政財務・文化などの領域の改革案は、改組審議が行われ、また可決通過している。外部から見ると、きわめて厚いベールの中の軍改革も静かに進行しつつある。「五つ目の近代化」の「国家統治体系と統治能力の近代化」の展開は、習近平が、鄧小平の「石を叩いて渡る」方式から生まれた「実践は理論より重い」という状況に対し、その改善を進めることを企図したものである。すなわち、旧い理論的難局を打破して、執政理念を「管理」から「治理」へと押し広げることである。これは、改革の実現に、かなり大きな難しさがあることを示していて、どのように各領域の力と進展水準をバランスさせるかは、きわめて考究を要するところである。

第一八回党大会後、習近平は、自ら国家安全委員会を操縦し、次々と、ネットワークセキュリティー、軍改革、財経など一〇余りの小委員会責任者の肩書を持った。歴史学者である蕭功秦は「習近平は、中国に新権威主義の黄金時代を到来させている」と公然と表明した。毛沢東時代の大躍進、文革などの体験は中国人の記憶の中に鮮明に生きているため、多くの学者が、習への権力集中に歴史のくりかえしへの憂慮を表明させている。さらに、造神運動（習近平の神格化運動）が巻き起こされているなどという指摘もある。しかし習近平は青少年時代に文革、農山村への下放の苦しみを体験しており、社会の無秩序と個人崇拝の危害を熟知しているため、大多数の観点としては、彼にとって「法律は、紙上の教条ではなくて、行動の真理である」と理解されている。一八期四中全会では「中国の大国イメージを高める法治の厳格な実行」が議論された。法学の博士過程を修了している習近平は、「法」という要素をきっちりと掌握し、法によって中国の旧い積弊を改変し、中国の全面的な近代化建設を企図しているのだと。

「中南海のブレーン・ナンバー・ワン」の王滬寧は、かつてこう述べた。「集中した権力を持たなければ、中央権力は弱まり、国家は四分五裂して、混乱に陥る。強大な中央集権は、近代化過程においては、比較的低い対価で安定成長を実現する一つの基本的保証である」。「強人政治」の土壌は、早くから中国共産党政治上層部の共通認識になっていたのである。また現在の中国には、社会の転換期に出現する一連の難題と挑戦に対処して、中国を過去一〇年の無為の状態から抜け出すよう導いてくれる、敏捷かつ強力な指導者が必要なのである。過ぎし日の歴史はわれわれに告げている。歴史は、中国のこの年代にこそ強力な政治的リーダーを必要としており、習近平がこのタイミングに合わせるようにして、この歴史に登場してきたのである。

歴史は英雄を創造し、英雄もまた歴史を創造する。習近平は就任以来、大改革によって中国の近代化された国家統治を実現し、強力な反腐精神によって世界最大の政党を統帥し、その一挙一動によって、確信、勇気、そして力を中国国民に伝えようとしている。シンガポール前首相のリー・クアンユーは、習近平を評して「ネルソン・マンデラのような人物」と述べた。この称賛が過褒であるかどうかは、今後八年の検証を待たねばならないだろう。しかし習近平が登壇初の施政宣言で「われわれの責任は、団結して全党全国各族人民を率い、歴史的なリレー・バトンを受け継ぎ、引き続いて中華民族の偉大な復興を実現するために努力奮闘しなければならないことである」と語ったのは、その場しのぎのパフォーマンスではなく、習が自分の政治的理想について鮮明に述べたものである。

ナポレオンは、一八一八年に「中国は眠れる獅子である」と述べた。そして約二〇〇年後の二〇一四年三月、パリにおいて習近平は、フランスの貴顕のお歴々を前にして宣言した。すなわち「中国という獅子は、もうすでに目覚めた」と。習近平が、この歴史的使命に向かって本気で邁進しているのだけは確かだ。

3……習近平の用人哲学

中国共産党の伝統として、権力掌握すると「縁故任用」との批判を心配して、指導者は就任早々は自分が熟知する官僚をあまり使わない。例えば江沢民は、一九八九年に鄧小平によって後継者に選ばれ、北京にやって来た際、曾慶紅の一人だけしか同伴してこなかった。胡錦濤は、彼の性格から言って、人の使い方ではさらに温厚篤実なやり方を通した。しかし習近平は、大権を掌握して一年足らずから、「賢を挙げるに、親を避けず」の実践を開始し、以前、地方政府で仕事をしていた当時の部下を大挙招集し、北京に呼び入れた。これも習の当時直面していた切迫的心理状態と、彼が政界で繰り広げているある種の強靭な風格を反映していると言える。

二〇一三年三月の全人代後、習近平はまず四月に、清華大学時代のルームメイトであった陳希を中国共産党中央組織部の常務副部長に任用し、党組織人事の大権を執らせた。続いて五月には、上海市委書記時代の秘書だった丁薛祥を北京に呼び寄せ、中央弁公庁副主任兼国家主席弁公室主任に任用し、貴州省党委書記から転出させた栗戦書を中央弁公庁主任（内閣官房長官に相当）に就任させた。

同時に著名な経済学者・劉鶴（一九五二年生まれ、北京市出身）を、中央財経指導小組弁公室主任、国家発展改革委員会副主任に任命。劉鶴は、経済発展領域、マクロ経済政策動向、新経済研究および会社管理機構の研究において、かつてより江沢民・胡錦濤・習近平三代の中国最高指導者に経済演説草稿を起草したと伝えられている。『ウォールストリート・ジャーナル』紙は、劉鶴を中国経済政策におけるキーマンとして紹介した記事を掲載。その中で、劉鶴は中国の今後一〇年の経済計画制定者であり、中国型プラグマティズムの一例であると述べ、彼は金融などの領域でさらに積極的な開放をもたらすが、一方できわめて我慢強く漸進的改革を堅持することもあり得ると評している。また同紙は、劉鶴が中国新経済計画のグランドデザイナーとして希望の火を灯した、すなわちマーケットの改革者は、風上を占拠することになるだろうと述べている。

二〇一三年九月、中央政策研究室常務副主任の何毅亭は、中央党校常務副校長の職に任用され、現校長の劉雲山（党常務委員）の「第一副手」となった。何毅亭は、政策理論研究方面における著述が多い。彼は『習近平総書記の重要講話を学習しよう』『習近平同志の重要講話集録』などの著作を出版し、習近平執政思想研究の第一人者と目されている。したがって、彼は王滬寧に取って代わり「中国共産党ナンバーワン・ブレーン」の地位を得て、習近平の理論的補佐役になる可能性が高い。

さらに、福建・浙江で習近平の部下だった杭州市委書記黄坤明を党の宣伝部常務副部長（事務次官）に抜擢し、文化宣伝系統の実権を握らせた。黄坤明は一九五六年九月生まれ、福建出身で、清華大学公共管理学院公共管理専門課程卒、博士課程研究により、管理学博士を得ている。何毅亭と同様、黄坤明は、習近平との関係がきわめて近く、かつて一九八五年から一九九九年まで、ずっと福建で任用されていたが、その間、習近平も福建で仕事をしていた、その後、黄坤明と習近平は、引き続き浙江に転任し、一緒に仕事をしていた。

二〇一四年一月二〇日、浙江省副省長・蔡奇が、実名で「微博」上に、今後の去就を明らかにしないまま、離職した旨の報を流し、数少ない省・部クラスの「微博」上の有名人になった。五八歳の蔡奇の、この尋常ならぬ情報発信方式は、ネットユーザーの「野次馬根性」を呼び起こした。蔡奇は「微博」にアカウントを開設して、射手座の彼らしく、自らを「一人のボルシェビキ」というラベルを貼って、あわせてＦＥＮＳＩネットと積極的セッションをし、常に公用車改革、財産公開などのホットな話題に取り上げ見解を発表していた。累計八五〇〇に近い数を「微博」に発信し、現在、ＦＥＮＳＩはすでに一〇〇〇万をオーバーしている。蔡奇は福建出身、経済学博士、福建師範大学で八年間教師を勤め、政界に入った。福建省委弁公庁副主任、三明市市長などの職に就いた。一九九九年、蔡奇は浙江省に配置替えとなり、杭州市市長、浙江省委組織部部長、常務副省長を歴任した。杭州市長に就任期間、蔡奇と当時浙江省委書記だった習近平との関係が深くなった。蔡奇の才気と問題に対する鋭い観察力が、習近平の愛顧を受けていた。中央政府は、蔡奇の新たな任用職位をまだ発表していないが、信頼できる消息筋は、蔡奇がすでに国家安全委員会弁公室常務副主任に就任し、中国における最高機密部門の実際的事務責任者になっているという。

このような経緯から、習近平が多くの昔の部下を中央の核心部門に入れ要職につかせているということは、組織、文化宣伝、党務、中央機密という四つの重要部門のすべてに、自分の腹心たちを押し込んでいることを意味している。そして、ここから習近平の用人哲学を見てとることができよう。その一は「旧部下」を多用する。その二は、温厚篤実な役人を好んで起用する。陳希、劉鶴はもちろん、何毅亭、黄坤明もまた、習に任用される前は「名士録に掲載なし」の人々だった。しかし、決して名もない小卒ではなく、彼らが共通して持っている特典は、習近平と交流があること以外に、温厚な性格の持ち主であるとともに、実直な仕事師であるという品格上の特性も、第一八回党大会以前に習近平が身をもって体現したところであって、これらのことから、習が自分の身辺にいた役人を任用する際の、ある種の個人的選択眼を見出すことができる。

習近平が二九歳の時、国務院副総理兼国防部長耿飈の秘書官を辞去して、自ら貧しい河北省の農村に出かけ、正定県委書記（町長に相当）に就いてから、二〇〇七年に胡錦濤主席の後継者となり、北京に戻ってくるまでの二五年間、彼は一貫して、河北・福建・浙江・上海の四つの地方都市で仕事をしてきた。加えて習近平の性格から、他人との距離が近すぎることを嫌い、グループを作ることが好きでないため、長期にわたって、彼は自分の「習家部隊」は作ってこなかった。

このため、中国の新しい主人となってから、彼は、この八〇〇〇万党員と一三億人の人民を擁する国家を主導していくため、すでに就任二年が経っているが、中央では相変わらず「用いる人材なし」の状況にあり、ましてや「習家部隊」の形成などはあり得ない。したがって次の段階で、習近平周辺のブレーンが、引き続いて、次々に人事異動がなされることを期待する理由がある。同時に、習近平周辺のこれらブレーンたちの言行を観察していれば、習近平がこの先八年の間、中国をどのように導いていくかを理解するのに一定の参考となり、また、推察的意義があるやもしれない。

注目に値するのは、自分の旧部下を北京に呼んで要職に任用する以外、習近平は二〇一四年から、第六世代の幹部養成にも重きを置き始めた。「宇宙飛行の少帥」の称を持つ袁家軍が、浙江省副省長に任命された。五二歳の袁家軍は、宇宙飛行の部門で仕事をしてきたが、かつて「全国十大傑出青年」に選ばれた。彼は、組織と整合の工作に長じており、三〇歳ちょっとで中国宇宙空間技術研究院院長に就任し、三八歳の時に「神舟」二号から五号までの宇宙船系統の総指揮を兼任し、中国宇宙飛行事業のために、大いなる勲功を上げた。五〇歳になり、袁家軍は地方を転戦し、寧夏自治区で常務副主席に就任、地方行政経験を積み重ね、そして浙江に舞い降りてきた。彼の履歴と言わず、経験においても、すべてにおいて完美と称するに足り、すでに大型科学技術プロジェクトの管理組織経験がある上に、さらに地方経験をも持っている。後進地区での工作履歴があるだけでなく、先進地区の工作経験も持っているので、習近平の視野に入らぬはずがなく、後継者重点養成梯団入りの運びとなったわけである。

袁家軍以外に、宇宙飛行系統の役人で、地方転戦を経て省・部クラスの役人となった者には、さらに張慶偉と馬興瑞がいる。現在五三歳の張慶偉は、四〇歳の時、中国航天科学技術集団の総経理に就任、その後、また国防科工委主任・中国商用飛機公司董事長に栄転、三年前に河北省長に就任した。そして、五五歳の馬興瑞もまた、中国航天科学技術集団の総経理に就任し、工業化と信息部副部長に転任し、二〇一三年に広東に舞い降り省委副書記に就任し、次は広東省省長、場合によっては省委書記に収まると見られているたいへん人気のある人物である。

航天系の役人がモテモテであるのは、宇宙飛行事業の発展と不可分であるほかに、中国宇宙飛行事業が、完全に西側諸国からシャットアウトされている下での艱苦の創業であったこと、また彼ら航天族が、国家に対してより懇切な気持ちを持つ体験をしていて、国家民族への忠誠度もより高い点である。また宇宙飛行プロジェクトは圧倒的部分が、業種横断・部門横断の調整であり、ややもすると一〇〇〇軒以上の企業、数十の業種と折衝を重ねるので、組織者の協調性・指揮能力が非常に高く要求される。航天少帥が担当できる者は、絶対的に抜群に優秀であって、他の持ち場に置いても、必ず単独で一方面の仕事ができ、場合によっては国家指導者にもなり得る。

宇宙飛行系役人のもう一つの特典は、若いことである。中国の月面上陸プロジェクトの職員平均年齢は、わずか三二歳で、世界宇宙飛行界の中では最も若いチームであり、かつこれらの若者が梯次配置に組まれていて、世代が下るにしたがいますます若くなっていく。過去二十数年、曾慶紅、周永康（両人はともに石油部門出身）の提携のもとに、石油系が一定数の役人を輩出したが、周永康の失脚にともなって、石油系はすでに枯れ落ち葉となっており、反対に今は航天系が勃興を開始しつつある。

4……習近平の9人のブレーンたち

アメリカの華文（中国語）メディア『多維ニュース』は、以下のように分析している。習近平の直近のブレーンとなった人材は、皆、学者型である。上海から北京に引き上げられ中央弁公庁副主任に就任した丁薛祥、中央弁公室主任に就任している栗戦書、王滬寧に代って「首席ブレーン」に就任すると見られる何毅亭、「習近平秘書」が公然化している朱国鋒と鐘紹軍、二大理論家である李書磊と劉鶴、そして江沢民時代に党中央入りし「三つの代表」および「科学的発展観」などの理論体系構築に関わった王滬寧である。

素顔の9人のブレーン

習近平政権を支えるブレーンについて、私はこれまでの観察により、以下のような認識を得た。栗戦書は引き続き中央弁公庁の仕事を仕上げていくだろう。政策研究室主任は、何毅亭となるだろう。丁薛祥は「習近平主席弁公室」を任されるだろう。鐘紹軍、朱国鋒、李書磊、劉鶴などは、それぞれ政治・外交・経済・社会の各方面に分かれて、秘書官として習近平を補佐するだろう。以上のような形で、習近平のブレーン集団の初動体制が生まれる。

そして、この中にはすでに六〇歳の劉鶴がいて、年わずか四九歳の李書磊もおり、すでに、「地方諸侯」を経験した栗戦書がいるかと思えば、知名度の小さな朱国鋒や鐘紹軍もいる、しかし、彼らは、皆、一芸に秀でた多士済々のプロフェッショナルである。このほかに、彼らの共通点は、性格的な謹直さと、工作上の実務派で、この品格特性は第一八回党大会前の習近平が体現するところで、習近平が自分の身辺の官吏登用時における個人的好みが、わずかに見てとれる。

胡錦濤時代からの古参「陳世炬」

習近平が中国の最高権力をつかんでから半年余りの間に、地方幹部の移動が頻々と行われ、人事のおおよそが定まって、各派閥の力関係が新たな均衡状態となった。しかし、中央の部、委員会、地方の省委書記、省長など以外に、中央政策決定集団のブレーンたちがいる。この人々は、まったく一般の官僚のような注目は受けることなく、目立たないように事を運ぶ。この中国共産党最高権力を囲む人々は、中央弁公庁、総書記弁公室、国家主席弁公室、中央政策研究室、中央編訳局などの機構をコントロールし、中国共産党の政権運営のための政策を立案し、国家戦略を提案する。その政治的バイタリティーは、政界すべてに影響を及ぼしている。あの胡錦濤とその任期満了まで形影一如だった秘書官・陳世炬のように。そして、陳世炬の個人資料・写真などの情報は、ほとんど世に伝えられることはなかった。

胡錦濤に秘書官として付き従うこと二六年の陳世炬は、習近平ブレーンたちのお手本となっている。陳世炬は、胡錦濤が貴州省委書記に就任してからずっと、胡錦濤の秘書官を務め、巨細となく胡錦濤の面倒を見てきた、いわば胡の老臣であり、胡の行くところ、常に彼の影のように、その姿があった。しかし、政府筋が明らかにした陳世炬に関わる情報はきわめて少なかった。陳世炬はたいへん控えめな人物で、限られた資料によると、一九六三年生まれ（あるいは一九六〇年？）、貴州出身である。

胡錦濤が一九八五年に貴州で省委書記に就任した際、省委から配属された秘書官に不満を抱き、省委副秘書長だった陳群林に、できれば文科系大学院卒業生または教師を秘書官として取り替えてほしい旨を婉曲に伝えた。そこで陳群林が貴州大学に赴き選抜した結果、同大学中文系で教鞭を執っている陳世炬を抜擢した。その後、陳世炬は、貴州からチベットへ、さらに北京へ、胡に付き従うこと二六年、一心同体の秘書となった。

近年、陳世炬が表面に出て活動する際の肩書きは、中国共産党中央総書記弁公室主任、あるいは胡錦濤主席弁公室主任だった。胡錦濤が最高指導者を退くと、陳世炬の去就も注目の的となった。第一八回党大会で、陳世炬は中央委員に選ばれなかったし、候補委員名簿中にも名はなく、これは尋常ではないと噂された。江沢民前国家主席の前秘書官・賈延安、習近平のブレーンである何毅亭は中央委員に昇進しているからだ。二〇一三年の全人代で、やっと陳世炬は、全国政協常委に選ばれた。さらに同年五月、「中国共産党中央弁公庁副主任」（内閣官房副長官に相当する）に任命されるに至り、人々はやっと胡錦濤が自分の老臣を冷遇してはいなかったとわかった。しかし、陳世炬は決して中南海の重要な持ち場に置かれたのではなく、彼の担当は機密保護委員会などの事務的な仕事で、決して習近平の権力策定の中枢に関わることはない。これは、胡錦濤の「前朝代大臣は、当今政局には干渉せず」という習近平への協力姿勢を示している。

では、習近平の主要なブレーンには、どんな人たちがいるだろうか？　これは人々にとって大いに関心ある問題である。

謹直実務肌の「丁薛祥」

二〇一三年五月一六日付『天津日報』によると、中国共産党中央総書記・国家主席・中央軍委主席である習近平は、五月一四日から一五日にかけて天津を視察し、王滬寧、栗戦書、劉鶴、尹蔚民、韓長賦、丁薛祥が随伴した。報道では、丁薛祥の職務は中央弁公庁副主任と明らかにした。丁薛祥は以前、上海市委常委、政法委書記だった。これまでの慣例からすると、国家主席の外遊時には、政府筋のニュース報道では、主席に随行していたが、前回の習近平のロシア・南アフリカなど訪問の際には、国家土席弁公室主任が随行していたが、前回の習近平のロシア・南アフリカなど訪問の際には、国家主席弁公室主任について言及がなかった。しかし情報筋からの裏情報によると、丁薛祥は中央弁公庁副主任就任とともに「習近平主席弁公室主任」の要職を兼任している可能性がきわめて高い。

一九六二年生まれの丁薛祥が、習近平に気に入られ、中央に引き上げられ、中央弁公庁副主任に就任し

た主たる理由は、謹直実務肌で仕事がよくできるというところにあった。丁薛祥の官途は、陳良宇が上海市委書記であった時に、丁薛祥が市委組織部副部長に就いた段階から始まった。陳良宇が失脚したため、習近平が急遽赴任し、上海政界安定の重要任務に当面した。この中で丁薛祥は、習近平の片腕となり、非常な速さで局面を安定させ、トップ交代劇後の混乱を静穏無事に収めた。このことによって習近平は、丁薛祥の能力と謹直実務肌の性格を評価し、弁公室主任から市委秘書長に抜擢し、また上海市委常委に就かせた。

習近平が上海を離れると、次に上海市委書記になった兪正声にも、丁薛祥の能力は認められ、市委常委の職を引き継いだだけでなく、二〇一二年五月には、上海市政法委書記に就任した。陳良宇、習近平、兪正声の三代の上海市委書記に重用されたことになるが、そのうちの二人は現在の政治局常委である。これが、丁薛祥が習近平の「ブレーン」になり得た重要な理由である。こうして丁薛祥の履歴を見てくると、習近平のブレーン選抜には、ふさわしい能力以外に、人となりの謹直着実さが、重要な要素であることが、改めて理解される。

しんがりを守る老将「栗戦書」

貴州省委書記を務めた栗戦書が、中央弁公庁主任になったことは、ちょっと「特殊」である。その理由は、このポジションは通常、地方の「諸侯」を務めたものに与えられないからだ。これまで、令計画、王剛、曾慶紅、後に総理になる温家宝らは、高い職位と大きな権限が認められ、直接「通天」（最上層に駆け上がること）したが、皆、地方の首長の政治的経歴を持っていなかった。

栗戦書の政治経歴は、公開されている資料によると、習近平とともに一九八三年に隣り合った県の最高

位の官吏で、また同時に一九八五年に県委書記の役職を離れ、それぞれ二つの異なった政治的転変の道を歩んだ。一九八五年一〇月、栗戦書は、一級行政区に相当する市長の行政公署の専従職員に昇格し、翌一九八六年の四月、共青団河北省委書記に就任した。栗戦書は、業務能力がきわめて高く、仕事の細部も掌握しているとされる。

二〇一一年五月八～一一日、習近平が中央政治局常委・書記処書記の肩書きで貴州を視察した際、彼はすべてのほかの仕事から離れ、全行程の四日間に付き従い、習近平と個別の長談義を交わしていた。しかし当時、これに注意を払う者は誰もいなかった。二〇一二年七月、栗戦書は、中央弁公庁副主任に就任し、常務工作を担当し、胡錦濤の番頭・令計画から各職務と工作のバトンを引き継ぎ始め、九月、正式に中央弁公庁主任となり、一一月、第一八回党大会で中国共産党の中枢である政治局委員に昇格し、同時に中央書記処書記を兼任した。

一九八三年に県委書記だった栗戦書が、共産党の指導層に入るのに三〇年の時間をかけ、党・政・団全方位で経歴を重ねてきたことが、共産党官僚の「お手本」と讃えられている。その後、習近平外遊のニュースの度に、必ず彼の姿が見られるようになった。彼が主席弁公室に入った大きな理由は、それぞれの「派閥」について知っており、習近平のために間に立って斡旋し、その勢力バランスを取る手助けとなったというところにある。しかしながら、二〇一七年の第一九回党大会後には指導的役職を退かねばならない。誰が栗戦書の後を引継いで、習近平を補佐するかということも、注目される今後の人事である。

理論家「何毅亭」

現在は中央政策研究室副主任だが、王滬寧の後に主任に就く可能性がきわめて高い。丁薛祥や栗戦書に比べて、何毅亭は習近平の「頼りになる兄弟分」だと見られている。習近平と同郷であり、知識青年と労働者の経歴を持ち、大学入試制度復活後、北京師範大学歴史科に入学、歴史学修士の学位を取得。一九八六年に中央弁公庁の主任科員、そして副処長に就任。一九八九年に中央政策研究室処長に就任し、党建組（正局長）副組長・組長を歴任。二〇〇〇年六月に中央政策研究室副主任、中央党建工作指導小組員兼秘書組組長に就任。中央弁公庁政策研究室主任に就任した。

さらに二〇〇八年、中央深入学習実戦科学発展観活動試点工作指導小組員に就任。二〇〇九年に中央学習実戦活動指導小組員、中央政策研究室常務副主任に就任、全国党建研究会副会長、中国共産党一七代代表、一八回中央委員を兼任し、習近平にしたがって調査研究のため多数の出張をこなした。また、『指導者のパブリック・イメージング造りの技術』『現代指導哲学思惟――指導ブレーン養成の方途』『指導幹部の新しい視野』『奉仕型政府――中国政府施政の新思惟』『中国地域経済理論、実務、案例』『マルクス・エンゲルスの社会公平観』などの多数の著作もある。

何毅亭の略歴を通して見ると、中央政治局のために政治理論や政策を研究し、そのスピーチや論文を起草する中国共産党最高のブレーン機構である中央政策研究室とともにあるが、マルクス理論に長けている王滬寧とは違って、何毅亭は党建設（党建）やパブリック・イメージ作りの面で、独自の見解を持っていることがわかる。習近平は、第一八回党大会前、党校校長だった時、

「党建」の議題で「純潔性」という見解を提起した。第一八回党大会後には、大々的に「習八条」を提起して、中国共産党内に「反腐」の整風運動を巻き起こした。そして、主席就任後の「南巡」、外遊、そして民衆との近接交流が高い頻度で行われた。これによって習近平は中国国民から人気を得ることができた。このような党建設とパブリック・イメージ作りは、何毅亭に負うところがあると思われる。

外交戦略家「朱国鋒」

これまで紹介してきたブレーン三人、中央弁公庁・中央政策研究室で党内の公職に就いている丁薛祥、栗戦書、何毅亭は、外部の関心を集めたが、現在、唯一「習近平秘書」の肩書きで大衆の前に姿を現わした朱国鋒は、さらに神秘的色合いを秘めている。通常、内外の中国共産党ウォッチャーは、党最高指導者の外遊の際などに、その報道や席次から「ブレーン」を観察してきた。しかし習近平が就任した直後には、「個人秘書」がいったい誰なのか、政府筋は一言半句の報道もしなかった。この沈黙が破れたのが、二〇一三年のボアオ・アジアフォーラムでだった。フーラム会期中、習近平がフィンランド人統領・オーストラリア首相などの外国要人と会見した時、中国の伝統的学者の雰囲気を備えた高官がずっと同席して、習近平、王滬寧、栗戦書、楊潔篪などの党・国家指導者、王毅、徐紹史、高虎城などの部長級高官などとともに、会談テーブルの第一列目に座っていた。これは、朱国鋒がすでに重要な地位を占めていることを示していた。

　その時の座席カードにあった彼の名前と職位は、「ZHU GUOFENG／Secretary To President Xijinping」すなわち「朱国鋒／習近平主席秘書」となっていた。このシーンは、中国政府系メディアのCCTVの報道画面に映し

出されていたが、これが習近平の形影一如となる人物の、職務と名前が政府系メディアによって初公開された瞬間だった。しかし朱国鋒がいかなる人物かは、いかなる政府筋と民間人とにかかわらず、どんな消息も見つけ出すことができない、きわめて数少ない中国共産党高官の一人である。その後メディアは、朱国鋒が北京大学を卒業した、「七〇後」世代（改革開放以降に生まれ、あるいは成長した最も優秀な世代）で、第一八回党大会以前、すでに習近平の身辺で仕事に就くべく引き上げられていたことを報道した。

通常、中国共産党総書記の周囲りのいくつかの部門には、前の胡錦濤と一心同体の秘書・陳世炬の先例にならって、「胡錦濤弁公室」「総書記弁公室」および「国家主席弁公室」という三つの機関のトップを兼任するものである。しかし、今のところ、明らかに丁薛祥および何毅亭は、直接、習近平を補佐していく模様である。したがって、朱国鋒が習近平ブレーン集団中で、いったいどんな役回りを演じるのかは、なお観察の要がある。

形影一如の大秘書と目されている「鐘紹軍」

中国共産党の高位指導者はすべて個人の秘書団を持っており、これらの秘書にも高低の身分がある。したがってメディアは、習近平には、先述の朱国鋒は習の秘書の一人であり、外交秘書というにすぎないと見ている。

またここから、習の真の大秘書を推断するとすれば、それは鐘紹軍だろうと言われている。メディア報道によれば、習近平が福建にいた時には、多くの秘書を使っていた。そして彼が福建から浙江に移った際、秘書を帯同しなかったため、浙江省委組織部元副部長の鐘紹軍が秘書に就任した。

鐘は衢州開化県の出身で、当時やっと三〇歳をすぎたばかりだった。習近平が二〇〇七年に上海市委書記の座に就いた際には、鐘もともに上海に移り、市委弁公庁副主任に就任した。その秋、習近平が政治

局常委に昇格すると、また鍾を中南海に連れていった。以来ずっと「習近平弁公室」で働き、中央弁公庁調研室政治組組長を兼任してきた。

二〇一三年六月中旬、中国中央電視台綜合ニュースの中で、宇宙船「神舟一〇号」打ち上げ時、習近平に随伴して発射セレモニーに出席した鍾紹軍は、軍服をまとい、その上、大佐の階級章を付けていた。これは彼が、中国共産党中央軍事委員会に足を入れていることを物語っていた。鍾紹軍の公にされてきた職位は、国家主席弁公室副主任、中国共産党中央弁公庁調研室主任だったが、もしも軍事委員会に入ったとなると、鍾紹軍は国・党・軍「三位一体」の習近平と形影一如の大秘書ということになるだろう。鍾紹軍に関する消息の真偽は確かめがたいが、この「首席大秘書」の可能性のある人物については、今誰もが興味津々である。

鍾紹軍が軍委に足を踏み入れるという変転は、習近平の強い力を示しただけではなく、急速な軍権掌握をも浮き彫りにしている。前任者・胡錦濤に比すと、胡と形影一体の秘書・陳世炬は、最後まで軍委での役回りは持てなかった。中国政界では、いわゆる「秘書幇」という言い方があるが、それは中国最高指導者の秘書ともなると、その政治的意義は、単なる簡単な政策起草者にとどまらず、さらに多くの展開が広がって、権力中枢に政治的影響を及ぼす。そして彼らの運命はその指導者とともにある。例えば趙紫陽の首席秘書だった鮑彤は「六四」で下獄し、今もなお政府に対して異議を唱え続け、厳しい規制監視を受けている。

北京大学の神童「李書磊」

朱国鋒、鍾紹軍のほかに、もう一人、習近平の「政治秘書」に就くだろうと目されているのが、年齢わ

ずかに四九歳の李書磊である。
李書磊は一九六四年一月、河南省原陽県の農民家庭に生まれた。小学校の時、羊を放牧しながら本を読んだという。一九七八年、一四歳で北京大学図書館学部に合格し「神童」と呼ばれた。二四歳で文学博士号を取得。その後、共産党中央党校の国語研究室室長、文化学研究室室長、教務長を歴任。二〇〇四年、西安市党副書記に。西安で習近平に面識を得て、習が中国共産党中央党校校長に就任すると、彼を副校長に抜擢した。そして習近平の理論ブレーンになり、二〇一四年、福建省党常務委員、宣伝部長、中央規律検査委員会委員に転任した。
多くの新聞にコラム欄を持ち、文化評論を書いてきているが、そこにおける李書磊の中国の実情に対する理解と関心が、習近平が手元に呼び寄せた一つの大きな理由だと見られている。

経済のプロ「劉鶴」

中央財経指導小組弁公室主任の劉鶴は、経済面で、習近平がきわめて重視している学者型のブレーンである。習近平は、彼を米国高官に紹介した際に、「彼は、私にとってきわめて重要な人物ですよ」と述べたという。

劉鶴は、一九五二年、北京生まれ。一八歳の時、人民解放軍の最強の部隊と言われている三八軍に入隊。二四歳で中国人民大学に入学し、中国経済問題の研究をし始めた。修士修了の後、米国へ留学。一九九五年にハーバード大学ケンディ政治学院で公共管理修士の学位を取得。帰国後、国務院ＩＴ化弁公室副主任に就任。二〇〇三年、中央財経指導グループ弁公室副主任に就任し、中国の経済五か年計画の制定に関わり、国民経済の発展目標を制定するなどしてきた。習近平の国家主席就任の直後、劉鶴は中央財経指導グループ弁公室副主任兼国家発展と改革委員会副主任に任命され、中国の新たな経済計画の総設計者として習近平を補佐している。今後数十年の中国を導く経済ビジョンの策定をリード、中国経済の立て直しを任されている。

この劉鶴の権力は、習近平との長期にわたる関係によるものである可能性がある。彼らは一九六〇年代に北京一〇一中学（高級幹部の子弟たちの御用学校）に通っていた時に知り合った。二〇一三年、習近平が華南地区を視察した際も同行しており、この視察は一九九二年に鄧小平が経済改革を進める際に行った南巡と同工異曲と見なされている。

王滬寧と同様に、劉鶴もまた江沢民・胡錦濤を助け、二人のために経済演説の原稿を起草してきた。劉鶴が多士済々のブレーン集団の中で、その一角を占める大きな理由は、中央経済プランおよび中国経済の実際状況に対して明解な理論を持っていることである。彼は「第八期五か年計画」から「第一二期五か年計画」まですべてに参画し、中国の経済状況を熟知しており、特に「党の経済工作に対する指導強化」において、習近平への建言献策を担っている。さらに、城鎮化（都市化）建設、産業構造の合理化・高度化面など、習近平が提唱する経済テーマの理論的支柱でもある。

劉鶴は一九九〇年代から、毛沢東式の増産に依存する政府高官の反対を押し切って、市場に基づく政策を推し進めてきた。劉鶴は、ノーベル経済学賞を受賞したニューヨーク大学の経済学者マイケル・スペンスにも、経済の助言を求めている。スペンスは、「劉鶴は、中国的プラグマティズム（現実主義）の一例である」と述べている。そして、「〔劉氏は〕物事を効率よく行うには、市場が重要なメカニズムだと考えている」、ただし「劉鶴にとって、市場は信仰ではない」と語っている。

次世代のポープか「王滬寧」

注目すべき人物はもう一人いる。彼の名前は「王滬寧」である。

王滬寧は、一九五五年に生まれ、復旦大学国際政治学修士卒。一九八〇年代にはすでに『半月談』(新華社発行)など時事雑誌の表紙を飾る青年学者として有名となり、共産党上海市委員会宣伝部の注目を得て、第一三回全国代表大会以降、党の重要理論の起草に関わってきた。一九九五年、曽慶紅・呉邦国の強い推薦により、江沢民総書記によって党中央政策室政治グループ長に任命され、のち、胡錦濤総書記にも仕え、「三つの代表」「科学的発展観」など重要理論の起草に直接関与し、「中南海シンクタンク」と呼ばれてきた。

二〇一二年一一月に開催された中国共産党第一八回全国代表大会で、党中央政策研究室主任として、中央政治局委員に抜擢された。習近平が主席に就任して初めてとなる三月の外遊でロシアとアフリカの首脳陣と会談した際、習近平の脇にはいつも眼鏡をかけた堅苦しい感じの王滬寧が寄り添い、熱心に耳を傾け、メモを取っていた。習近平が二〇一三年六月に米カリフォルニア州ランチョミラージュでオバマ米大統領と会談する際にも、王滬寧が同行した。

王滬寧は公の場ではほとんど語らず、古い知人ともほとんど話をせず、外国人と決して関係を持たないことはそれほど意外ではない。しかし、中国共産党内の筋からの情報や中国政策の専門家たちによると、彼は現在の中国で最も影響力のある人物の一人で、過去一〇年間にわたる内外政策の主要な立案者だと見なされている。さらに現在では、習近平の「チャイナ・ドリーム」政策の重要な立案者だとも考えられている。

王滬寧は、江沢民・胡錦濤・習近平の歴代国家主席のトップ政策顧問とスピーチライターを務めてきた唯一の人物であり、共産党内でも特異な立場にある。彼は、今後八年間にわたる中国の国づくりで重要な役割りをはたし、ひょっとしたらそれ以上の役割さえも持つ可能性がある。二〇一七年の第一九回党大会では、政治局常任委員会の候補者の一人となっている。そして現在の引退年齢の基準では、二〇二七年まで引退する必要がないことになる。

中国共産党の新しい主人となった習近平は、八〇〇〇万党員と一三億国民を擁する国家を主導していかねばならず、すでに就任二年が過ぎたが、中央では相変わらず「登用すべき人物なし」の状態に直面している。これに対して「習家私兵の形成だ」との論難もされてもいる。したがって、もうしばらくの時間が過ぎれば、習近平周辺のブレーンに次々と人事異動が行われると期待する声もある。同時に、習近平周辺のこうしたブレーンたちの発言や動きを観察すれば、習近平が今後八年、中国をどのようにリードしていくのかを理解するための参考となるだろう。

5……習近平の第一連隊「之江新軍」

現在の中国政治を分析する者にとって、過去一〇年余りの『浙江日報』や浙江省内で発行されてきた市・県の新聞には、とても参考になる情報が存在する。これらの記事からは、現中国指導層の「治国執政思想」の基本を読み取ることができるとともに、党・政府の人脈を分析できるからだ。

二〇〇二年から二〇〇七年まで、習近平は浙江省委書記を五年にわたって務めた。この間、浙江省の最高責任者として、経済・社会・文化・党建設・法治・改革・反腐敗など各方面を網羅する構想・政策を次々に打ち出して実践していった。彼が進めている厳正な党治、全面的改革の深化、腐敗の徹底痛打、法治主義の宣揚などの重要なシナリオの多くは、すべて浙江省時代にスタートさせたものである。これらの思想・構想は、習近平が浙江省時代に執筆した『之江新語』という書籍に凝縮して語られている（現在、中国で一五〇万部近いベストセラーとなっており、各地の書店で品切れ状態が続き海賊版まで出現している）。この書籍の文章は、『浙江日報』紙の第一面に二〇〇三年二月二五日から二〇〇七年三月二五日まで、コラムとして連載されものだ。そして二〇〇七年五月、『之江新語』という書名で出版された。著者名は「哲欣」となっているが、この名は浙江省委書記時代の習近平のペンネームだ。書名は「浙江創新」から取ったものだという。

人事について見てみよう。二〇一四年一一月の中央経済工作会議の直前、浙江省委副秘書長・舒国増が中央財経指導小組弁公室副主任に昇進し、中央財経小組組長の習近平を直接補佐する重要なブレーンとなった。一〇年前、浙江省委弁公庁副主任に任じていた舒国増は、まさに、当時から省委書記であった習近平の右腕だった。舒国増は長く浙江省委弁公庁に勤務し、二〇〇四年「総合一処」処長から弁公庁副主任に昇進、その後、習近平の出席する各種の調査検討視察に数多く随伴した。例えば、二〇〇六年一月、省委副書記の夏宝龍、省宣伝部長の陳敏爾、省委秘書長の李強、省委弁公庁副主任の舒国増らを従えて、新華社の浙江分社を視察している。

ほかの随伴者としては、二〇〇五年四月、嘉興市洪水防護工事の検査視察の際は、習近平は、嘉興市委書記の黄坤明、市長の陳徳栄を随行させた。二〇〇六年八月、大陳島を視察したが、これには台州市委書記の蔡奇を帯同した。二〇〇七年一月、慶元県に被災復興のための調査視察をしたが、この際は麗水市委書記の楼陽生が随行した。現在、これらかつての同僚たちは、習近平政権のもとで枢要なポジションで活躍している。蔡奇は、伝えられるところによれば、中央国家安全部弁公室副主任に就任、黄坤明は、中央宣伝部副部長に就任、鐘紹軍は「大校」(上級大佐)の肩章をつけて中央軍事委員会弁公庁で要職に就いている。地方都市では、夏宝龍と李強は、それぞれ浙江省委書記と省長に就任している。バインチョルは、現・吉林省委書記で、省委書記の中では唯一の少数民族出身幹部である。陳敏爾は貴州省長で、楼陽生は山西省委副書記に任じている。習近平がかつて務めていた上海には、かつての浙江省の高官がもう二人いて、元浙江省高等法院院長の応勇は上海市委副書記に就任しており、もう一人は宝鋼集団総経理に就任したばかりの元浙江省委常委・温州市委書記の陳徳栄である。

これらの人々は、習近平の『之江新語』に書かれている思想と構想を学んだ第一期の読者であり、その第一期の実践者であった。そして、これをもとに指導経験および管理能力を向上させ、習近平の「第一連隊」となったと言える。彼らは現在、中国では「之江新軍」と呼ばれ、習近平の思想・構想を最前線で推し進めていると認識されている。例えば、蔡奇は、かつて互聯ネットでアクセス数が最も多く一〇〇〇万アクセスを獲得した高官で、「大V部長」ともてはやされた。これは、『之江新語』中の「文化は魂」に書かれた「国の文化的ソフトパワーを向上させることによって淳風良俗を導き、人民を教育する、社会に奉仕する、発展を推し進める効用を発揮させる」という一節の実践と言われる。また黄坤明も、現在、中国の大小都市の街頭に広く敷かれている「チャイナ・ドリーム」がテーマの宣伝において、中心的な役割を担っている一人である。

蔡奇、黄坤明はともに、習近平と二〇年以上の関係がある。習近平が福建省の指導者だった頃、両人は福建省の幹部だった。一九九九年、中央組織部は、全国で青年幹部を選抜して、省外への転任を政策的に行った。福建省三明市長だった蔡奇は浙江省衢州市長に、龍岩市長の黄坤明は浙江省潮州市長に転任した。

三年後、習近平が福建省省長から浙江省省長、省委書記に赴任するや、蔡奇、黄坤明は再び習近平の下に戻された。その後、二人は浙江省委常務委員チームの同僚となり、黄坤明は省委宣伝部部長・杭州市委書記を歴任した。蔡奇は組織部部長に就任し、二〇一三年一一月に常務副省長に転任、わずか四か月後、中央機構に配属された。二人はともに福建から浙江へ、そしてともに「中南海」に入り、習近平の工作を補佐している。

浙江省の嘉興市は、いわば政治的「ランドマーク」と言えるものになっている。嘉興市は、かつて黄坤明が行政主管していた。二〇〇三年一二月、浙江省と清華大学は、産業・学問・研究を結合する新手法を模索するという主旨の「浙江－清華長江デルタ研究院協議書」を締結した。研究院の本部は嘉興に置かれた。浙江省委・習近平書記、清華大学党委書記・陳希、嘉興市委書記・黄坤明らが協議書調印式に参列した。その五年後、研究院本部ビルが落成し、浙江省委書記の趙洪祝、省委常務委員・宣伝部長の黄坤明、新任早々の清華大学党委書記の胡和平が列席した。現在、中央組織部常務副部長は当時の清華大学党委書記だった陳希である。そして、蔡奇を引き継いで浙江省委組織部部長に就任しているのは、かつて日本留学を経験し、二〇〇八年に陳希を引き継いで清華大学党委書記に任じられた胡和平である。

そして、地方省・市において「之江新軍」たちも、同様にそれぞれ重責を負っている。たとえば、二〇一四年六月、湖北省委常務委員・組織部部長楼陽生は「落盤」状態の山西省への転任を奉じ、省委副書記に就任して、党建設および行政立て直しのキーマンの一人となっている。かつての浙江省麗水市委書記・楼陽生は、二〇〇九年から浙江省政協副主席・統一戦線部副部長を歴任していた。

6……将来の中国軍を握る五人の将軍

劉少奇の子息「劉源」

二〇一四年一〇月二〇日、中国共産党一八期四中全会で、「劉源」は中央軍事委員会副主席に選ばれた。劉源とは何者か？　中国の前国家主席・劉少奇の子息である。劉少奇は、毛沢東の農村政策や大躍進政策に反対したため、「文化大革命」において、毛沢東と「文化大革命領導小組」によって、国家主席の地位を奪われ、さらに「紅衛兵」に引き渡され、批判闘争を受け拘禁され、最後には責め苛まれ死亡した。

劉源は、また習近平の生涯の親友である。一九八二年、中国共産党中央軍事委員会秘書長と国防部長を兼任していた耿飈の秘書官だった習近平は、中南海を離れ農村で鍛錬することを決意した。周囲の友人たちは、高い地位と都会生活を捨てるべきではないと猛反対した。しかし劉源だけは、習近平に一言「私も一緒に行こう」と言ったという。習近平と劉源の二人で北京を離れ、習近平は河北省正定県に出向き、県委副書記になり、劉源は河南省新郷県で副県長になった。

解放軍総後勤部政委である劉源の人生遍歴は、かなり波乱に満ち多彩だ。元国家主席・劉少奇の子息として、わずか一七歳で農山村下放の隊列に加わり、三七歳の時に、当時全国で最も若い副省長になった。その後、彼は政界から軍部畑に転じ、前後して武警部隊ならびに解放軍に籍を置いた。そして、二〇〇九年七月、上将に昇進した。劉源は「五〇後」（一九五〇年代に出生した世代）である（一九五一年生まれ）。中国軍の高級軍官中、六三歳の劉源は「中堅派」に属す。劉源は幼・少年時代を、

中南海ですごした。一三歳の夏休み、彼は願いを叶え、中南海警護部隊勤務の二等兵として、中国最年少の兵士になった。一九六六年、彼は国旗護衛隊員に選ばれ、国慶閲兵式に参加した。「文化大革命」開始後、父・劉少奇が批判を受け迫害され、母・王光美も拘禁され、一家兄弟姉妹すべてが農村に配流された。長男・劉源は、一七歳で山西省山陽県の白坊村に送られ、七年間に及ぶ苦難に満ちた農村労働生活を強いられたが、鍼灸を独学で勉強して農民の病気を診た。

一九七二年、彼は毛沢東に宛て、父母に会いたい旨の手紙を書いた。毛沢東は、父はすでに逝去しているが、母に会うことは許可すると指示した。「長い間、私たちは父を探した。一縷の希望を胸に懸命に探したが、まさか死去して三年も経っているなどとは考えもしなかった。私たちには涙はなかった。歯ぎしりするような恨みだけがあった」。これは、当時の劉源の心境である。

一九七五年、周恩来によって、白坊村の「知識青年」の最後の一人である劉源は北京に戻って、工場労働者となった。文革が収束した一九七八年、彼は北京師範大学に合格した。一九八二年に大学卒業すると、前述したように親友の習近平とともに、一緒にもう一度、農村に戻ることを選んだのである。彼はこう述べている。「私は農村に七年滞在し、私が最も苦難の淵にあって絶望している時、あの善良素朴な農民たちが私を助けてくれたからこそ、健全な人の心理、健全な人の生き方を保持し続けられたのです」。

一九八六年、劉源は、一県長から河南省鄭州市の副市長に選ばれた。また三六歳の時、候補者として名前があがっていなかったにもかかわらず、人大代表の連名推挙により副省長となり、当時の中国では異例な年若い副大臣級高官となった。

一九九二年、彼は中央の命令で、河南省副省長から武警水力発電指揮部の政治委員（略称「政委」）に転任となり、少将の位階が授与された。彼の幼童期の「将軍になる夢」は現実となっていった。八年後、彼は武警中将に昇進した。二〇〇五年、劉源は解放軍軍事科学院政委に転任した。二〇一〇年七月、胡錦濤主席は、毛沢東の孫である毛新宇に対し、少将の位階授与命令に署名した。毛新宇が在任する軍事科学院は、彼のために授階儀典を挙行し、政委の劉源が自ら毛新宇に少将位階命令書を授与した。劉少奇の子息が、毛沢東の孫のために授階儀典を主催するというこの衝撃的なニュースは、中国の世論の多くの沈思を抱かせた。

二〇一一年、劉源は、解放軍総後勤部政委に転任した。彼は、軍の腐敗問題に対し憎悪痛罵した。二〇一二年の春節前夜、劉源は六〇〇余名の後勤部高級軍官に対し警告を発した。「地位のいかんを問わず、後ろ盾がどんなに強力であろうとも、私は絶対に手加減することはない」と。その年の全人代でも、彼は再度こう表明した。「私はたとえ職を辞しても、徹底的に腐敗と闘う」。一億元近くを横領した総後勤部副部長・谷俊山中将の逮捕は、噂では、劉源の一手で調べ上げられ逮捕が実行されたのだと言われている。

中国共産党第一八回全国代表大会において、劉源は、中央軍事委副主席の呼び声が高まっていた。しかし彼は、重慶市委書記・薄熙来の求めに応じて、成都軍区から重慶の武装警察部隊に「闇社会勢力の打撃」を目的として、数十両の戦車が提供されることを許可したため、薄熙来事件に関わっているとの噂によって棚上げになった。しかし習近平は、この青年時代の親友を一途に実直誠実な人間であると信じていたので、二年後の一八期四中全会で中央軍事委員会の副主席に任命すると同時に、軍規律検査委員会書記の職を兼務させ、軍の整頓粛正の責務を任せた。

軍高官の若年化

習近平の軍幹部任用にあっては、劉源のような実直勤勉な軍官というだけでなく、さらには軍高官の若年化を強調しており、劉源のような「五〇後」軍官が中国軍の中核的人物となっている。

二〇一四年七月一一日、中央軍事委員会は、北京八一大楼で上将栄進儀典を挙行した。戚建国、王教成、褚益民、魏亮の四人が上将に昇進し、また、蘭州軍区元政委・李長才上将が現役を退いたため、中国の現役上将は三四名になった。そのうち「四〇後世代」八名、「五〇後世代」が二六名であり、今回昇進した者はすべて「五〇後世代」である。これは、「五〇後世代」がこの新時代には、中国軍隊の実権を掌握したことを意味している。

政界では、「五〇後世代」省部級官員は続々と引退年齢になっているが、軍部では違って、上将昇進までには比較的長い時間がかかるため、「五〇後世代」上将は働き盛りである。これに対して、人民日報社発行の『環球人物』誌によると、少尉から大校（上校の一つ上の位階。上級大佐）までに上がるには、全部で七階級（六回の昇級）あって、四年に一回の昇級で二四年かかる（繰り上げ昇級、昇進を含まない）。

統計は以下のように表明している。大校から上将まで、一般には二〇年前後の経歴がいる。したがって、一人の青年が二〇歳で少尉になったとすると、繰り上げ昇級昇進がないという前提では、四四年でやっと上将に昇進できることになり、この時には、彼は六四歳となっている。目下の中国「五〇後世代」上将はすべて、一九五〇〜五四年に生まれで、年齢は六〇〜六四歳で、まさしく、名実ともに「若年派」というべきである。

上将の位階は異なる兵種に基づき、陸軍上将、海軍上将、空軍上将に分けられている。中央軍委副主席、中央軍委委員、総参謀長、総支持部主任は、一般に陸軍上将の位階を授与される。また同時に、陸軍上将には、正大軍区職の軍官——すなわち、副総参謀長、総政治部副主任、総後勤部部長、総後勤部政委、総装備部部長、総装備部政委、大軍区司令員、大軍区政委などが主要なものである。ちなみに中国現役の陸軍上将は二四名いる。これから重点的に紹介する四人は、中国で最も注目に値する「五〇後世代」上将たちである。

一、農民出身の「許其亮」

中央軍委副主席の許其亮は、空軍出身で、数十年の軍生活で早くから著名で出世も早く、二〇〇七年七月には空軍上将に昇進している。

一九五〇年、山東省臨朐県生まれ。一六歳の時、就学先の臨朐四中から入営を果す。入隊後、空軍第五航空学校で飛行訓練を受ける。一九八四年、空軍第四軍の副軍長に就任。一九九一年、少将に昇進。一九九四年、空軍参謀長に就任。一九九六年、空軍中将に昇進。一九九九年、瀋陽軍区副司令員兼瀋陽軍区空軍司令に就任。二〇〇四年、五四歳で解放軍副総参謀長に就任し、初めて解放軍指揮方策決定の中心に入った空軍将領となる。二〇〇七年、空軍司令員に転任。そしてまた同年、空軍上将に昇進する。二〇一二年、中央軍委副主席に就任した。

正真正銘の農民の子弟である許其亮は、高校から飛行学校に合格し、その後、空軍の最も優秀なパイロットとなって、鄧小平閲兵時には、彼が操縦する飛行機で天安門上空を飛行した。「硬すぎる」ということ以外、許其亮の軍内部での評判はたいへんよい。国防大学政委の劉亜洲は、かつて彼を「軍中の奇才」と称し、政治的頭脳を持ち合わせているのみならず、度量が「大海のように広い」と言われている。

軍治厳正が、許其亮の別な側面の特長である。彼は常々、部隊に対し「即時臨戦」の態勢を要求している。解放軍副総参謀長に就任後、彼は一つの重大な試練——上海の協力組織「和平ミッション二〇〇七」の反テロ軍事演習における中国側の総監督に就任——に遭遇した。中国空軍将領としては、初めて外部に出て部隊の指揮を執り、合同演習の総指揮を担当するものである。

時の国家主席・胡錦濤は、この「第一回」を非常に重視し、自ら現地に臨み見学した。許其亮の指揮下、中国側演習参加部隊は順調に任務を完遂し、ロシアの記者は「中国軍は、勝ち戦をよくする鉄軍」だと絶賛した。

二、名実ともなった老参謀「房峰輝」

解放軍総参謀長・房峰輝は、その経歴中のほとんどの時間、参謀畑を歩いてきた。彼は一九五一年四月、陝西省彬県に生まれ、国防大学国防研究科戦略指揮専科を卒業。一九六八年入営後、長期間新疆地区の軍務に就き、前後して、作戦訓練参謀、団参謀長、師参謀長、新疆軍区副参謀長などを歴任する。

一九九八年、少将に昇進。一九九九年、第二一集団軍軍長となる。これは、彼の軍人生涯における転換点で、その後四年間、数々の集団軍軍長職の修行歴が、全局的角度から部隊を指揮統率するという経験を豊かにした。二〇〇三年、彼は新しい舞台に立ち、大軍区をまたぐという修行歴を受け継いで、広州軍区参謀長に就任し、大軍区副職将領となった。二〇〇七年、五六歳で北京軍区司令員に栄転し、当時の七大軍区司令員中最年少の一人となった。二〇〇九年、彼は国慶六〇周年閲兵総指揮官となった。二〇一〇年、上将に昇進。二〇一二年、解放軍総参謀長に就任した。

あまり知られていないが、彼は多芸多才で、無線とコンピューターソフトが得意である。早くも第二一集団軍軍長の職にあった時、『開放軍報』紙が、彼はエレクトロニクス・マニアで、雑誌『無線電』を、二〇年以上も購読していて、さらに『電脳世界』をも購読していると報道した。その伝える所によると、彼の最大の楽しみは、パソコンがある書斎にもぐりこんで、軍事指揮管制に関わる新しいソフトを研究開発することだそうだ。

三、長期にわたって政務畑を歩く「張陽」

解放軍総政治部主任張陽と房峰輝は、広州軍区の古いコンビである。房峰輝が二〇〇三～〇七年まで、広州軍区参謀長の職にあった際、張陽は二〇〇三～〇七年まで広州軍区政治部主任を勤めており、二人は同じチームで四年仕事をした。現在、彼らはまた、それぞれ総参謀、総政治の二大部門を宰領している。

二〇〇七年九月、張陽は初めて大軍区の正職に栄転、広州軍区政委となった。二〇〇八年、豪雨降雪結氷の厳重な災害が南方を席捲したため、彼は部隊を率い救済に当たった。粤北地区の被害状況が特段厳重だったので、彼は当時広州軍区司令員だった章沁生と一緒に会議を招集し、地方の抗雪救済工作支援の暫定プランおよび計画案を検討、ただちに特急電報二本を発信し、沿線部隊の即時出動を命じ、積極的に地方の抗雪救済に協力した。被災状況のさらなる拡大にともなって、張陽も自ら第一線の現場に出張って、応急処置の指揮を執ったが、その好ましい評判が今に残っている。

四、対ベトナム戦争に参加した「張又侠」

現役上将中、総後勤部部長の張又侠は、たいへん目立っている一人である。彼は軍人の家に生まれ、中越戦争に参加している。成都、北京、瀋陽など多数の軍区での修行遍歴を経て、「和平ミッション二〇〇七」の反テロ合同軍事演習にも参与した、修行経歴豊かな、資質・経歴ともに備えた将星である。

張又俠の父・張宗遜は、「開国上将」の一人で、総後勤部部長を務めており、解放軍「父子二代の上将」という美談が語られると同時に、父子ともども総後勤部部長を務めることになった。

張又俠は一九五〇年生まれ、一八歳で入営。ほとんどの時間を、指揮戦闘の一線ですごし、兵士・班長から叩き上げ、排長・連長・団長・師長・軍長を務め上げ、最終的に軍区司令員・総装備部部長にまで登り詰めた。彼の昇進の歩みはきわめて手堅く、またたいへん個性的でもある。当時、彼が所属していた軍の長は、ズバリこう言っている。「彼の政治的パートナーになると、誰もが皆、飾り物に変わってしまう」。このように自信満々な性格は、戦場で、しばしば、彼に優れた功績を残させた。

一九七九年、中越戦争が勃発し、二六歳の張又俠は、第一四軍四〇師一一八団の連長の職に任じていた。ベトナム軍のある陣地攻撃で甚大な死傷者が出た際、彼は団長に対して、自分の一個大隊の兵力を試すよう上申した。当時、形勢が緊迫していたので、上司は張又俠の要請を受け、彼に一個大隊合計四個中隊の兵力を密林奥深く送り込ませた。最終的に、一個中隊のみが、密林打通に成功し、敵陣地の背面から急襲して、ベトナム軍を両面攻撃に曝し破った。張又俠は、この時の戦闘で団長に昇進した。

一九九〇年代以降、張又俠の昇進速度は早まり、成都軍区第一三集団軍副軍長に昇任、また一九九七年には少将に昇進、二〇〇〇年に第一三集団軍軍長に昇任。二〇〇五年に北京軍区副司令員に昇任、二〇〇七年中将に昇進し、二か月後に瀋陽軍区司令員に昇任した。北京軍区副司令員就任後、研鑽二年に満たずに、大軍区正職の瀋陽軍区司令員に抜擢されたが、これは中央軍委の彼に対する全幅的な信頼を示すものである。

瀋陽軍区司令員を務めた後、彼は「和平ミッション二〇〇七」合同反テロ軍事演習中、指揮官随伴の任に就く。この外国軍との合同軍事演習中の任務修行履歴は、高級軍官にとって非常に貴重な経歴である。二〇一一年、張又侠は上将に昇進する。そして、二〇一二年一〇月、総装備部部長に転任。劉源を含め、この先五年、あるいはもう少し先には、中国軍の最重要指導者の中心が、この五人によって構成されるだろう。彼らの経歴と知識は、中国軍の近代化建設を左右し、また、日米軍事同盟に直接影響を及ぼすだろう。

7……誰が2017年の常務委員になるか?

中国共産党指導者の人事の「五つの隠れ原則」

鄧小平以降、江沢民から、中国では最高指導者の任期は、二期一〇年とする制度が始まった。その目的は、政策の長期安定を保持し、執政者の知恵と国家の指導能力をさらに発揮することである。執政者に時間的な余裕を与え、執政の目標の設計を完成させようというわけである。

制度化されていく中国共産党指導者の人事では、書面に表われない五つの「隠れ原則」が存在する。その一つ目は、「七上八下」の年齢の原則だ。すなわち指導者が政治局常務委員入りする年齢の上限は六七歳で、六八歳になったら引退する。二つ目は、一〇年に一代、党政のトップをあらかじめ政治局常務委員に入れて育成することだ。三つ目は、「論資排輩」（学歴、職務上の地位、勤続年数などの資格によって序列を決める）で、キャリアを重視することだ。四つ目は、特殊な状況ではない限り女性は常務委員になれない。五つ目は、政治局委員から常務委員に昇格し、普通は飛び級で最高権力の中核に入って常務委員に就くことはない。習と李は第一七回党大会で、「後継者」として中央委員から飛び級で常務委員となったが、これは特例である。

二〇一七年の第一九回党大会、誰が政治局委員に昇格するか？

この五つの原則のもと、二〇一七年（習近平政権の一期目の期限終了時）に、中国共産党第一九回党大会が開催され、現在七名の常務委員のうち習近平と李克強を除き五名が引退する。この五名は、一八名からなる政治局委員の誰かが昇格することになる。その一八名のうち、二名の「不動」とされる軍側代表の許其亮（中央軍委員会副主席）と範長竜（中央軍副主席）は候補から除かれる。さらに年齢の関係から第一九回大会には次の五名が除かれる。一九四五年生まれの国務院副総理の劉延東、一九四七年生まれの中央政法委員会書記の孟建柱、一九四六年生まれの国務院副総理の馬凱、一九四六年生まれの全人代副委員長の李建国、一九四七年生まれの北京市委員会書記の郭金竜の五名である。

つまり残りの一一人の中から、五名の第一九期政治局常務委員が選出される。年齢的には、非常務委員の一八名の政治局委員の中で、一九四〇年代生まれが一一名、五〇年代生まれが一二人、六〇年代生まれは広東省委員会書記の胡春華と重慶市委員会書記の孫政才の二人のみで、平均年齢は六一歳ということになる。その中で胡や孫はすでに地方で力をふるい、後継者としての条件は十分である。第一九回党大会前に北京に入り、常務委員の中で後継者として育成されることは間違いない。また年齢制限を受けない九名の政治局委員が、残りの三つの常務委員の席を争うことになる。

「李源潮」の常務委員入りは微妙、「孫春蘭」は慣例から除外か？

九人中、国家副主席の李源潮、現統戦部長の孫春蘭（女性）は、ともに一九五〇年生まれで、第一九回党大会時には六七歳となり合否ラインすれすれだ。年齢がネックにならず、キャリア、政治的成果などを見れば、すでに二回の政治局委員に就任した李源潮は、第一九回党大会で政治局常務委員に選出されるはずだ。最終的に選に漏れたが、国家副主席という身分は第一九回党大会で常務委員に選出される可能性はあるが、二〇一四年から江蘇省幹部が相継逮捕されたことで、江蘇省党書記も長期務めた李源潮について、いろいろな噂も出始めた。常務委員に入れるのかどうか、微妙になった。

孫春蘭は、福建・天津での経歴も十分で地方の実力派と称される。しかし政治局委員を一度務めただけのキャリアは寂しい。そして重要なのは、中国共産党執政以降、常務委員に就任した女性は一人もいないということである。江青、鄧穎超、呉儀、現在の劉延東などが政治局委員を務めた後は、頭打ちの状況だ。国際的には女性リーダーが続々と増えているが、中国では変化の兆しは現れてはいない。孫春蘭が中国共産党初めての女性常務委員入りする可能性は小さい。

「王滬寧」は学者気質が抜けず。「韓正」は農村色が強い

孫春蘭のほかに、中国共産党中央政策研究所主任で「中南海第一のブレーン」と称される王滬寧と、上海市委員会書記の韓正らが昇格する可能性は低い。王滬寧が除外される原因は、今日までずっと政治局員でありながら、学者型の指導者であると見られているからである。「三个代表」、「科学発展観」と二大理論の「党和国家領導人」の主筆で、依然としてブレーンや幕僚、執筆家であり、政治家や指導者として見られることがない。さらに地方政治の管理や重要な部門の経験がない。現在の中国の政治の中で、このような人物が七人の常務委員に入って、中国政治の中枢を主導していくとは想像しにくい。温家宝の前例（温もまた地方を管理した経験がない）が一九八〇年代に中央に入り三〇年余り苦労したのは、管理経験がない弱点からだったのである。

韓正にとって不利な点は、一九五四年生まれでありながら上海委員会書記しか経験のないことや、さらに重要なことは地方色が強すぎることである。中国の政界では、地方を歴任したのち昇進することが慣例で、最近の政治局常務委員はすべてそうである。韓正は直接に政治局入りしかことから始まり、すべて上海が任地で、さらに上海は政治的に特殊な位置にある。さらに韓正が常務委員になりづらい要因は、兪正声が中央入りした後、上海の政界を把握できる人物がいないということである。そのため韓正が常務委員となったら、多くの官僚からの反発は必至だ。

九人中、李源潮、孫春蘭、王滬寧、韓正を除く残りの五人の中で、最も有望なのは国務院副総理の汪洋だ。李源潮と同様、汪洋は地方政治の経験も豊富だ。二回の政治局委員を務め、キャリアも豊富で民間の人望も厚い。第一八回党大会では意外にも政治局常務委員に選出されなかったが、李源潮に比べて汪洋はさらに年が若い。国務院副総理の職務は、将来、汪洋が公の場に頻繁に出ることを意味するばかりか、比較的責任のない国家副主席の座では、容易に政治的実績を残すことができる。そのため汪洋が第一九回党大会で常務委員になることは、決して意外なことではない。

第一九回全人代の最大の関心

第一九回全人代の最大の関心は、中央弁公庁主任の栗戦書、新疆自治区の党委員会書記の張春賢、中国共産党中央組織部部長の趙楽際、中央宣伝部部長の劉奇葆のうち、誰が常務委員の最後の一席を得るかにある。

この四人は、年齢、キャリア、政治的実績、人脈などの点でそれぞれ違う。栗戦書は着実、張春賢は斬新的、趙楽際は年若く、劉奇葆は重責を担ってきたという特徴があったとしても、彼らの現行の資料で比較・選別することは難しい。

しかし四人をさらに比較すれば、第一九回党大会の最後の一人を探すことは可能かもしれない。栗戦書はかつて貴州で務め、中国共産党中央弁公庁主任となり、習近平の第一の側近である。しかし彼と李源潮、孫春蘭はともに一九五〇年生まれで、第一九回党大会時には六七歳というぎりぎりの年齢である。しかも弁公庁主任という職は中国共産党中央の「秘書」の一人であり、温家宝の前例はあるが、温家宝は当時若くて有能であり、栗戦書はすでに老成している感があり、単純に同じとは言えない。

現在、新疆を治めている張春賢は手法は新しく、メディアとの交渉がうまい。「柔性治疆」（柔軟なやり方で新疆を治める）で人心をとらえる手法を実践しているが、現在まで新疆の民族問題をうまく処理しているとは言えず、凶悪な案件が頻発し、彼の常務委員入りのネックになっていることは疑いない。

劉奇葆は、広西・四川でのキャリアがあるが、かつての共産党青年団の黄金世代の一員で、宋徳福、劉延東、李克強、李源潮とともに「五人の猛者」と言われた。今日、共産党青年団の官僚が次々と重要な地方を収める中、劉奇葆はさらに多くの党内の支持を集めるだろう。しかも「薄熙来事件」で劉奇葆の採った措置は、第一八回党大会で中央に入った重要な要素だとされている。しかし現在、四川の現場は二〇一二年の重慶のように決して平静ではなく、劉の行方は今後に託されている。

「趙楽際」が最大のダークホースか

このような中で、趙楽際はダークホースと目されている。趙の官僚としてのキャリアは青海に始まり、二〇〇三年に四六歳で最年少の省委員会書記、二〇〇七年に習近平の故郷である陝西省の省委員会書記となった。当時、習近平が中央に入ったため、その後継者と目された。陝西省委員会書記の当時、習近平とどのような交流があったかわからないが、同時期に仕事をしていたことから、習近平は栗戦書、趙楽際といった、自分に自信があって物静かな官僚に好感を持っていることがわかる。さらに現在、趙楽際がいる中央組織部は中国共産党内の最重要部門で、前任者の曾慶紅、賀国強、李源潮は常務委員入りはできなかったが、趙楽際の選出が待望されている。

趙楽際の最大の利点は年齢だ。現政治局の中で、胡春華と孫政才の二人よりはわずかに上だが、中国共産党の幹部になる条件は十分満たしている。しかもこれまで述べた四人の中で、ただ一人、第二〇回党大会で政治局委員に留まることができ、しかも政治局委員から政治局常務委員に昇格できる。ほかの三人は、第二〇回党大会（二〇二二年に開催予定）でも有望であり、二期で政局委員を歴任することは可能だが、年齢上引退を余儀なくされる。このことから、趙楽際は第一九回党大会で常務委員になれなくとも、不測の事態が起こらない限り、第二〇回の六五歳の時には必ず常務委員になるだろう。

もし現在の習近平政権の七名の政治局常務委員が、すべて習近平自らが選出した人物たちでないとしたら、二〇一七年の第一九回全人代では、真の意味で「習近平内閣」が誕生すると言えよう。習近平は、自らの選出によって選出した常務委員によって全力で改革を推進するだろう。そして同時に、二〇二三年の次期政権に向けて、自らの後継者を選出するだろう。その人事には大いなる注目が集まる。

8……習近平の後継者たち——2023年の中国の主役

二〇二三年、習近平の後継者となるであろう第六代の中国指導者たちを紹介する。彼らの世代の特徴は、主に四つある。一、貧しい農家出身が多い。二、改革開放後に大学に入学している。三、青年団に所属し、エンジニア出身が多い。四、海外留学の経験が少ない。

1、胡春華（政治局委員、広東省党書記、五一歳）

一九六三年、湖北省の貧しい農家に生まれる。一六歳の時、県の文科成績一で北京大学に合格。卒業後、自分の意思で北京を離れ、チベットで就職。一〇年間をチベットで従事し、ラサ飯店副書記、チベット自治区青年団副書記（二四歳）、林芝地区副専員（副市長、二九歳）、チベット自治区青年団書記となる。一九九七年、北京で青年団中央書記処書記兼全国青年連合会副主席（三四歳）。二〇〇一年、再びチベットへ戻り、チベット自治区党委員会秘書長、自治区常務副主席となる。二〇〇六年、青年団中央第一書記（大臣クラス、四三歳）。二〇〇八年、河北省長（中国で最も若い省長だった、四五歳）。二〇〇九年、内モンゴル党書記。二〇一二年、政治局委員、広東省党書記（四九歳）。胡錦濤のチベットの党書記時代の後輩、後継者として育てられた。

エリート幹部の中で一番苦労した功労者。性格は内向的で我慢強い。仕事は真面目、今までは大きなミスはない。問題解決の手腕にすぐれる。貧しい地域（チベット）、少数民族地域（内モンゴル）から改革開放の最前線の広東省まで、行政首長としての経験が豊富。胡錦濤が選んだ後継者だが、歩んだ人生は習近平に似ている。

2、孫政才（政治局委員、重慶市党書記、五一歳）

一九六三年、山東省栄成市の貧しい農家に生まれ。一九八〇年、青島農業大学に入学。一九八四年、北京農業科学院修士、専門はトウモロコシの栽培。後に中国農業大学博士（半年間の英国留学）。一九九五年、北京農業科学院常務副院長（三二歳）。一九九七年、政界入り。北京市順義県県長。二〇〇二年、北京市党秘書長（三九歳）。二〇〇六年、国家農業部長に就任（四三歳）。二〇〇九年、中国最大の農業基地、吉

林省党書記に。二〇一二年、政治局委員・重慶市党書記（四九歳）。

農業部長になるまで無名だった。プロの農業専門家出身で、農業に非常に熱心。仕事の計画性があり、総合判断能力は抜群である。性格は温和であり純粋。北京市の秘書長時代、王岐山市長（当時）からも高評価を得ている。温家宝総理に抜擢され、四三歳で入閣。温家宝は将来の国家的リーダーとして育てた。

３、周強（最高人民法院院長、五四歳）

一九六〇年、湖北省黄梅県村長の家に生まれる。高校卒業後、下放され、二年間、農村労働。一九七八年、西南政法大学に入学。一九八五年、修士を卒業、国家司法部のエリート幹部に。一九九三年、部長室室長。一九九五年、司法部法制局局長（三五歳）。同年、青年団中央書記処書記。一九九八年、青年団中央第一書記（三八歳）。二〇〇六年から、湖南省長・党書記。二〇一三年、最高人民法院院長に。

「法制治国」の提唱者である。法律の専門家で、大学時代から政治に興味津々である。青年団時代に李克強の弟分だった。二〇一二年の党第一八回全国代表大会で、政治局委員に選ばれなかったのは意外だと言われている。習近平の「法制治国」政策の推進者である。

4、陸昊（黒竜江省長、四八歳）

一九六七年、陝西省西安市の大学教授の家に生まれる。高校の時から成績優秀で、西安市高校生の中で唯一の共産党員となり、入学試験も免除され、直接に北京大学経済学部に入学した。大学二年生の時、選挙を通じて北京大学学生自治会会長、北京市学生連合会副主席に選ばれた。修士課程の際、中国で最も有名な経済学者・厉以寧教授に師事し、経済学の著書の執筆に参加した。

一九九五年、北京制呢公司総経理（二八歳）、一九九八年、北京紡績集団副総経理。一九九九年、北京中関村科学技術園管理委員会主任・党書記（三二歳）。二〇〇三年、三六歳の若さで北京市副市長に就任、経済と産業分野の担当。二〇〇八年、青年団中央第一書記。二〇一三年、黒竜江省長となる。

経済学に精通し、企業管理の手腕にすぐれる。性格は、率直で判断力にすぐれる。有能な「政治の星」として注目されている。

5、孫金竜（湖南省党副書記、共産党中央委員会委員候補、五二歳）

一九六二年、湖北省鐘祥市の農民家庭に生まれる。武漢地質大学を卒業。中国人民大学経済学博士。一九八二年から、浙江省・遼寧省の地質調査局を経て、一九九三年、中国地質工程公司総経理・党書記。全国労働者模範、国務院認定の国家レベル人材。一九九五年、青年団中央青年部部長。二〇〇一年、青年団中央書記処常務書記、全国青年連合会主席。二〇〇一年、安徽省党常務委員、政法委員会書記。二〇〇五年、合肥市党書記。二〇一一年、安徽省党副書記。二〇一三年に湖南省党副書記。

6、張慶偉（河北省党副書記、省長、国際宇宙航空科学院院士、共産党中央委員、五三歳）

一九六一年、吉林省吉林市のエンジニアの家庭に生まれる。西北工業大学飛行機学部修士卒業後、西安飛行機設計研究所に入所。中国第一代目の戦闘爆撃機「飛豹」研究設計組組長。一九九二年、日本航空大学校で研修（半年）、帰国後、三二歳の若さで中国航空航天省ロケット研究院のロケット副総設計師に任命された。四〇歳で中国航天科技集団総経理、有人宇宙飛行副指揮長。四六歳で国防科学工業委員会主任（大臣クラス）。四七歳で中国商用飛行機公司初代会長。二〇一一年、河北省長に転任。「航空少師」と呼ばれている。

7、努爾・白克力（国家発展改革委員会副主任兼国家エネルギー庁長官、共産党中央委員、五四歳）

一九六一年八月、新疆ウィグル族自治区の遊牧民の家に生まれる、ウィグル族。新疆大学政治学部卒業

後、大学の青年団委員会書記、大学宣伝部長に。一九九三年から、カシュガル地区副専員（副市長）、山東省肥城市副市長。一九九八年、ウルムチ市市長（三六歳、当時中国省会所在市の中で最年少市長）。二〇〇〇年、新疆ウィグル族自治区党副書記。二〇〇八年、自治区主席。二〇一四年一二月、現職に。北京語は流暢で、演説と弁論は上手。中国政府が育ててきた「少数民族幹部」の代表者。

8、陳敏爾（貴州省党副書記、省長、共産党中央委員、五四歳）

一九六〇年、浙江省諸暨市（古代美人の西施の故郷）の庶民家庭に生まれる。地元の紹興市師範専科学校（短大）を卒業後、中学校教師に。一九八七年、紹興市党宣伝部に報道担当。以後、紹興県県長、党書記、寧波市副市長、党副書記を歴任。二〇〇〇年に浙江日報社社長となり、翌年に浙江省党宣伝部長・省党常務委員。当時の浙江省党書記の習近平からも高評価を受けた。二〇〇七年、浙江省常務副省長。二〇一二年、貴州省党副書記。二〇一三年、現職に。「習家軍」の一人と言われている。

9、趙勇（河北省党副書記、共産党中央委員会委員候補、五一歳）

一九六三年、湖南省益陽県の農民家庭に生まれる。一九七九年、湖南水利水電学校卒業（二〇〇一年、中国人民大学経済学博士号を取得）。二一歳、湖南省澧県永豊郷郷長。二三歳で湖南省民政庁幹部、二八歳で湖南省青年団副書記となる。一九九四年、青年団中央員会へ入り、青年部部長、中央書記処常務書記、全国青年連合会主席を歴任し、李克強、周強の青年団の第一書記の部下として活躍。二〇〇五年、河北省党常務委員・唐山市党書記、曹妃甸開発区の建設に力を入れた。二〇一〇年、河北省常務副省長に就任、「首都圏経済区」を提唱。二〇一一年、現職に。李克強総理の弟分のような存在である。

10、蘇樹林（福建省党副書記、省長、共産党中央委員、五二歳）

一九六二年、黒龍江省克東県の農民家庭に生まれ。一四歳の時、父親が病死し、小学校の時から畑で農作した。兄弟七人の中で唯一の大卒。一九七九年、大慶石油学院（現・東北石油大学）石油地質学部に入学。卒業後、大慶油田の普通の労働者になった。努力家で、技術にもすぐれる。二四歳で大慶油田第九工場地質研究所副所長・副総地質師となり、三四歳で大慶油田管理局局長補佐となる。一九九九年、大慶油田管理局局長に就任（三七歳）。二〇〇二年、中国石油化工公司副総裁。二〇〇六年、遼寧省党常務委員と組織部長となる。遼寧省党書記時代の李克強の助手。二〇〇七年、中国石油化工集団総経理・党書

記。二〇一一年、現職に。中国「石油組」の新代表者。性格は、穏やかで親しみやすい、大手国有企業経営の手腕にすぐれる。

11、楊岳（福建省党常務委員、福州市党書記、共産党中央委員会候補委員、四六歳）

一九六八年、遼寧省鞍山市のサラリーマン家庭に生まれる。高校の時、学生自治会会長、共産党員に。一九八六年、清華大学に入学。精密機械の専門家。一九八九年の「天安門事件」には参加せず、翌年、全国学生連合会主席に選ばれた。清華大学青年団書記となり、工学博士を取得して卒業。青年団中央書記処書記、常務書記、全国青年連合会主席、全国少年工作委員会主任にを歴任。二〇〇八年、福建省党常務委員、秘書長。二〇一一年（四三歳）、現職に。

12、夏勇（国務院法制弁公室副主任、五三歳）

一九六一年、湖北省江陵市の庶民の家庭に生まれる。一九七八年、西南政法大学法律学部に入学し、卒業後、北京大学で法律学博士を取得。中国社会科学院大学院法学部部長、博士指導教授となり、さらに社会科学院法学研究所所長、国際法研究所所長となる。二〇〇〇年、三九歳の時、中南海で江沢民をはじめ共産党政治局常務委員に法学を講義。二〇〇三年、香港五〇万人デモ、特別行政法への反対が起きた際、胡錦濤主席の法学アドバイザーとして活躍。翌年、中央政策研究室副主任、胡錦濤総書記弁公室第一副主任に就任。二〇〇四年、中央保密委員会弁公室主任、国家保密局局長。二〇一〇年、現職に。「中南海の第一のブレーン」であり、王滬寧氏の後継者として嘱望されている。

13、張国清（重慶市党副書記、共産党中央委員、五〇歳）

一九六四年、河南省羅山県の庶民家庭に生まれる。一九八一年、長春光学精密機械大学に入学。卒業後、南京理工大学大学院で国際貿易を専攻。後に清華大学経済学博士を取得。修士卒業後に、中国最大の軍事産業会社・中国北方工業公司に入社。長期間にわたり中東地域に駐在し、駐イラン代表部総代表代行、中東地域部部長を務める。一九九六年、三二歳の時、北方工業公司の副総裁、党書記に就任。一九九九年、中国兵器工業集団が設立され副総経理に就任。二〇〇八年、中国兵器工業集団の総経理に。「中国最大の武器商人」と呼ばれた。二〇一三年に重慶市党副書記となり、市長に就任予定。

第9章　習近平の日本観

1……日中両国、仲たがいの経緯——江沢民の日本観

日中関係に関わることについて、北京の関係者から得た興味深い証言がある。

それは、江沢民の幼少時の逸話だ。彼は、実家のあった江蘇省揚州市で、日本軍の軍用犬に噛まれたことがあり、それが子どもだった江沢民にとって、よほど恐ろしかったらしく、その後、生涯にわたって犬に恐怖心を抱いているという。さらに、これが彼に一つの大きな陰を落とし、日本軍の中国侵略の歴史を極端に恨みに思っているという話だ。

江沢民は、一九九八年、国家主席として日本を訪問した。この訪日は「中日交流史二〇〇〇年来、中国国家元首の初訪日」と位置付けられた。いわば「中国皇帝」の初訪日だった。江沢民のこの初訪日は、当初は麗しい季節である春にセッティングされていたのだが、中国各地で揚子江が氾濫し、一一月に延期されてしまったものだった。

江沢民の訪日が延期となったので、一〇月に韓国の金大中大統領が、江沢民に先んじて日本を訪問した。当時の首相・小渕恵三と金大中は、「日韓共同宣言」を発表した。その中には「小渕総理大臣は、今世紀の日韓両国関係を回顧し、わが国が過去の一時期韓国国民に対し植民地支配により多大の損害と苦痛を与えたという歴史的事実を謙虚に受けとめ、これに対し、痛切な反省と心からのお詫びを述べた」と明記されており、日本政府は「お詫び」という言葉を使っている。このニュースは、中国政府に一種の刺激を与えた。すなわち江沢民の訪日において、日本政府との間で、中日間にまつわる歴史問題を終息させる内容の共同声明が発表できるだろうと、大きな期待を抱かせたのだ。

ところが、日本政府が韓国に応じたのと同じように、過去の侵略問題について中国人民へ謝罪してほしいとの要望は、日本政府の拒絶に遭った。「日中共同宣言」には「反省」という言葉はあったが「お詫び」という言葉を盛り込むことを日本政府は拒否したのだ。日本政府のこの態度によって、江沢民が訪日で期待した成果が打ち砕かれてしまったため、彼は激怒した。その結果、「日中共同声明」は発表されたものの、江沢民は署名することを拒否した。さらに江沢民は、中国から「人民服」を急遽取り寄せ、代表団全員に身に着けさせ、宮中歓迎晩餐会に出席させたのだ。宮中晩餐会での席上、江沢民は謝辞の中で、天皇陛下および閣僚を前にして、過去の侵略問題について日本を批判した。この批判は、天皇陛下が主催する歓迎晩餐会という席上であったため、日本政府にきわめて悪い印象を与え、かつ無礼だとされた。この江沢民の訪日こそが、日中両国「仲たがい」の始まりとなってしまったのである。

そして中国は、「愛国主義教育」の強化を開始した。日本軍の中国侵略、中国人民の惨殺を描写するようなシーンが、映画・テレビドラマに盛んに登場するようになった。一九七二年の日中国交正常化以来、こういった悲惨な歴史にはなるべく触れないでいたが、再び中国社会で大きく扱われるようになり、中国の若い世代にきわめて大きな「反日感情」を醸成させ、日本に対する一種の怨念にまで発展していってしまった。そして、この「反日感情」は、二〇一二年九月の尖閣列島（中国名：釣魚島）の「国有化」問題によって暴発し、中国各地の大規模な反日デモや日本企業・デパート打ち壊し行動が発生してしまったのだ。

2……習近平夫妻の日本観

では、習近平の日本観はどうなのであろうか？

習近平は、日中戦争という悲惨な歴史を経験していない。そして、彼の父親は副総経理ならびに全国人大副委員長を（衆議院副議長に相当）務めた習仲勳であり、日中戦争（中国では「抗日戦争」と呼ばれる）時には、陝西省の北部地区で、地方の指導工作に従事しており、日本軍との作戦に直接関わっていなかった。したがって、習近平の日本に対する印象の中には、江沢民のような、幼少期からの日本に対する一種の仇敵感はなかった。

習近平の初訪日は、彼が福建省長を務めていた二〇〇一年前後であり、最初の訪問都市は福岡で、また福建省と長崎県が友好姉妹省県だったので、次に長崎も訪問している。習近平の初訪日では、長崎県の盛大な歓迎を受け、投宿したホテルはもちろん、出会った日本人にも、ことごとく彼は親密な印象を与えた。すなわち、習近平の日本の第一印象は素晴らしいものだったのである。

その八年後の二〇〇九年、習近平は国家副主席になり、かつ中国の次期最高指導者に内定されていた。この年の一一月、習近平夫人であり、中国で最も著名な軍人歌手・彭麗媛が、中国人民解放軍の歌舞団団長として、この歌舞団を率いて訪日し、大型歌舞「木蘭詩篇」を公演した。私は、この公演の広報を担当した。

中国人民解放軍歌舞団の「木蘭詩篇」を観賞されている皇太子殿下と彭麗媛

彭麗媛は、中国改革開放後、声楽碩士の学位を初めて得た才媛で、中国で最も著名な民謡歌手であり、当時の位階はすでに少将相当だったので「将軍歌手」とも称されていた。一九九八年末、彼女は福建省厦門市副市長だった習近平と結婚し、女児・習明沢を出産した。

中国人民解放軍歌舞団は、中国軍において最高位の芸術団体であり、中国で最も豊かな才能を持った歌手や舞踊家、音楽家を集めており、身分は軍人だが、軍事行動的な任務はなく、軍隊内の文官に属している。歌舞団の初来日で公演された大型歌舞「木蘭詩篇」は、中国の昔話で、老いた父に替わり娘の花木蘭が男装して従軍し、いく度となく戦功を上げるという物語である。この物話は、説話として女性としての志と孝養の道を教え諭した物語である。

この解放軍歌舞団の来日公演は、日本の皇太子殿下と密接な関係があった。つまり、皇太子殿下の音楽の恩師・堤俊作は、学習院大学OB楽団の指揮者で、在日中国人音楽演出家の顔安と親しい友人だった。顔安は、かつて解放軍歌舞団所属の舞踏家で、彭麗媛と同僚だった。顔安は、現在、日本新華僑総会の会長をしている。

歌舞団の来日初公演は、当初の公演予定にはなかったが、事実上、皇太子殿下一人のために行われた。会場は、皇太子殿下が通われた学習院大学だった。宮内庁は、皇族が中国軍と関わりを持つことは不適切であると考え、皇太子殿下がこの公演を鑑賞することに反対した。そこで皇太子殿下が私人として鑑賞するということで、宮内庁は最後に譲歩した。さらに宮内庁は、報道関係者の取材をすべて不許可とするよう要求。しかし中国側メディアの拒絶に遭い、交渉の結果、中国メディアとNHKなどいくつかのメディアの取材には同意した。しかし、皇太子殿下が観賞されていた二階に上がることは許されなかった。

公演前、皇太子殿下は楽屋にいらして、彭麗媛と主な出演者にお会いになった。皇太子殿下は漢詩にも造詣がお深く、花木蘭大夫従軍の故事もご存知であり、機会があれば、ぜひ黄河の流れをご覧になって、「黄河之水天上来」の一節にある壮大な詩境を味わってみたいと、お話しされたという。この後、皇太子殿下は二階席に着かれたが、彭麗媛と駐日中国大使・崔天凱はお供をして、隣席で講演を鑑賞した。『木蘭詩篇』の終幕後、彭麗媛は席を離れ楽屋で舞台衣装に着替え、日本の歌手・芹洋子とともに舞台に上がり、一緒に日本語で「四季の歌」を唱った。

芹洋子と一緒に日本語で「四季の歌」を歌う彭麗媛

これは、彭麗媛が「中国のファーストレディー」になる前、海外での最後の歌声であり、この最後の歌声は、皇太子殿下に捧げられたものとなった。公演終了後、皇太子殿下は、彭麗媛に感謝の言葉を述べられた。

彭麗媛は、日本滞在の一週間に、映画『非誠勿擾』のロケ地である北海道を訪ね、その美しい印象を深く心に留めた。そして愛娘のために、日本のアニメ作品を土産に買って帰った。

3……天皇陛下と習近平の「特例会見」

彭麗媛が東京を離れた一か月後、今度は、習近平が日本を訪問した。これは、国家副主席ならびに中国の次期最高指導者として日本を訪問するもので、日本外務省にとっても長い努力が実った政治外交上の一大イベントだった。習近平夫妻が前後して来日するということは、日本の親中派の人々を感動させた。彼らは、習近平が二〇一三年に主席となれば、彼は日本にたいへん親近感を持っているため、政権担当の一〇年間に日中関係は必ず大飛躍をするだろうと期待した。

しかし残念ながら、来日日程と宮内省と外務省などの手続きをめぐるトラブルなどがあり、天皇陛下と習近平の会見には大きな波風が発生した。宮内庁は、外国要人が陛下と会見する場合には、外務省が一か月前までに文書で申請するという「ルール」に反しているとして、会見を拒否。日本政府は、中国政府に対して天皇陛下の健康状態を理由として会見はできないと回答した。これに対し、当時与党であった民主党幹事長・小沢一郎が動いた。中国の次期指導者である習近平の来日の意味、今後の日中関係への影響などを考慮したのである。小沢は首相官邸に対し、宮内庁が習近平の天皇との会見をアレンジするよう断固要求した。そして宮内庁と首相官邸のかけひきがあり、最後にやっと、天皇陛下と習近平の会見がお膳立てされた。そして小沢は、宮内庁や一部メディアから批判を受けた。

天皇陛下と習近平の会見は、一二月一五日の午前に行われた。会見時間は三〇分と予定されており、二五分になった時、侍従長が会見室に入ってきて敬礼し、会見を間もなく終了するような段取りになっていた。慣例として、貴賓側の随行員および通訳は、会見室には入れず、会見は三人だけが行われる。すなわち、天皇陛下と外国の貴賓、加えて日本側通訳である。当日の日本側通訳を受け持ったのは、外務省中国課課長補佐の岡田だった。

習近平は、駐日中国大使崔天凱の随行で定時に皇居に到着し、天皇陛下は会見ロビー前にて出迎えられた。会見が二五分経った段階で、侍従長が中に入り敬礼したのだが、天皇は侍従長の暗示を無視し、引き続き習近平とお話しを続けられ、会見は予定時間を一五分も延長した。最後には、習近平が天皇陛下にご迷惑がかかることを心配し、自分から先に辞意を告げ、会見を終了させた。

外務省のある役人は、天皇が外国要人と主導的に時間を延長したことは見たことがないことで、これは天皇陛下が、会見の関しての波風が立ったため習近平に不快をもたらしたかもしれないと思われ、お気を遣われたのではないかと述懐している。

天皇陛下と習近平

皇太子殿下は中国人民解放軍歌舞団の公演を鑑賞されただけでなく、習近平夫人の彭麗媛と親しくお話しされた。また天皇陛下は、会見時間を延長してくださった。中国側のある役人は、このように天皇陛下ご一家は、新しい時代の両国の友好関係に向けてお心をくだいていただいているのは明らかだ、と述べている。日中国交正常化二〇周年にあたる一九九二年、天皇陛下と皇后陛下は、中国を初訪問された。二〇一二年の日中国交正常化四〇周年には、皇太子ご夫妻の中国初訪問が期待された。しかし、すべてが尖閣列島（中国名：釣魚島）問題のために実現されなかった。

4……習近平が「わからない」、三つのこと

二〇一四年一〇月上旬、江蘇省と浙江省で多くの地方幹部と会う機会があった。日中関係を論じる中で、大多数の幹部は、習近平主席と安倍首相が会談すべきとの見解だった。両国首脳は、何はさておき会うべきだと強調していた。中国の地方官僚がこのような見解を持っているというのは、中国の多くの人が日中首脳会談の実現、そして日中関係の進展を望んでいるという証である。

同年七月二七〜二九日に、福田康夫元首相が北京を訪問し、習近平と非公式の会談を行った。このニュースを日本のメディアは報道したが、中国政府とメディアは発表・報道しなかった。私は、八月八日、私の中国語ブログ「品味日本」（http://blog.sina.com.cn/xujingboblog）に、「習主席と安倍首相の密使——会談の詳細」を題して、この「非公式の会談」というニュースと、これは北京で開催されるＡＰＥＣで日中首脳会談を実現するための準備だとする内容の文章をアップした。実はこれは、中国政府の反応を試すためでもあった。もしこのブログが「新浪網」などのウェブサイトで削除されたら、中国政府は中国最高指導者が安倍首相と会談して日本に屈服したという世論が広がることを望んでいないことを意味する。もし削除されなければ、中国政府は会談が行われるという世論を広げ、安倍首相との会談実現に向けた努力を国民に見せているということが見てとれる。その日、私は内心ビクビクしていた。というのはある中国人学者に、私の書いたブログは中国高官が注目されていると言われているからだ。

結果、このブログは削除されないばかりか、新浪、捜狐、鳳凰、網易の中国の四大ウェブサイトのすべてでトップ項目としてアップされ、一日のアクセス数は一〇〇万人を超えた。そしてその直後、私が中国外交部を訪れた際、ある高官に「安倍・習近平会談」について質問すると、彼は「謹慎、楽観」（慎重な

がら、楽観的だ）と答えた。そして一一月一〇日、北京で、ぎこちないながらも日中首脳会談が実現した。これが日中関係改善への一歩となっていくだろう。

浙江省の副省長には、「日本企業は、中国市場にまだ興味があるのでしょうか？」と聞かれた。私は「日本企業の中国市場に対する熱意は、少しも変わりません。しかし中国政府は、日本企業を大切にするべきです。日本企業をかつてのように『日本鬼子』として攻撃するようなことがあれば、日本企業は逃げ出してしまいます」と答えた。すると彼は「そうです。両国の経済は、お互いに補完するところが多いのです。ケンカしている場合ではありません。政治問題は重要ですが、解決できないものは一時棚上げにすることも必要です。これこそ両国にとって利益のあることなのです」と強調した。

この副省長の話は、中国の地方官僚の日中関係に対する考え方を素直に述べている。

福田元首相が習近平と非公式会談した時、習は三つの「不清楚」（わからない）を語り、中国政府の困惑を表明した。一つは「安倍首相は、どのように中国と付き合おうとしているのかわからない」。さらに「日本が決定した集団的自衛権は、どのような目的を達成するためなのかわからない」。そして「安倍首相が推進している『積極的平和主義』で何をしようとしているのかわからない」の三つである。

この三つの疑問から、安倍政権と中国政府の意志の疎通がなく情報の伝達が不十分なために、日本に対する不必要な憂慮や懸念を引き起こしていることがわかる。日中相互の不信感をぬぐい、相互理解を深めていくことを、実は中国の幹部たちも求めているのだ。

［著者紹介］

徐 静波（ジョ・セイハ）

政治・経済ジャーナリスト。（株）アジア通信社社長、『中国経済新聞』編集長。

中国浙江省生まれ。1992年に来日し、東海大学大学院に留学。2000年にアジア通信社を設立し、翌年『中国経済新聞』を創刊。2009年、中国語ニュースサイト『日本新聞網』を創刊。

著書に、『株式会社 中華人民共和国』（PHP）など多数、訳書に『一勝九敗』（柳井正著、北京と台湾で出版）など多数。日本記者クラブ会員。

1997年から連続19年間、中国共産党全国大会、全国人民代表大会を取材（2015年現在）。その間、胡錦涛、温家宝、習近平、中曽根康弘、村山富市、鳩山由紀夫、安倍晋三など、日中の政府首脳を多数取材してきた。

経団連、日本商工会議所、日本新聞協会などで講演を行い、また早稲田大学の特別非常勤講師も務めた。

2023年の中国
——習近平政権後、中国と世界はどうなっているか？

2015年5月10日　第1刷印刷
2015年5月20日　第1刷発行

著者———徐 静波《ジョ セイ ハ》

発行者———和田 肇
発行所———株式会社作品社
〒102-0072 東京都千代田区飯田橋2-7-4
tel 03-3262-9753　fax 03-3262-9757
振替口座 00160-3-27183
http://www.sakuhinsha.com

編集担当——内田眞人
編集協力——鹿嶋康之
本文組版——有限会社閏月社
装丁———小川惟久
印刷・製本—シナノ印刷(株)

ISBN978-4-86182-466-1 C0033

21世紀世界を読み解く
作品社の本

ポスト〈改革開放〉の中国

新たな段階に突入した中国社会・経済

丸川哲史

“改革開放”30年、“建国”60年、世界的台頭と国内矛盾の激化の中で、新たな段階に突入した中国社会・経済は、次に、どこに向かっているのか？ “ポスト〈改革開放〉”に突入した中国の今後を見通す、話題書。

米中激突

戦略的地政学で読み解く21世紀世界情勢

フランソワ・ラファルグ　藤野邦夫訳

今現在、米と中国は、アフリカ、中南米、中央アジアで熾烈な資源〝戦争〟を展開している。それによってひきおこされる「地政学的リスク」を、戦略的地政学から読み解き、21世紀の世界情勢の行方をさぐる欧州話題の書！

中国にとって農業・農民問題とは何か？

〈三農問題〉と中国の経済・社会構造

温鉄軍　丸川哲史訳 **孫歌**解説

〈三農問題〉の提唱者であり、中国政府の基本政策を転換させた温鉄軍の主要論文を本邦初訳。「三農問題」と背景となる中国の経済・社会構造について、歴史的・理論的に理解するための基本文献。

北京のアダム・スミス

21世紀の諸系譜

中山智香子ほか訳　山下範久解説

21世紀資本主義の〈世界システム〉は、中国の台頭によってどうなるのか？東アジアの経済的復興と新たな〈世界システム〉への転換を、アダム・スミスの経済発展理論をもとに、壮大な歴史的視野から分析し、世界的な話題を巻き起こした注目の書！　世界10カ国で翻訳出版。

《アジア》、例外としての新自由主義

経済成長は、いかに統治と人々に突然変異をもたらすのか？

アイフォ・オング　加藤敦典ほか訳

グローバル華僑の出現、イスラームと資本主義などについて、刺激的なヴィジョンを提示し、ダボス会議で注目、「現代アジア研究」の世界的基本書。マイケル・ハート、サスキア・サッセン絶賛!!

ロシア新戦略

ユーラシアの大変動を読み解く

ドミトリー・トレーニン　河東哲夫ほか訳

21世紀ロシアのフロントは、極東にある―エネルギー資源の攻防、噴出する民主化運動、ユーラシア覇権を賭けた露・中・米の“グレートゲーム!”、そして、北方領土問題…ロシアを代表する専門家の決定版。